Eine Arbeitsgemeinschaft der Verlage

Beltz Verlag Weinheim · Basel
Böhlau Verlag Köln · Weimar · Wien
Wilhelm Fink Verlag München
A. Francke Verlag Tübingen und Basel
Haupt Verlag Bern · Stuttgart · Wien
Verlag Leske + Budrich Opladen
Lucius & Lucius Verlagsgesellschaft Stuttgart
Mohr Siebeck Tübingen
C. F. Müller Verlag Heidelberg
Ernst Reinhardt Verlag München und Basel
Ferdinand Schöningh Verlag Paderborn · München · Wien · Zürich
Eugen Ulmer Verlag Stuttgart
UVK Verlagsgesellschaft Konstanz
Vandenhoeck & Ruprecht Göttingen
Verlag Recht und Wirtschaft Heidelberg
WUV Facultas Wien

HERMANN KORTE

Soziologie

UTB basics

UVK Verlagsgesellschaft

Bibliographische Informationen der Deutschen Bibliothek
Die Deutsche Bibliothek verzeichnet diese Publikation in der
Deutschen Nationalbibliographie; detaillierte bibliographische
Daten sind im Internet über http://dnb.ddb.de abrufbar

ISBN 3-8252-2518-6

Einbandgestaltung: Atelier Reichert, Stuttgart
Einbandfoto: getty images, John Millar
Satz und Layout: weiss kommunikations-design, Konstanz
Druck: Claussen & Bosse, Leck

UVK Verlagsgesellschaft mbH
Schützenstraße 24 · D-78462 Konstanz
Tel.: 07531-9053-0 · Fax 07531-9053-98
www.uvk.de

Für Jens-Anders und Inga Milena

Inhalt

Einleitung

Zum Gebrauch dieses Buches

Diese Einführung in die Soziologie ist durch zwei Rahmenbedingungen bestimmt. Einmal soll ein Überblick über das Fach gegeben werden, dies aber zum anderen in einer Weise, dass der Stoff im zeitlichen Rahmen eines Semesters gelernt werden kann. Diese beiden Bedingungen bestimmen den Inhalt und auch den Umfang dieses Buches, das in drei Abschnitte unterteilt ist:

- die Entstehung des Faches,
- wichtige theoretische Positionen,
- Beispiele für aktuelle soziologische Debatten.

Gliederung des Buches

Die Entstehung des Faches ist deshalb ein notwendiger Bestandteil, weil viele der heutigen Probleme der Soziologie noch aus der Entstehungszeit herrühren. Außerdem ist es für die Einsicht in die Reichweite soziologischer Forschung hilfreich, die Entstehungsgeschichte zu kennen. Viele Debatten, zum Beispiel die über die Frage, wie es zu sozialer Ungleichheit kommt zwischen Menschen und zwischen den Gesellschaften, die diese miteinander bilden, standen schon zu Beginn des 19. Jahrhunderts und verstärkt zum Ende des 19. Jahrhunderts im Mittelpunkt soziologischer Diskurse. Die Kapitel 1.1 bis 1.3 sind deshalb der Entwicklung des Faches gewidmet, die mit der soziologischen Handlungslehre von Max Weber einen ersten Abschluss fand.

Der zweite Teil stellt Theorieansätze in ihren Grundlagen vor. Es gibt in der Soziologie keinen eindimensionalen theoretischen Zugang, sondern miteinander konkurrierende Ansätze. Die Einteilung in Systemtheorien und Handlungstheorien hätte als Grobgliederung zwar eine gewisse Plausibilität. Sie reicht aber nicht aus, die heutige »Theorielandschaft« halbwegs abzubilden. Deshalb wird neben System- und Handlungstheorien die Kritische Theorie als eine Variante, die sich auf beide Ansätze beziehen kann, vorgestellt. Während dieser Ansatz, der zentral auf Karl Marx zurückgeht, schon in den 1920er Jahren entwickelt wurde, sind die beiden anderen Forschungsstrategien – sie werden in den Kapiteln 2.1 und 2.3 dargestellt – relativ neu.

Seit den 1970er Jahren hat sich in der Soziologie zunächst unter der Bezeichnung Frauenforschung ein neuer Arbeitszweig entwickelt, der auch neue soziologische Ansätze enthält. Im Verlauf der letzten 20 Jahre hat sich die Frauenforschung, und das wird in Kapitel 2.4 dargestellt, zur Geschlechterforschung weiterentwickelt. Schließlich werden in Kapitel 2.5 die Arbeiten von Norbert Elias und Pierre Bourdieu als Beispiele abgehandelt, in denen Systemtheorie und Handlungstheorie auf einer höheren Syntheseebene zusammengeführt werden.

Der dritte Abschnitt dieses Einführungsbuches nimmt aktuelle Debatten zum Anlass, die Reichweite soziologischen Arbeitens darzustellen. Dabei zeigt sich dann bei den Beispielen Soziale Ungleichheit (Kapitel 3.1) und Individualisierung/Globalisierung (Kapitel 3.2), dass die heutigen Debatten sich immer wieder in das 19. Jahrhundert zurückverfolgen lassen. Gleiches gilt für die Art und Weise der empirischen Sozialforschung (Kapitel 3.3) und die Methoden, die sie verwendet.

Weiterführende Literatur

Bei den Rahmenbedingungen, die zu Anfang genannt wurden, liegt auf der Hand, dass die einzelnen Kapitel Übersichtscharakter haben, nicht aber die Breite und die Tiefe, die etwa ein Lehrbuch für Studierende des Faches im Hauptstudium aufweisen würde. Deshalb sind am Ende eines jeden Kapitels in einem Informationsteil wichtige Texte zu den behandelten Themen genannt. Dabei ist darauf geachtet worden, möglichst preisgünstige Ausgaben zu nennen.

Außerdem finden sich am Ende jedes Kapitels Lernkontrollfragen. Diese sollten ohne das Buch zur Hilfe zu nehmen – gewissermaßen als Übungs-Klausur – bearbeitet werden. Dabei ist die Lektüre von Originaltexten und der angeratenen weiterführenden Literatur allerdings von Nutzen.

Lexika In jedem Fall sollten sich Studierende schon im Grundstudium eine kleine Bibliothek anlegen. Dies gilt besonders für Lexika und Nachschlagewerke. An erster Stelle ist dabei auf die »Grundbegriffe der Soziologie« hinzuweisen, die Bernhard Schäfers herausgegeben hat. Anders als dieses Lehrbuch, das sich an klassischen Texten und Autoren und zentralen Debatten orientiert, ist das Taschenbuchlexikon von Schäfers für die Erklärung verschiedener zentraler

Begriffe eine große Hilfe. Das Buch wird regelmäßig überarbeitet, deshalb sollte immer nach der neuesten Ausgabe gesucht werden. Dieser Hinweis gilt im übrigen auch für die anderen noch zu nennenden Lexika.

Hier ist auf das von Karl-Heinz Hillmann herausgegebene »Wörterbuch der Soziologie« besonders hinzuweisen, da es als Einziges sowohl Sachwörter erklärt als auch Angaben zu Personen, Soziologen und Soziologinnen macht. Das umfassendste Nachschlagewerk für die sozialwissenschaftliche Fachsprache ist das von Werner Fuchs-Heinritz et al. herausgegebene »Lexikon zur Soziologie« das allerdings nur Sachbegriffe enthält.

Schließlich sei noch auf das umfangreiche Soziologie-Lexikon von Reinhold hingewiesen, das eine gelungene Mischung aus Stichworten und längeren Beiträgen zu zentralen Begriffen ist.

1999 ist ein lange vergriffenes Werk über »Klassiker der Soziologie« neu erschienen, das Dirk Kaesler herausgegeben hat und das zwei Bände umfasst. Der erste Band beginnt bei Auguste Comte und geht bis Norbert Elias, der zweite von Talcott Parsons bis Pierre Bourdieu. Dort finden sich, mit Ausnahme der wichtigen Autorinnen zur Frauen- und Geschlechterforschung, sehr informative, jeweils etwa 20 Seiten lange Beiträge zu soziologischen Klassikern, geschrieben von jeweiligen Spezialisten, wobei der Herausgeber sein Bestes getan hat, den akademischen Schreibstil mancher Autoren zu mildern.

Klassiker

Im Jahre 2000 ist ein weiteres Sammelwerk unter der Herausgabe von Dirk Kaesler und Ludgera Vogt erschienen, in dem etwa 100 klassische Texte in ihrer Entstehung, den zentralen Argumenten und der jeweiligen Bedeutung für das Fach vorgestellt werden.

Auf diese Nachschlagewerke wird am Ende der einzelnen Kapitel nicht mehr im Einzelnen hingewiesen. Dort werden, wie schon gesagt, lediglich wichtige Originaltexte und weiterführende Beiträge zu dem jeweiligen Spezialthema genannt werden. Alle in den einzelnen Kapiteln erwähnten Aufsätze und Bücher, sei es im Text oder im Infoteil, sind in das Literaturverzeichnis am Ende des Buches aufgenommen worden.

Die soziologische scientific community hat in Deutschland eine Reihe von Zeitschriften. Dabei handelt es sich um die üblichen Organe wissenschaftlicher Richtungen, wie sie auch andere Fächer kennen. Sie sind in der Übersicht am Ende aufgeführt. Es schadet nichts, gelegentlich in einer Universitäts- oder Institutsbibliothek

Fachzeitschriften

das eine oder andere Heft in die Hand zu nehmen. Besonders interessant für die derzeitige Gestalt des Faches ist die »Soziologische Revue«, in der nur neu erschienene Bücher besprochen werden, wobei die Spanne von umfangreichen Essays zu Teil- oder Spezialgebieten des Faches bis zu kurz gehaltenen Übersichtsbesprechungen reicht.

Bibliographische Hinweise zu den hier im Text genannten Lexika, Klassikertexten und
Zeitschriften.

Lexika
Hillmann, Karl-Heinz: **Wörterbuch der Soziologie,** Stuttgart 1994 (4. Aufl.).
Schäfers, Bernhard (Hg.): **Grundbegriffe der Soziologie,** Stuttgart 2000 (6. Aufl.).
Fuchs-Heinritz, Werner, et al. (Hg.): **Lexikon zur Soziologie,** Opladen 1994 (3. völlig neu
    bearb. u. erw. Aufl.).
Reinhold, Gerd (Hg.): **Soziologie-Lexikon,** München 2000 (4. Aufl.).

Klassiker
Kaesler, Dirk (Hg.): **Klassiker der Soziologie, Bd. 1: Von Auguste Comte bis Norbert Elias, Bd. 2:
    Von Talcott Parsons bis Pierre Bourdieu,** München 2001.
Kaesler, Dirk, Vogt, Ludgera (Hg.): **Hauptwerke der Soziologie,** Stuttgart 2000.

Zeitschriften
Berliner Journal für Soziologie, Opladen: Leske + Budrich.
Kölner Zeitschrift für Soziologie und Sozialpsychologie, Opladen/Wiesbaden: Westdeutscher
    Verlag.
Soziologische Revue: Besprechungen neuer Literatur, München: Oldenbourg
Soziale Welt: Zeitschrift für sozialwissenschaftliche Forschung und Praxis, Baden-Baden:
    Nomos-Verlagsgesellschaft.
Zeitschrift für Soziologie, Stuttgart: Lucius & Lucius.

Die Entstehung des Fachs | 1

Von den Anfängen der Soziologie | 1.1

Was hat »Der Name der Rose« mit der Entstehung des Faches Soziologie zu tun? | 1.1.1

Der Roman »Der Name der Rose« von Umberto Eco ist nicht nur ein spannender Kriminalroman, sondern auch die lehrreiche Darstellung einer Phase in der Geschichte, die für die Entstehung der Soziologie wichtig war. Das ist die Story: In einer Cluniazenser-Abtei an den Hängen des Apennin erscheint 1327 William von Baskerville, ein gelehrter Franziskanermönch aus England Er kommt als Sonderbotschafter des Kaisers in einer höchst delikaten Mission. Er soll ein schwieriges politisches Treffen zwischen den der Ketzerei verdächtigten Minoriten und den Abgesandten des Papstes organisieren. Die Minoriten legen die Heilige Schrift so aus, dass Priester arm sein sollen und die Reichtümer der Kirche an die Armen verteilt werden müssen. Der Papst besteht – auch mit Argumenten der Bibel – auf dem feudalen System des Kirchenstaates. Kaum ist Baskerville in der Abtei angekommen, geschehen dort mehrere Morde. Baskerville löst die Mordfälle mit quasi-naturwissenschaftlichen Methoden. Dies wird dem Leser dadurch deutlich, dass er eine Reihe naturwissenschaftlicher Beweisverfahren anwendet. Er glaubt nur das, was er sieht und was er beobachten kann.

Wir haben es hier mit dem Vorabend einer neuen Zeit zu tun, die vor allem dadurch gekennzeichnet ist, dass die Naturwissenschaften nach und nach mythologische und theologische Glaubenssysteme in Frage stellen. Das Problem der Mächtigen der damaligen Zeit, und insbesondere der mächtigen Disziplin der Theologie, besteht darin, dass immer deutlicher wird, dass es für den Ablauf in der Natur Gesetze gibt. Diese lassen sich aufschreiben und sind mit wiederholbaren und intersubjektiv überprüfbaren Versuchen zu beweisen. Baskerville sagt zu seinem jungen Begleiter: »Der Zweifel ist der Feind des Glaubens.«

Der Zweifel nagt am Glauben

So bekommen die Interpretationen, dass Gott alles regiert und determiniert, erste Brüche. Je mehr diese Einsicht voranschreitet, umso mehr entwickelt sich die Vorstellung, dass unter Umständen die Art und Weise, wie die Menschen in Gottes Namen regiert werden, nicht von Gott bestimmt ist, sondern dass es ein Naturrecht gibt. D.h. Menschen können aus sich heraus und nicht durch Gottes Fügung ihr Leben regeln.

Die Idee des mündigen Menschen

Definition

Naturrecht

▶ **Unter Naturrecht wird im Allgemeinen eine bereits von Sokrates, Platon und den Kynikern vorbereitete Auffassung verstanden, wonach das Recht in der Natur, also im Wesen der Menschen, begründet ist. Insbesondere in der Aufklärung des 17. und 18. Jahrhunderts wurde – allen voran durch Kant – dieser Gedanke wieder aufgegriffen. Die Aufklärer gingen davon aus, dass in allen Menschen dieselbe Weltvernunft wirksam ist und dass deshalb das Naturrecht für alle Menschen gleich, unabhängig von Zeit und Ort sowie unabänderlich ist. → Ableitung der Menschenrechte**

Nach und nach bekommt die alte Welt der Mythen und Symbole Risse. Die bohrenden und zugleich befreienden Zweifel an den tradierten Wirklichkeiten nehmen zu. Die alten Sozialstrukturen aber wissen sich zu wehren: Inquisition, Hexenverfolgung, Religionskriege, die Bastille. Vielfältige Unterdrückungsmöglichkeiten und auslöschende Maßnahmen stehen den Herrschenden zur Verfügung und werden, wie wir aus der Geschichte wissen, auch angewendet.

Bevor »die Gesellschaft« als eigenständiger Forschungsgegenstand der Soziologie in den Blick rücken kann, steht zunächst das Verhältnis Mensch – Natur – Gott zur Diskussion. Dies ist das zentrale Thema der Aufklärung im 17. und 18. Jahrhundert.

17. und 18. Jahrhundert

Definition

Aufklärung

▶ **Die Aufklärung war eine Kultur- und Geistesbewegung mit dem Ziel, Anschauungen, die auf religiöser oder politischer Autorität beruhten, durch solche zu ersetzen, die sich aus der Betätigung der menschlichen Vernunft ergeben und die der vernunftgemäßen Kritik jedes einzelnen Menschen standhalten. Damit war ein sich in ganz Europa vollziehender Umschichtungsprozess in Richtung Säkularisierung verbunden.**

Der emanzipative Geist der Aufklärung führte zu der Einsicht, dass es gesellschaftliche Handlungszusammenhänge gibt, die sich selbst regulieren und daher nicht vom Staat oder von der Kirche reguliert werden müssen. Vor allem Philosophen und Rechtsgelehrte beschäftigten sich mit der Frage, nach welchen Regeln, Gesetzen und Entwicklungsprinzipien Gesellschaften funktionieren. Die gesellschaftliche Ordnung wurde als Repräsentation einer natürlichen Ordnung verstanden. Der Gedanke, dass die Art und Weise, wie eine Gesellschaft funktioniert, sich in erster Linie aus den gesellschaftlichen Bedingungen selbst erklären lässt, war aber noch unbekannt. Für alle, die zu der damaligen Zeit darüber nachdachten, bestand das Ausgangsproblem im Wandel der Werte und Institutionen, die man im Absolutismus als selbstverständlich und unveränderbar vorausgesetzt hatte (Monarchie, Ständestaat, Feudalsystem).

Wie funktioniert die Gesellschaft?

Die Vorstellung eines gesetzmäßigen gesellschaftlichen Zusammenhanges, dessen Erforschung im 18. Jahrhundert und dann massiv im 19. Jahrhundert in den Mittelpunkt rückt, ist von Anfang an mit der Erkenntnis verbunden, dass gesellschaftliche Eigengesetzlichkeiten mit bestimmten institutionellen Voraussetzungen verbunden sind. So hat zum Beispiel der Engländer Thomas Hobbes (1588–1679) erkannt, dass ein verhältnismäßig friedliches Zusammenleben der Mitglieder einer Gesellschaft nur möglich ist, wenn der Einzelne auf die Ausübung von Gewalt verzichtet und sie dem Staat überträgt. Der Staat hat dafür im

Thomas Hobbes

Charles de Montesquieu

Gegenzug für seine Bürger zu sorgen. Der Franzose Charles de Montesquieu (1689–1755), für den das Vertragsprinzip bereits die Grundlage gesellschaftlichen Zusammenlebens darstellt, versucht in seinem Hauptwerk »L'esprit des lois« der Frage nachzuspüren: Warum organisieren die Menschen in einer Gesellschaft ihr Zusammenleben auf die sich in den Gesetzen manifestierende Weise, und unterscheiden sie sich dadurch von anderen Gesellschaften?

19. Jahrhundert

Das große Thema des 19. Jahrhunderts ist die Suche nach Naturgesetzen des menschlichen Zusammenlebens und der gesellschaftlichen Entwicklung. Der Unterschied zwischen Gesellschafts- und Naturwissenschaften ist dabei kein prinzipieller mehr, sondern er liegt in der Vielzahl der Datenphänomene und Faktoren begründet, mit denen die Gesellschaftswissenschaften umzugehen haben. Dabei orientieren sich die frühen Gesellschaftswissenschaften an den Forschungsmethoden und den Regeln der Beweisführung der Naturwissenschaften. Dies wird in den Gesellschaftswissenschaften von Anbeginn als Positivismus verstanden.

Definition

Positivismus

▶ **Die Suche nach den Naturgesetzen des menschlichen Umgangs und der gesellschaftlichen Entwicklung soll mit Hilfe von beobachtbaren, erfahrbaren Tatsachen erfolgen. Der Unterschied zwischen Natur- und Gesellschaftswissenschaften ist kein prinzipieller, sondern nur durch die Vielzahl der Daten, Phänomene und Faktoren begründet, mit denen die Gesellschaftswissenschaften umzugehen haben.**

Eine Wissenschaft oder mehrere Wissenschaften?

Die Sozialwissenschaften sollen somit dieselben Methoden verwenden wie die Naturwissenschaften. Das bewegt die Fächer bis heute und wird in den einzelnen Fächern sehr unterschiedlich beantwortet. In der Psychologie z.B. hatte sich über längere Zeit die Meinung durchgesetzt, dass es einheitliche wissenschaftliche Methoden gibt, dass es keinen Unterschied gibt zwischen Psychologie und Physik, sondern dass alle nach den gleichen Prinzipien vorgehen – ein positivistisches Verständnis von Psychologie also. Auch in der Soziologie gibt es WissenschaftlerInnen, die darauf bestehen, dass es keine Unterschiede in den Methoden gibt. Davon unterscheiden sich die anderen Richtungen, die die Soziologie als eine relativ autonome Wissenschaft mit eigenen Verfahren verstehen.

An dieser Stelle kann Auguste Comte, der Begründer des Faches Soziologie, die Szene betreten. Er verwendete als erster das Wort Soziologie für die spezielle Wissenschaft vom gesellschaftlichen Zusammenleben der Menschen. Aber das ist nicht so wichtig wie die Tatsache, dass er als erster eine Begründung für die Veränderung von gesellschaftlichen Systemen fand, die nicht von außen an die Gesellschaft herangetragen wurde, sondern aus spezifischen Elementen des menschlichen Zusammenlebens selbst entstand.

Der erste Soziologe: Auguste Comte (1798–1857) | 1.1.2

1798, neun Jahre nach der Französischen Revolution geboren, hat er ein sehr bewegtes Leben voller Miseren und seelischer Qualen geführt. Er schreibt bereits mit 24 Jahren ein großes Buch: »Plan der wissenschaftlichen Arbeiten, die für die Reformen der Gesellschaft notwendig sind«. Anschließend lebt er in dem Gefühl, ein bedeutender Wissenschaftler zu sein. Er hat aber offensichtlich nicht die persönlichen Möglichkeiten, dieses anderen Menschen mitzuteilen, ohne sie zu kränken. Dies führt dazu, dass er sich – etwa seit 1830 – durch Privatvorlesungen in seiner Wohnung in der Rue Monsieur-le-Prince 10 in Paris in der Nähe der Sorbonne über Wasser halten muss. Dort gibt es noch heute ein Auguste-Comte-Museum, in dem zu besichtigen ist, dass sich der Arbeitsplatz von Comte vor einem großen Spiegel befand. Diese Metapher – über die Gesellschaft schreibend sieht er immer auch sich selbst – versinnbildlicht ein Problem, mit dem es Soziologen und Soziologinnen bis heute zu tun haben. Wenn wir über Gesellschaft schreiben, schreiben wir immer auch über uns selbst.

Comte ist für uns deshalb von Interesse, weil er der erste ist, der eine nicht-naturwissenschaftliche und nicht-philosophische oder metaphysisch-religiöse Erklärung für die Veränderung von Gesellschaft gibt. Sein allgemein-historisches Fortschrittskonzept erklärt die geistige Höher- und Weiterentwicklung der Menschheit und eine daraus resultierende intellektuelle Emanzipation von vorwissenschaftlichen Denkgewohnheiten. Um in der komplexen Welt den individuellen Freiheitsspielraum erweitern zu können, ist das Individuum gezwungen, sich an positiven Tatsachen und immer komplizierter werdenden Tatsachenzusammenhängen zu orientieren.

1.1.3 | Das Dreistadiengesetz

Comte sucht also als erster systematisch nach einem Grund für die Entwicklung von Gesellschaften. Er findet ihn in der zunehmenden Erkenntnis und dem gleichsam akkumulierten menschlichen Wissen. Es ist ein Prozess, den er in drei Stadien unterteilt:

1. Das theologische Stadium: Innerhalb dieses Stadiums entwickelt sich die Gesellschaft in drei Phasen vom Fetischismus über den Polytheismus zum Monotheismus. Während dieser Phasen ist das menschliche Denk- und Erklärungssystem vorwiegend geprägt von Geisterglaube, Mythen und Sagen. Die Differenzierung in drei Phasen verweist bereits auf einen zunehmenden Intellektualisierungsgrad. Der gegenstandsgebundene Götterglaube des Fetischismus wird allmählich durch wachsende Kommunikationsdichte und zunehmende Information von abstrakteren Vorstellungen über personalisierte Götter ersetzt bis hin zum Monotheismus.

2. Das metaphysische Stadium: Dies ist ein Zwischenstadium, in dem bereits Naturrechtvorstellungen entstehen. Der Monotheismus wird in der Renaissance mit der Eigengesetzlichkeit der Natur konfrontiert und beginnt an Überzeugungskraft zu verlieren.

3. Das wissenschaftlich-positive Stadium: Comte beschreibt, wie sich aus der Kumulation von Wissen der Übergang in das dritte, das wissenschaftlich-positive, Stadium ergibt. In diesem Stadium herrschen Produktion und Industrie vor. Getragen wird diese Entwicklung von der zunehmenden Spezialisierung der Arbeitsfelder und der zunehmenden Komplexität von organisatorischen Gebilden. Die allgemeinen Umstände einer sich spezialisierenden Welt zwingen den Menschen in der Industrialisierung, ein neues wissenschaftsorientiertes Denksystem zu entwickeln. Industrielle Revolution und positiver Geist sind bei Comte untrennbar miteinander verbunden. Diese neue geistige Orientierung macht neue Disziplinen in der Wissenschaft, zunehmend spezialisierte Produktionen sowie Differenzierung des sozialen Lebens durch eine Vielzahl neuer Berufe möglich. Und hier hat nun die Soziologie ihren Platz.

Definition

Das
Dreistadiengesetz

 **1. Theologisches Stadium
(Fetischismus, Polytheismus, Monotheismus)**
Das Denken ist durch mythisch-magische Vorstellungen und Geisterglaube geprägt.
↓

2. Metaphysisches Stadium
Zwischenstadium, in dem der Monotheismus abgelöst wird durch Natur-
rechtvorstellungen. Dem Götterglauben wird die Eigengesetzlichkeit der
Natur gegenübergestellt (Renaissance).
↓

3. Wissenschaftlich-positives Stadium
Produktion und Industrie sind vorherrschend und werden wissenschaftlich-
systematisch begleitet.
– Neue geistige Orientierungen,
– neue Disziplinen in den Wissenschaften,
– zunehmend spezialisierte Produktion und
– Differenzierung des sozialen Lebens durch eine Vielzahl neuer Berufe
  gestalten die Lebensordnung der Menschheit um.

Ganz Kind seiner Zeit, war Comte der festen Meinung, mit dem
wissenschaftlich-positiven Stadium sei der höchste Grad der Entwicklung menschlicher Gesellschaften erreicht und weitere Steige-
rungen seien nicht vorstellbar. Diese als Evolutionismus bezeich-
nete Denkhaltung bleibt der Soziologie lange erhalten. Stets von
neuem waren die Soziologen von der Reife ihrer eigenen Zeit über-
zeugt und konnten oder wollten sich eine weitere Phase der gesellschaftlichen Entwicklung nicht vorstellen. Aber so wie Wissen
neues Wissen produziert – das Thema Comtes – so entstehen aus
gesellschaftlichen Errungenschaften und Lebensweisen neue Formen und Inhalte des Zusammenlebens der Menschen. Welche
Gründe es dafür gibt und wie das Zusammenleben der Menschen
verbessert werden kann, auch dieses Thema ist seit Comte existent.

    Comte hat ein vitales Interesse, die politischen Verhältnisse sei-
nes Landes, die im nachrevolutionären Frankreich sehr instabil
und wechselhaft sind, darauf hin zu untersuchen, wie es gelingen
kann, dass Menschen in geordneten, friedlichen Verhältnissen leben können. Er vermutet – das kommt in seinen Schriften immer
wieder zum Ausdruck –, dass die Rationalität der Neuzeit und die

Der Traum von Fort-
schritt und Ordnung

tiefen Spuren, die sie bei ihrer Durchsetzung in der Gesellschaft hinterlassen hat, insgesamt wenig geeignet ist, eine neue, dauerhafte Ordnung zu schaffen. Aber er sieht auch, dass sich ohne klare Orientierung eine neue Ordnung nicht herstellen lässt. Er will jene Verbindung von Fortschritt einerseits und Ordnung andererseits herbeiführen, die er für notwendig hält, damit Menschen über lange Zeit friedlich und produktiv zusammen arbeiten und gemeinsam leben können. In einem geordneten Verhältnis von sozialer Statik und sozialer Dynamik sieht er die soziologisch begründete Lösung.

1.1.4 | Soziale Statik und soziale Dynamik

Die nach Gleichgewicht strebenden Kräfte des Sozialen sind für Comte die soziale Statik und die soziale Dynamik. Die soziale Statik befasst sich mit den konstanten Voraussetzungen der gesellschaftlichen Ordnung sowie mit den damit einhergehenden notwendigen sozialen Zwängen: Herrschaft, Unterordnung, Tradition. Im Gegensatz zu den statischen Elementen sind die dynamischen diejenigen, die von Natur aus Veränderungen und Wandlungen im sozialen Bereich herbeiführen.

Definition

Soziale Statik / soziale Dynamik

▶ **Soziale Statik:** Die soziale Statik befasst sich mit den konstanten Voraussetzungen der gesellschaftlichen Ordnung sowie mit ihren notwendigen sozialen Zwängen. Gemeint waren damit Herrschaft, Unterordnung, Tradition. Comte unterscheidet dabei eine natürliche Ordnung auf Basis »sympathischer Instinkte« von einer eher abstrakten Ordnung auf Basis von Arbeitsteilung und »sachlich bedingter Hierarchie«.

Soziale Dynamik: Im Gegensatz zu den statischen Elementen von Gesellschaft sind die dynamischen diejenigen, die – ebenfalls von der Natur aus – Veränderungen und Wandlungen im sozialen Bereich herbeiführen.
Insbesondere:
• das individuelle Streben nach Glück,
• die Kürze der Lebensdauer,
• das Anwachsen der Bevölkerung,
• die geistige Entwicklung (= zunehmende Anerkennung der Vernunft gegen über den Leidenschaften, Spekulationen und kritiklosen Denkgewohnheiten).

Comte sieht eine Lösung für die Balance zwischen sozialer Dynamik und sozialer Statik in einer Art Regentschaft von 100 bis 200 besonders klugen Menschen, hauptsächlich Soziologen. Das darf uns nicht überraschen. Es muss eine Gruppe geben, die relativ unabhängig ist, und wer könnte das aufgrund der geistigen Ausstattung besser machen als Soziologen? Soziologie ist möglich geworden, weil die Gesellschaft als Produkt ihres eigenen Handelns begriffen wurde. Gleichzeitig macht das eine Unterordnung der sozialen Tatsachen unter andere analytische Ordnungen notwendig.

Herrschaft der Soziologen?

Die Allmachtsvorstellungen des frühen Soziologen Comte haben sich nicht erhalten. Wichtig ist uns an Comtes Überlegungen aber, dass es für die Entwicklung der Gesellschaft offensichtlich spezielle Kenntnisse geben muss und dass diese sich auch beschreiben lassen. Soziologen und Soziologinnen machen seitdem nichts anderes, als zu versuchen, aus den Erkenntnissen, die sie über die Gesellschaft gewonnen haben, Beiträge dafür zu leisten, dass das Zusammenleben der Menschen nicht von Katastrophen begleitet wird. Wie können Soziologen und Soziologinnen dazu beitragen, dass Gesellschaften sich auf Dauer ein friedliches Zusammenleben ermöglichen? Das ist nach wie vor eine ungelöste Frage, die eigentlich jeden Soziologen und jede Soziologin beschäftigt, und selbstverständlich hat jede und jeder von ihnen dazu eine Antwort. Insofern ist Comte nicht nur der erste Soziologe, weil er einen Grund angibt für die Entwicklung von Gesellschaft, sondern auch deshalb, weil er den Zusammenhang zwischen soziologischer Praxis und seiner individuellen wissenschaftlichen, theoretischen Arbeit herstellt und begründet.

Abschließend sollen die vier Punkte zusammengefasst werden, welche die Bedeutung Auguste Comtes für die Entstehung der Soziologie ausmachen:

Comte zusammengefasst

1. Sein Blick auf die Gesellschaft ist ein langfristiger Er untersucht nicht nur die Klassengegensätze oder die Konflikte in seiner Zeit. Er richtet gleichzeitig seinen Blick auf die langfristigen Entwicklungen, was sich im Dreistadiengesetz niederschlägt.
2. Er entwickelt eine eigene spezielle Methode, die Soziologie.
3. Er steht für die relative Autonomie des Faches Soziologie. Es ist ein relativ eigenständiges Fach und bei ihm die Krönung aller Wissenschaften.

4. Er hat ein Interesse daran, die politischen Verhältnisse seines Landes, also die politische Instabilität im nachrevolutionären Frankreich, daraufhin zu untersuchen, wie die Menschen in geordneteren Verhältnissen leben können.

Die Fragen, die Comte am Anfang der Soziologie gestellt hatte, blieben zentrale Themen dieser Wissenschaft. Erst recht, nachdem Karl Marx sie ausgeweitet und kritischer beantwortet hatte. Hiervon handelt der zweite Teil des Kapitels.

1.1.5 | Karl Marx (1818–1883)

Biographie

Karl Marx studiert erst Jura, dann Philosophie. 1841 promoviert er mit einer Arbeit über »Die Differenz der demokritischen und epikureischen Naturphilosophie«. Neben der griechischen interessiert ihn insbesondere die Philosophie Georg Wilhelm Friedrich Hegels (1770–1831). Er beschäftigt sich eingehend mit der Idee Hegels, dass der bürgerliche Staat die Spitze der Entwicklung darstelle und dass sich im bürgerlichen Staat alles realisiere, was in der Geschichte und im Menschen angelegt sei. Dies führt ihn zu Auseinandersetzungen mit Hegel und den Junghegelianern und darüber hinaus zu einer kritischen Opposition gegenüber dem, was zu jener Zeit in Deutschland an Politik betrieben wird.

Marx wird Chefredakteur der »Rheinischen Zeitung«, ein sehr liberales Blatt, das 1843 verboten wurde. Er muss nach Paris ausweichen. Dort trifft er das erste Mal Friedrich Engels, den Sohn einer Wuppertaler Fabrikantenfamilie. Der junge Mann ist im Gegensatz zu Karl Marx sehr wohlhabend und begleitet ihn von nun an sein Leben lang nicht nur intellektuell, sondern unterstützt ihn auch finanziell. Auch in Paris kann Marx nicht bleiben: Er zieht nach Brüssel. Dort entsteht das berühmte »Manifest der Kommunistischen Partei«. Auch dort wird er 1848 ausgewiesen. Daraufhin nimmt er zunächst noch einmal ein Jahr eine Stellung bei der »Rheinischen Zeitung« an, die nun »Neue Rheinische Zeitung« heißt. 1849 geht er endgültig ins Exil nach England, wo er bis zu seinem Tod im Jahre 1883 lebt.

Im Lesesaal des Britischen Museums, das damals wie heute eine der besten Bibliotheken der Welt besitzt, sitzt Marx jeden Tag, den er in London ist – er reist auch manchmal innerhalb Englands –, schreibt und exzerpiert, wälzt Statistiken. Er produziert handschriftlich über 40 Bände. 1859 wird »Die Kritik der politischen Ökonomie« als Vorbote seines Hauptwerkes veröffentlicht, und 1867 erscheint der erste Band des »Kapitals«. Die anderen Bände erscheinen zum Teil posthum.

Auch Marx findet eine Erklärung für die Veränderungen von Gesellschaften im historischen Prozess. Aber anders als Comte, der die Akkumulation von Wissen als eigentliche Triebkraft ausmacht, erklärt Marx den gesellschaftlichen Wandel grundsätzlicher und ist in seinen gesellschaftskritischen Analysen umfassender. Um seinen Ansatz zu verstehen, müssen wir zunächst einige Grundannahmen, die er formulierte, kennen lernen.

Grundannahmen | 1.1.6

Erste Annahme: Geschichte ist von den Menschen gemacht.

Dieser Satz ist für das weitere Prozedere, für die weitere Entwicklung der Theorie von entscheidender Bedeutung. Marx ist der Ansicht, dass es die freie bewusste Tätigkeit des Menschen ist, die Geschichte konstituiert. Dies spiegelt sich in einem berühmten Zitat wider: »Die Geschichte tut nichts. Sie besitzt keinen ungeheuren Reichtum, sie kämpft keine Kämpfe. Es ist vielmehr der Mensch, der wirkliche lebendige Mensch, der das alles tut, besitzt und kämpft.«

Da der Mensch aber nicht allein auf der Welt ist, sondern mit anderen Menschen zusammenlebt, ist die Art des Zusammenlebens der Menschen auch für den weiteren Ablauf der Geschichte, für die Gesellschaften und für die Menschen, die diese Gesellschaften miteinander bilden, von entscheidender Bedeutung.

Die zweite Annahme beschreibt die materiellen Grundlager der Existenz der Menschen.

Sie müssen, um am Leben zu bleiben, arbeiten und produzieren. Friedrich Engels hat das einmal so ausgedrückt: »Sie müssen zuerst essen, trinken, wohnen und sich kleiden, bevor irgend etwas anderes passiert, sei es Wissenschaft, sei es Politik; erst einmal müssen sie die materielle Produktion ihres Lebens sicherstellen, und aus dem folgt alles andere.«

Aus dieser Feststellung entwickelt Marx seine dritte, grundlegende Annahme:

Wenn die Produktion die Basis des menschlichen Lebens ist, dann ist die Frage, wie produziert wird, welche Produktionsweise eine Gesellschaft besitzt, von ganz entscheidender Bedeutung. **Die Produktionsweise charakterisiert die jeweilige Gesellschaftsform.** Aus ihr lassen sich die Gründe für Ungleichheit in der Gesellschaft und für das Verhältnis der Basis des Lebens zu den gesellschaftlichen Institutionen systematisch entwickeln. Deshalb beschäftigt sich Marx ausführlich mit der Produktionsweise.

Defintion

Grundannahmen ▶ **1. Geschichte ist von den Menschen gemacht.**
»Geschichte tut nichts. Sie besitzt keinen ungeheuren Reichtum; sie kämpft keine Kämpfe. Es ist vielmehr der Mensch, der wirklich lebendige Mensch, der das alles tut, besitzt und kämpft.«

2. Arbeit und Produktion ist die Basis des Lebens der Menschen.
»Sie müssen zuerst essen, trinken, wohnen und sich kleiden, bevor irgend etwas anderes passiert, sei es Wirtschaft, sei es Politik; erst einmal müssen sie die materielle Produktion ihres Lebens sicherstellen, und aus dem folgt alles andere.«

3. Die Produktionsweise charakterisiert die jeweilige Gesellschaftsform.
»Was ich neu tat, war erstens, nachzuweisen, dass die Existenz der Klassen bloß an bestimmte historische Entwicklungsphasen der Produktion gebunden ist; zweitens, dass der Klassenkampf notwendig zur Diktatur des Proletariats führt; drittens, dass diese Diktatur selbst nur den Übergang zur Aufhebung aller Klassen bildet, und zu einer klassenlosen Gesellschaft führt.«

Den in der Definition unter 3. zitierten Satz formuliert Marx im Hinblick auf seine Vorgänger, auf alle, die vor ihm über Gesellschaften nachgedacht hatten.

Selbstverständlich kennt Marx die Schriften Comtes und anderer wichtiger Autoren des 18. Und 19. Jahrhunderts. Die Neuartigkeit seiner Gedanken besteht darin, dass er eine Verbindung zwischen den drei Grundannahmen herstellt. Er hat herausgefunden, dass die einzelnen Phasen der bisherigen gesellschaftlichen Entwicklung nicht wie bei Comte an die Entwicklung des Wissens, sondern an unterschiedliche Formen der Produktion gebunden sind. Die Produktionsweise einer bestimmten Gesellschaft erklärt Marx aus ihrer je spezifischen Ausprägung, die er mit den jeweiligen Produktivkräften und den jeweiligen Produktionsverhältnissen beschreiben kann.

Die Produktionsweise | 1.1.7

Die Produktivkräfte sind zunächst Werkzeuge und Maschinen, Kapital und Boden sowie die menschliche Arbeitskraft. Mit Hilfe der Produktionsmittel, die der Einzelne besitzt, kann er sich seinen Lebensunterhalt verdienen. Das Besondere bei Marx ist nun, dass er danach fragt, wer in der Gesellschaft über welche Produktionsmittel verfügt, denn die Eigentumsverhältnisse sind Verteilungsverhältnisse und bestimmen somit darüber, wer wie viel der gesellschaftlichen Produktion bekommt. Die Produktivkräfte können für jede Gesellschaftsformation beschrieben werden. Dabei stellen sich die folgenden Fragen: Wer verfügt über Produktionsmittel? Welchen Stellenwert hat die menschliche Arbeitskraft? Welche Möglichkeiten haben Menschen, ihre Arbeitskraft auf einem Markt anzubieten und Lohn dafür zu bekommen? Die Lohnarbeiter z.B. können im Kapitalismus nur ihre eigene Arbeitskraft anbieten und vermarkten, während die anderen Produktionsmittel in der Hand der Kapitalisten, der Bourgeoisie, sind. Die Analyse der Produktivkräfte allein reicht jedoch nicht aus zur Beschreibung und zum Verständnis einer Gesellschaft.

Die Produktivkräfte

Ebenfalls eine Rolle spielen die Produktionsverhältnisse, d.h. die Organisation der Menschen; die Formen der Arbeitsteilung; ob in Gruppen gearbeitet wird oder ob jeder für sich arbeitet; die Art, wie die Güter verteilt werden; ob es die Möglichkeit gibt, Güter weit zu verschiffen oder ob man sie nur an nahen Orten umverteilen kann; welche Möglichkeiten den Menschen zur Konsumption gegeben sind; wie die Konsumption organisiert ist; was erlaubt ist, was nicht erlaubt ist; vielfältige Überlegungen zu verderblichen Gütern, nicht verderblichen Gütern; die Eigentumsverhältnisse an Produktionsmitteln usw. Die zentrale Bedeutung der Produktionsverhältnisse ergibt sich aus der Wirkung zwischen der geschichtlich spezifischen Weise, wie sich die gesellschaftliche

Die Produktionsverhältnisse

Produktion vollzieht, und der Beschaffenheit aller übrigen Erscheinungen und Beziehungen, die von jener abhängt. Wie die Menschen durch ihre Produktion die Umwelt und damit die weiteren Bedingungen ihrer Produktion verändern, so verändern sie sich auch selbst. Ein Beispiel soll diese Abhängigkeit verdeutlichen: Im vorindustriellen Arbeitszusammenhang wohnen die Menschen in dörflichen oder kleinstädtischen Gruppen zusammen. An Ort und Stelle arbeiten sie gegen Naturallöhne, vielleicht als Leibeigene oder als Freigesetzte. In dem Moment, in dem 10 km weiter eine Fabrik gebaut wird, in der Webstühle stehen, müssen die Arbeiter früh morgens den Weg zur Fabrik laufen, dort 8, 10 oder 12 Stunden in einem festen Rhythmus arbeiten und wieder zurücklaufen. Die Form, in der die Menschen arbeiten und leben, verändert sich und so hat die Form der Produktionsverhältnisse eine enorme Auswirkung auf das alltägliche und persönliche Leben der Menschen.

Die Kombination aus Produktivkräften und Produktionsverhältnissen ergibt die jeweilige Produktionsweise. Dabei interessiert Marx nun zunächst vor allem folgende Frage: Was passiert im Verhältnis zwischen den Eigentümern der Produktionsmittel und denjenigen, die menschliche Arbeitskraft anbieten?

Definition

Produktionsweise ▶ **1. Produktivkräfte**
Produktionsmittel   **menschl. Arbeitskraft**

• **Kapital (Werkzeuge, Maschinen)**
• **Boden**

Fragen, mit denen sich für jede Gesellschaftsformation die Produktivkräfte beschreiben lassen:
• **Wer verfügt über die Produktionsmittel?**
• **Welchen Stellenwert hat die menschliche Arbeitskraft?**
• **Welche Möglichkeiten haben Menschen, ihre Arbeitskraft auf dem Markt anzubieten und Lohn dafür zu bekommen?**

2. Produktionsverhältnisse
Sie bezeichnen die Formen der Arbeitsteilung und die Beziehungen der Menschen untereinander, die für Marx aus den jeweiligen Eigentums- und Herr-

schaftsverhältnissen resultieren. Die Produktionsverhältnisse gelten als die für den Aufbau und die weitere Entwicklung einer Gesellschaft grundlegenden Verhältnisse.

Fazit: Die zentrale Bedeutung der Produktionsverhältnisse ergibt sich nach marxistischer Theorie daraus, dass von der geschichtlich spezifischen Weise, wie sich die gesellschaftliche Produktion vollzieht, auch die Beschaffenheit aller übrigen gesellschaftlichen Erscheinungen und Beziehungen abhängt. In der Weise, wie sie durch ihre Produktion die Umwelt und damit die weiteren Bedingungen ihrer Produktion verändern, verändern sich die Menschen auch selbst.

Mit den drei Grundannahmen lässt sich der bisherige Verlauf der Gesellschaftsgeschichte erklären und lassen sich die einzelnen Phasen beschreiben. Dabei kommt Marx – das kann kaum verwundern – zu einer anderen Einteilung als Comte im Dreistadiengesetz. Das Verhältnis von Produktivkräften und Produktionsverhältnissen definiert die jeweilige Produktionsweise. Die Produktionsweise ist davon bestimmt, wie die Eigentumsverhältnisse an den Produktionsmitteln in der jeweiligen Gesellschaftsformation geregelt sind und welchen Stellenwert die menschliche Arbeitskraft hat.

Die Entwicklung der verschiedenen Gesellschaftsformationen

1.1.8

Marx' Vorstellung von der Urgesellschaft ist stark von der Ethnologie des 18. und 19. Jahrhunderts geprägt: Es gab Reisen zu Gesellschaften, zu Völkern, die anders entwickelt waren als die zentraleuropäischen Gesellschaften. Marx hat mit den ihm zur Verfügung stehenden Materialien beschrieben, dass es Gesellschaften gibt, in denen die Produktivkräfte noch relativ einfach sind und deren Produktionsverhältnisse eine geringe Ausdifferenzierung haben. Die Menschen der **Urgesellschaft** arbeiten gemeinsam, und die Produktionsmittel gehören allen. Es gibt noch keine Unterscheidung zwischen Eigentümern und Nichteigentümern an Produktionsmitteln.

Die Ausdifferenzierung der Produktionsverhältnisse

Wie kommt es nun von der Urgesellschaft zur nächsten Gesellschaftsformation? Im Verlauf ihrer gemeinsamen Arbeit machen
Menschen Erfindungen und Entdeckungen, die es ermöglichen, die
eingesetzte Arbeitskraft so zu nutzen, dass sich mehr produzieren
lässt, als zunächst für den Konsum notwendig ist. In diesem Fall
gibt es zwei Möglichkeiten, die erhöhte Produktion zu verwenden:
Man kann einerseits anfangen, Handel zu treiben mit anderen
Urgesellschaften. Man kann andererseits auch die Gesellschafts-
organisation intern ändern: Von nun an gibt es zwar immer noch
Menschen, die produzieren. Aber aus der bis dahin gemeinsam
arbeitenden Gruppe scheiden einige aus, die sich nur noch mit der
Verwaltung, mit der Deutung der Welt, mit mythischen Diensten
usw. beschäftigen. Marx' These ist nun, dass diese Arbeitsteilung
Sklavenhaltergesellschaft zu einer **Sklavenhaltergesellschaft** führt. Weil ein bestimmter Anteil
der Produktionsmittel in der Hand einiger weniger Personen ist, ist
es möglich, Arbeiter anzustellen und in dieser frühen Form nicht
gegen Lohn arbeiten zu lassen, sondern sie als Zwangsarbeiter zu
beschäftigen. Die Gesellschaft im antiken Rom, über die es im 19.
Jahrhundert viele Untersuchungen und Literatur gegeben hat,
bestand zu 80 % aus Sklavinnen und Sklaven.

Auch auf dieser Entwicklungsstufe werden die Produktivkräfte
weiter entwickelt, und daraus entsteht die nächste Gesellschaftsfor-
Feudalismus mation, der **Feudalismus**. Im Feudalismus sind aus den Sklavenhaltern
Feudalherren geworden, die jetzt nicht mehr an einer bestimmten
Stelle Sklaven halten, sondern über größere Territorien verfügen.
Deshalb werden aus den Sklaven Leibeigene, d.h. sie haben einen
etwas größeren Freiheitsraum, sind aber nach wie vor Abhängige.

Auch im Feudalismus werden aufgrund z.B. des Bankwesens, bestimmter Entwicklungen des Geldverkehrs, aber auch einer ganzen
Reihe von Entdeckungen – z.B. des Schießpulvers, der Buchdrucker-
kunst usw. – Produktionsmittel frei, die eingesetzt werden können
für die Produktion von Gütern. Dies führt dazu, dass sich die Produktionsmittel schließlich und endlich in der Hand einiger weniger
Bürgerliche Gesellschaft befinden. Diesen Zustand beschreibt Marx als **bürgerliche Gesellschaft**
bzw. als **Kapitalismus**. Die naturwissenschaftlichen Erkenntnisse auf
der einen Seite und die daraus hervorgehende enorme Entfaltung
der Produktivkräfte auf der anderen Seite führen zur Entstehung
nationaler Wirtschaftskreisläufe und des Welthandels.

Kapitalismus Im Kapitalismus stehen sich – im Gegensatz zu anderen Gesellschaftsformationen – nur noch die Besitzer der Produktionsmittel

(Kapitalisten) und die Lohnarbeiter (Proletarier) gegenüber. Marx hält es für eindeutig, dass sich die Lage derjenigen, die einzig und allein über die Produktivkraft Arbeit verfügen, im Kapitalismus nicht verbessert, sondern eher verschlechtert.

Diese Erkenntnis ist das Ergebnis seines Lebens in England, wo sich Industrialisierung und Kapitalismus wesentlich früher als in Deutschland oder Frankreich entwickelten. Das Buch »Die Lage der arbeitenden Klasse in England« von Friedrich Engels beschreibt die damaligen Verhältnisse: die Mietskasernen, die großen Vorstädte, Kinderarbeit, achtzehnstündige Arbeitstage, schlechte Entlohnung. All dies untersucht Marx, und es schlägt sich in der Beschreibung des Klassengegensatzes zwischen Kapitalisten und Proletarier nieder. | England als Beispiel

Aus seiner Beobachtung einer Gesellschaft, in der sich nur noch zwei Klassen gegenüberstehen – nämlich die Proletarier und die Kapitalisten –, entwickelt Marx die These, dass die Kapitalisten durch die ihnen aufgezwungene Konkurrenz untereinander und den sinkenden Fall der Profitrate im Prinzip dazu gezwungen werden, sich selbst zu zerstören.

Marx verlässt hier den festen Boden der wissenschaftlichen Analyse und begibt sich in das Feld der Vermutungen und Prophezeiungen. Erst recht, wenn er glaubt, dass aus den Gründen der fallenden Profitrate der Sozialismus bzw. das, was Marx »Diktatur des Proletariats« nennt, entstehen wird. | Diktatur des Proletariats

Den Kommunismus, der dem Sozialismus folgt, hat Marx nicht prophezeit. Er nimmt aber an, dass aus dem Vorangegangenen wahrscheinlich die klassenlose Gesellschaft entstehen wird. Diese bedeute Freiheit für alle. Marx ist sehr vorsichtig, für die übernächste Stufe – den Kommunismus – Vorhersagen zu treffen. Er hat es aber als wünschenswertes Ziel angesehen, dass man vormittags Arbeiter und nachmittags Historiker sein kann.

Gesellschaftsformation	Stellenwert menschlicher Arbeitskraft
Urgesellschaft	Klassenlos, kein politischer Apparat
Sklavenhalterordnung	Sklavenhalter ↔ Sklaven
Feudalismus	Herren ↔ Leibeigene
Kapitalismus	Kapitalisten ↔ Proletarier
Sozialismus	Diktatur des Proletariats
Kommunismus	Klassenlos, Freiheit für alle

1.1.9 | Von der »Klasse an sich« zur »Klasse für sich«

Marx stellt fest, dass die Klasse der Proletarier von ihrem Schicksal nichts weiß. Er spricht von einer »Klasse an sich«. Diese kann erst selbst an ihrer Befreiung mitarbeiten, wenn sie eine »Klasse für sich« ist. Als Wissenschaftler, der im Dienste des Proletariats steht, sieht er sich in der Lage, die ökonomischen Bedingungen des Zusammenlebens aufzudecken. Das bedeutet nicht, dass sich daraus automatisch eine revolutionäre Bewegung der Proletarier ergibt. Die Proletarier müssen sich ihrer Lage zunächst bewusst werden. Dieser Punkt ist für die Entwicklung des Marxismus, des Marxismus-Leninismus, des Maoismus usw. von entscheidender Bedeutung gewesen.

Ein zentrales Problem der verschiedenen kommunistischen und sozialistischen Bewegungen, die sich auf die Marx`sche Theorie berufen, ist stets gewesen: Wie erklärt man den Menschen, dass sie sich in einem Unterdrückungsverhältnis befinden? Auf diese Frage gab es zwei unterschiedliche Antworten:

Die Bildungswerke der Sozialdemokratie seit dem späten 19. Jahrhundert hatten zum Ziel, Arbeiter durch Bildungseinrichtungen in die Lage zu versetzen, ihre Situation selbst zu erkennen und sich daraufhin zu vereinigen.

Alle anderen Versuche – der Leninismus oder der bürokratische Sozialismus der DDR – hatten zum Ziel, diese Entwicklung von der »Klasse an sich« zur »Klasse für sich« vorwegzunehmen, indem sie behaupteten, es gebe eine Avantgarde, die über die gesellschaftlichen Verhältnisse schon Bescheid wisse und die die Entwicklung zum Sozialismus nun für die Arbeiter durchführe. Alle anderen haben von der Avantgarde zu lernen, was richtig ist. (»Von der Partei lernen, heißt siegen lernen.«) Wer nicht lernt, muss erzogen werden. Wer nicht erzogen werden kann, muss beseitigt werden.

Es sollte also immer zwischen drei Punkten unterschieden werden:
- erstens, was Marx wissenschaftlich untersucht hat, welche analytischen Kategorien zur Beschreibung der Gesellschaft er entwickelt hat,
- zweitens, was er selbst an Prophezeiungen daraus gemacht hat,
- und drittens, welche Nutzanwendung für ihre Politik marxistische Parteien in verschiedenen Gesellschaften in dieser Welt daraus gezogen haben.

Wir beschäftigen uns hier im Wesentlichen mit der analytischen Kategorien: Wie lässt es sich erklären, dass Gesellschaften sich bisher verändert haben? Zentral ist bei Marx, wie gesagt, die Veränderung der Produktionsverhältnisse, und hiermit kommen wir zu einem weiteren Punkt.

Das Verhältnis von Basis und Überbau   1.1.10

Selbstverständlich gibt es nicht nur die Basis des Lebens, die Produktion, sondern auch Staatsformen, Gesetze, Verwaltung, Kunst und Religion. Diese Bereiche gehören nicht direkt zur Produktion des täglichen Lebens, sondern bilden nach Marx den Überbau. Marx stellt die These auf, dass der Überbau die Basis, nämlich die Produktionsweise, widerspiegelt. Von dieser These ist der klassische Satz »Das gesellschaftliche Sein bestimmt das Bewusstsein« abgeleitet. Seiner Meinung nach gibt es eine unmittelbare Widerspiegelung der Basis nur im politischem Überbau.

Es gibt aber auch mittelbare Zusammenhänge zwischen Basis und Überbau, also etwa Kunst, Religion, Verwaltungsformen usw. Nach Marx' Tod entbrennt ein heftiger Streit darum, wie linear das Verhältnis zwischen Basis und Überbau ist. Ist es wirklich so, dass das Sein das Bewusstsein bestimmt oder kann nicht auch das Bewusstsein das Sein weiter entwickeln? Schon Engels hat in einem späten Brief darauf hingewiesen, dass es Wechselverhältnisse zwischen Basis und Überbau gebe. Heute wird auch in denjenigen wissenschaftlichen Kreisen, die sich noch auf Marx beziehen, nicht mehr bestritten, dass es ganz eindeutig auch eine Sphäre im Überbau gibt, die dadurch gekennzeichnet ist, dass sie die Basis mit beeinflusst und dass es durchaus Wechselwirkungen gibt.

Marx' Bedeutung für die Soziologie   1.1.11

Frühzeitig war das bürgerliche Urteil über Karl Marx gesprochen. Dies lässt sich wunderschön durch eine Stelle in Meyers Konversationslexikon von 1890, eine Fundgrube bürgerlicher Bildung, illustrieren: Das Stichwort zu dem 1883 verstorbenen Karl Marx, der dort als sozialistischer Agitator und Schriftsteller bezeichnet wird, schließt mit der folgenden Feststellung: »Das Werk ist zwar das wissenschaftlich bedeutendste der sozialistischen Literatur, aber doch von geringerem Wert als Marx und seine Anhänger wähnen.«

Hat Marx uns heute
noch etwas zu sagen?

**Marx' Einfluss auf
die Soziologie**

Für die Soziologie kann das so nicht gelten. Alles, was in den nächsten zwanzig, dreißig Jahren in der Soziologie passiert – d.h. im Wesentlichen die frühe englische, französische und deutsche Soziologie –, muss sich mit den Grundannahmen von Karl Marx auseinandersetzen. Dabei geht es hauptsächlich um folgende Probleme:

Erstens, wodurch wird Gesellschaftsgeschichte bestimmt? Von Menschen, wie Marx sagt, oder von Ideen, wie Hegel dachte?

Zweitens, wie ist die Arbeit, die Produktion als das Zentrum des Lebens organisiert, und wie verhält sich der Überbau zur Produktionsweise? Bestimmt das gesellschaftliche Sein wirklich das Bewusstsein?

Drittens, lassen sich gesellschaftliche Entwicklungen auch mit anderen Kategorien erklären als mit denen, die Marx vorgegeben hat?

Viertens, wie wird sich die Gesellschaft weiter entwickeln und wie ist diese Entwicklung zu bewerten? Marx hat ein ganz eindeutiges Bewertungskriterium: Da der Kapitalismus die Proletarier ausbeutet und ihnen ein Teil dessen, was sie produzieren, vorenthält, sie also von ihren Produkten entfremdet, muss dies aufhören. Er macht ganz eindeutig einen therapeutischen Vorschlag gegen Fehlentwicklungen der Gesellschaft.

Jeder Mensch, der sich nach Marx mit Soziologie beschäftigt, versucht, eine Antwort auf diese Fragen zu geben. Was die anderen, die nach Marx kommen, hierzu sagen, wird Gegenstand der nächsten Kapitel sein.

Lernkontrollfragen

1 Warum wird Auguste Comte häufig als erster Soziologe bezeichnet?
2 Was besagt das Dreistadiengesetz?
3 Welche Rolle sollen Soziologen im positiv-wissenschaftlichen Stadium spielen?
4 Welche Grundannahmen formuliert Marx für die wissenschaftliche Untersuchung von Gesellschaft?
5 Durch welche Faktoren wird die Produktionsweise bestimmt?
6 Erläutern Sie den Unterschied zwischen »Klasse an sich« und »Klasse für sich«.
7 Wie begründet Marx die Abfolge der Gesellschaftsformationen?

Den Roman **Der Name der Rose** von Umberto Eco gibt es als Taschenbuch. Wer sich für den Roman und die Absichten des Autors interessiert, sollte auch Ecos **Nachschrift zum Namen der Rose** lesen. Dort finden sich weitere Hinweise zur Bedeutung der Entwicklungen im Mittelalter und zur Konstruktion des Romans.

Die philosophischen Trends im Mittelalter und zur Aufklärung werden in verschiedenen Lexika und Handbüchern zur Philosophie dargestellt. Für dieses Buch ist Kröners Lexikon zur Philosophie benutzt worden.

Zur Geschichte der Soziologie – nicht nur im 19. Jahrhundert – sei auf Hermann Korte: Einführung in die Soziologie. Opladen 2003 (7. Aufl.), hingewiesen. Dort werden die hier in den Kapiteln 2 bis 4 komprimiert dargestellten Entwicklungen ausführlicher erläutert.

Von den Schriften Auguste Comtes ist zur Zeit nur seine **Rede über den Geist des Positivismus**, eingeleitet und herausgegeben von Iring Fetscher, Hamburg 1994, erhältlich

Eine kritische Auseinandersetzung mit dem Werk findet sich in Werner Fuchs-Heinritz: Auguste Comte. Einführung in Leben und Werk. Bd. 2 der Hagener Studientexte zur Soziologie, Opladen/Wiesbaden 1998.

Die Fülle der Literatur zu Karl Marx und Friedrich Engels ist im Gegensatz zu Comte überwältigend.

Die Marx-Engels Ausgabe (MEGA) von 1975 hatte 43 Bände, die endgültige, an der immer noch gearbeitet wird, soll ca. 130 Bände umfassen.

Eine Auswahl der Schriften von Karl Marx und Friedrich Engels findet sich in der vierbändigen Studienausgabe – Fischer Taschenbuch, hrsg. von Iring Fetscher:

Bd. I Philosophie
Bd. II Politische Ökonomie
Bd. III und IV Geschichte und Politik.

Lesenswert ist auch die Biographie von Fritz J. Raddatz: **Karl Marx. Eine politische Biographie.** Hamburg 1975.

Die Anfänge der nationalen Soziologien im 19. Jahrhundert

| 1.2

Wie im vorigen Kapitel gezeigt wurde, sind bis Mitte des 19. Jahrhunderts Gesellschaftstheorie, soziologische Vorstellungen von den Regelmäßigkeiten und Gründen der Entwicklung von Gesellschaften und der sozialen Ungleichheit in ersten Konturen vorhanden. Dabei spielte Auguste Comte eine geringe, um nicht zu sagen unbedeutende Rolle. Auf Karl Marx – diese Kolossalfigur – mussten die nächsten Generationen früher Soziologen eine eigene Antwort finden. Jeder auf Marx folgende Gesellschaftswissenschaftler musste sich mit Marx' Theorie auseinandersetzen und, wenn er diese nicht akzeptierte, andere Erklärungen finden. Am Ende des 19. bzw. zu Beginn des 20. Jahrhunderts waren die Reaktionen auf Marx sehr nationenspezifisch. In England, Frankreich

Herausforderung der
Gesellschaftstheorie
durch Marx

und Deutschland bildete sich die Soziologie als Fach allmählich heraus: Herbert Spencer in England, Emile Durkheim in Frankreich, Georg Simmel und Ferdinand Tönnies in Deutschland. Diese Namen sind wichtig für die weitere Entwicklung, bevor am Anfang des 20. Jahrhunderts Max Weber bis heute wichtige Grundlagen der akademischen Disziplin formulierte. Sie alle waren keine »gelernten« Soziologen, aber allesamt an der Erklärung von Gesellschaft interessiert und fühlten sich von Karl Marx herausgefordert.

1.2.1 Herbert Spencer (1820–1903)

»Den Taugenichts auf Kosten des Guten zu hegen, ist die äußerste Grausamkeit. Es ist ein vorsätzliches Aufspeichern von Elend für künftige Generationen.« Als Herbert Spencer dies 1896 schrieb, war er in England seit gut vierzig Jahren ein bekannter Mann. Wir würden heute sagen: Er war der Chefideologe der Gegner jeglicher Sozialpolitik, über die es öffentliche Debatten im England des späten 19. Jahrhunderts gab. Die schon von Friedrich Engels beschriebene Not der Arbeiterschaft, die von Karl Marx in ihren Ursachen untersucht wurde, hatte in England, vor allem am Regierungssitz London, zu einer Debatte über die Grenzen dessen geführt, was bis heute Manchester-Kapitalismus heißt. In dieser Debatte ergreift Spencer Partei gegen jede Art von staatlicher Sozialpolitik, und er tut dies mit Argumenten der von ihm entwickelten Systemtheorie, die eine stark utilitaristische Prägung hat. Eine Systemtheorie, die für eine spätere Phase der Soziologie, die funktionalistische Systemtheorie Talcott Parsons' (siehe Kapitel 2.1) wichtige Impulse liefert.

1.2.2 Das Organismusmodell

Spencers Ausgangspunkt ist die Grundüberzeugung, dass es keine gravierenden Unterschiede zwischen der Evolution der Natur und der Entwicklung der Gesellschaft gebe. Beide seien durch einen Wandel von unzusammenhängender Gleichartigkeit zu zusammenhängender Verschiedenheit geprägt.

Natur und Gesellschaft

Die Triebkräfte in der Natur und in Gesellschaften sieht Spencer im Kampf ums Dasein jedes Lebewesens. Seinen Ansatz, die naturwissenschaftliche Denkweise für die Gesellschaftstheorie nutzbar zu machen, verband er deshalb mit einem philosophischen Ansatz, dem Utilitarismus.

▶ Im Gegensatz zu Marx verwendet Spencer fast keine ökonomischen Daten, sondern arbeitet sich durch die Vielzahl ethnographischer Veröffentlichungen des späten 18. und frühen 19. Jahrhunderts hindurch, um hieraus Belege für den Analogieschluss von der Natur auf Gesellschaft zu gewinnen. Spencer lässt in seiner Argumentation auf die Darstellung naturwissenschaftlicher Evolutionstatbestände immer den Analogieschluss vom Biologischen zum Sozialen folgen. Seine Argumentation schließt er regelmäßig mit der Bemerkung ab: »Und so ist es auch in Gesellschaften«. Das ist Spencers Methode, die man vom heutigen Kenntnisstand her durchaus kritisieren kann, vor allem die mangelnde wissenschaftliche Beweiskraft des Analogieschlusses. Denn es handelt sich meist nicht um einen Vergleich, von dem Spencer behauptet, dass er der Kern seiner Methode sei, sondern um eine Setzung, um eine logische Wahrscheinlichkeit, die von der Ähnlichkeit oder Übereinstimmung verschiedener Phänomene mit verschiedenen Merkmalen ausgeht.

HAUPTWERKE:
Social Statistics (1850)
Einleitung in das Studium der Soziologie (1875)
Principles of Sociology (1876–1896)

ZENTRALE THESEN:
1. Gesellschaft als Organismus (sozialdarwinistische Vorstellung; biologistische Übernahme von Lamarck)
2. Organismus versucht zu überleben, Prinzip: »survival of the fittest«
3. Evolutionsgesetz: von unzusammenhängender Gleichförmigkeit zu zusammenhängender Ungleichförmigkeit
4. Bewegungsprinzipien der Gesellschaft: Wachstum, strukturelle Differenzierung und funktionale Interdependenz
5. Ablehnung von Sozialpolitik

Utilitarismus

1.2.3

Der Utilitarismus wird im 18. Jahrhundert hauptsächlich von John Bentham, John Stewart Mill und David Ricardo begründet. Ihm liegt die Vorstellung zugrunde, dass der einzelne Mensch sich im Prozess der Sozialisation nicht Werte und Normen aneignet, die durch bestimmte Institutionen vermittelt werden, sondern dass er

Der Mensch verfolgt seinen Nutzen und strebt nach Lustgewinn

mit Hilfe seines Bewusstseins Erfahrungen sammelt, die entsprechend ihrer Lustqualitäten und Nützlichkeiten zur Grundlage des Handelns werden. Auf die für die damalige Zeit revolutionäre These, dass der Mensch kulturunabhängig sein Leben nach ausschließlich hedonistischen Prinzipien ausrichtet, also sein Handeln weitgehend von rationalem Zweckkalkül bestimmen lässt, folgt der utilitaristische Ansatz, der den Menschen auf eine bestimmte ökonomische Natur festlegt.

Dieser Denkansatz richtet sich im 18. Jahrhundert vor allem gegen die feudalen Herrschaftsstrukturen und die in ihnen wirkenden Normen der Institutionen. Der Spätabsolutismus ist nicht in der Lage, die wirtschaftlichen und politischen Probleme zu lösen, die dadurch entstanden sind, dass Menschen zum einen durch das Kontraktprinzip in die Freiheit entlassen werden, also etwa über die Freisetzung von ehemaligen Leibeigenen, zum anderen aber die regulierenden Institutionen noch nicht auf den individualistisch handelnden Menschen eingerichtet sind.

In Frankreich und England erzeugt überdies die wachsende Bevölkerung Versorgungsprobleme, die es erforderlich machen, den einzelnen Menschen in die Lage zu versetzen, seine Probleme selbst zu lösen. Dazu gehören für die Utilitaristen Forderungen nach Freihandel, Wahlrecht, Meinungsfreiheit und Justizreform. Trotz des reformerischen Ansatzes kommt der Utilitarismus über eine radikale Institutionenkritik aber nicht hinaus, weil er das Problem gesellschaftlicher Integration nicht lösen kann. Bei Bentham und Mill bleibt der Mensch auf die zwanghafte Naturhaftigkeit seines Handelns reduziert. Soziale Eigengesetzlichkeiten muss der Entwurf ignorieren, weil Kultur, Werte und Normen in diesem Denkgebäude nicht existieren. Der utilitaristische Gesellschaftsentwurf bleibt auf die Forderung nach dem größten Glück für die größte Anzahl an Menschen beschränkt.

Gesellschaftliche Integration als Leerstelle

Definition

Utilitarismus

► Handlungstheoretischer Ansatz, wonach das Handeln der Menschen nicht durch Werte und Normen geleitet ist, die im Laufe der Sozialisation erworben werden, sondern ausschließlich aus nutzenorientierten Motiven heraus erfolgt. Der Mensch ist durch seine ökonomische Natur determiniert. Sie bestimmt sein Handeln. Er folgt ausschließlich dem Prinzip des maximalen (Lust-) Gewinns bei minimalem Aufwand.

Es gibt heute dennoch eine ganze Richtung in den Sozialwissenschaften, die unter der Überschrift »Rational-Choice« im Rückgriff auf den Utilitarismus eine forschungsrelevante Rolle spielt. Im Mittelpunkt steht dabei die These, dass nur die sozial-ökonomischen Vorteile und Nachteile das Handeln des Einzelnen bestimmen und nichts anderes. Daraus lassen sich eine Reihe von Forschungsstrategien entwickeln. Dies soll später wieder aufgegriffen werden, wenn von den heutigen Theorie- und Forschungsrichtungen in der Soziologie die Rede sein wird (siehe Kapitel 2).

Sozialdarwinismus

1.2.4

Indem Spencer die naturwissenschaftliche Evolutionslehre mit utilitaristischem Gedankengut verbindet, entwickelt er eine theoretische Position, die im nachhinein als »Sozialdarwinismus« bezeichnet wurde, was aber irreführend ist. Charles Darwin, der über die Evolution des Menschen das Buch »The Origin of the Species« (1859) verfasst hatte, hatte sich stets gegen die Übertragung seiner biologischen Theorie auf soziale Prozesse gewehrt; außerdem erschien Spencers Hauptwerk »Social Statistics« bereits 1850. Auch die These »survival of the fittest« ist nicht von Darwin, sondern von Spencer.

Bei Spencer hat der Kampf ums Dasein die zentrale Bedeutung, den Gesamtorganismus Gesellschaft voranzubringen. Das Streben des Einzelnen ist nicht mehr Selbstzweck, sondern Mittel zum Zweck. Das individuelle Schicksal wird den Erfordernissen des organistischen Gesellschaftskörpers untergeordnet. Dabei entwickelt sich die Gesellschaft nach den Entwicklungsgesetzen der Biologie durch Anpassung und Differenzierung.

Anpassung und Differenzierung

Definition

Spencers »survival of the fittest«

▶ 1. **Organistischer Denkansatz:** Die Gesellschaft ist ein Organismus, dessen Entwicklung aus dem Streben nach innerem und äußerem Gleichgewicht durch Differenzierung und Anpassung zu erklären ist. Dieses Streben stellt sich für die einzelnen Elemente (Menschen, soziale Gruppen) als »Kampf ums Dasein« dar.

2. Der »Kampf ums Dasein« ist ein Kampf verschiedener Gruppen miteinander, in dem sich die »bessere Moral«, die »bessere Rasse« durchsetzt. Es entstehen Nationen, in denen bestimmte Erbanlagen verfestigt werden, und der Kampf setzt sich auf höherer Ebene als Kampf zwischen Völkern fort.

Definition

Spencers »survival of the fittest«

Die Ursache für Fortschritt liegt darin, dass die Starken über die Schwachen siegen. Der Einzelne, das handelnde Individuum spielt nur noch insoweit eine Rolle, wie es den gesellschaftlichen Organismus voranbringt.

Die Idee der sozialen Auslese ist die Grundlage für die daran anknüpfenden Ideen des Imperialismus und kruder Rassentheorien, die bis heute nachwirken. Der Sozialdarwinismus hat aber auch einen seriösen Theoriestrang der Gegenwartssoziologie geprägt: die Systemtheorie. Nach Spencer besteht »eine wirkliche Analogie« zwischen einem individuellen und einem sozialen Organismus, die begründet wird durch die funktionale Abhängigkeit zwischen den einzelnen Teilen des Organismus. Exakt das ist auch eine der zentralen Annahmen der nordamerikanischen Systemtheorie, auf die später näher eingegangen wird (siehe Kapitel 2.1).

Spencers Wirkung auf andere Soziologen

In England blieb Spencer allerdings ohne wesentliche Wirkung auf die weitere Entwicklung der Soziologie. Nachdem sich in den innen- und sozialpolitischen Debatten die Befürworter einer staatlichen Sozialpolitik durchgesetzt hatten, verlagerte sich auch die sozialwissenschaftliche Forschung und Lehre auf die moralisch-wissenschaftliche Unterstützung des englischen Sozialstaates. Bis in die 1940er Jahre gab es nur eine soziologische Professur, und zwar an der London School of Economics (LSE). Lehrstuhlinhaber war Morris Ginsberg, ein Moralphilosoph.

In Frankreich dagegen hatte Emile Durkheim einen nachhaltigen Einfluss.

1.2.5 | Emile Durkheim (1858–1917)

Emile Durkheim wurde in eine strenggläubige jüdische Familie geboren, löste sich jedoch von dieser und von der Religion seiner Eltern. Er studiert Philosophie und Geschichte, findet aber relativ früh die Aufmerksamkeit der französischen Regierung und wird 1885/86 nach Deutschland geschickt, um zu untersuchen, wie dort

Zentral: Bildung und Erziehung

das Erziehungssystem und die Ausbildung der Lehrer organisiert ist. Die französische Gesellschaft leidet noch unter dem Schock des verlorenen Krieges von 1870/71. Durkheims Aufgabe ist es, herauszufinden, ob die militärische Überlegenheit der Deutschen mit dem

Schulsystem, mit dem Wissenschaftssystem, mit der Ausbildung zusammenhängen könnte. Er lernt dabei eine ganze Reihe deutscher Wissenschaftler kennen, darunter auch Ferdinand Tönnies. 1896 erhält Durkheim zunächst eine Dozentur und später eine Professur an der Pädagogischen Hochschule in Bordeaux. Er ist seitdem nicht nur als Soziologe tätig – und insbesondere als Motor einer französischen Soziologie –, sondern auch der Chefdenker der französischen Lehrerausbildung.

Grundfragen zur Bildung einer Gesellschaft

1.2.6

Die Situation in Frankreich ist nach 1870 durch viele Unklarheiten, Unruhe, Ungewissheiten und Unsicherheiten gekennzeichnet, durch die Konfrontation der Royalisten und der Befürworter der Dritten Republik. In dieser Situation der französischen Gesellschaft stellt sich Durkheim folgende zentralen Fragen:

• Wie kommt es, dass eine Masse von Einzelpersonen eine Gesell schaft bildet?
• Auf welche Weise gelingt es diesen Einzelpersonen, einen Konsens als die Voraussetzung des Lebens in der Gemeinschaft herzustellen?

Dahinter verbirgt sich die Vorstellung, dass die alten Muster der Gesellschaft nicht mehr gültig sind. Durkheim weiß sehr wohl, wie noch im 18. Jahrhundert während des Absolutismus die Masse von Einzelpersonen eine Gesellschaft bilden konnte. Der Konsens war damals der König: Der König bestimmte alles, alle hatten sich danach zu richten, und das wurde notfalls mit Gewalt durchgesetzt. Aber in der zweiten Hälfte des 19. Jahrhunderts ist dieser Konsens in Frankreich verschwunden. Es gibt unterschiedliche konkurrierende Gruppen. Durkheim fragt sich deshalb: Warum? Wie kann man theoretisch erklären, dass diese Gesellschaft funktioniert, und – insbesondere – wie kommt es zu einem Konsens?

Gesellschaftliche Entwicklung von der mechanischen zur organischen Solidarität

1.2.7

Durkheim beschreibt die Entwicklung der Gesellschaft von einer mechanischen Solidarität zu einer organischen Solidarität. Diese bilden zwei Pole der gesellschaftlichen Entwicklung, die in diesen reinen Formen nicht vorkommen müssen. Die beiden Begriffe sind

Von der mechanischen zur organischen Solidarität

Abstraktionen, Denkfiguren. Irgendwo zwischen den beiden Polen befinden sich die jeweiligen Gesellschaften, die Durkheim untersucht.

Als Gegensatz ist die Unterscheidung zwischen organischer und mechanischer Solidarität dennoch wichtig, weil die mechanische Solidarität eine Solidarität durch Ähnlichkeit ist. Bei der entgegengesetzten Form der Solidarität, der organischen, resultiert der Konsens aus der Differenzierung. Dabei ist für das Durkheim`sche Werk die Überlegung besonders wichtig, dass Differenzierung auch ein Vorteil sein kann, und, so wie er diesen Gedanken dann weiter entwickelt, auch die Grundlage für Moral bildet. Was Marx als die Entwicklung der verschiedenen Gesellschaftsformationen beschreibt – also Urhorde, Sklavenhaltergesellschaft, Feudalismus usw. –, wird bei Durkheim als ein Kontinuum von mechanischer Solidarität – das wäre die Urhorde in der reinsten Form – hin zu organischer Solidarität beschrieben. Die wichtigsten Kriterien für Durkheim sind dabei Ähnlichkeit und Verschiedenheit.

Ähnlichkeit versus
Verschiedenheit

Ähnlichkeit bedeutet, dass die Menschen ein Kollektiv bilden, das die Welt in gleicher Weise deutet. Im Zustand der **Verschiedenheit** ist die Arbeitsteilung zentral. Die Individuen sind nicht ein Kollektiv, in dem alle gleich sind, sondern ergänzen sich in der Arbeitsteilung untereinander. Verbrechen gelten hier nicht mehr als Verletzung der Kollektivgefühle, sondern sind Vertragsverletzungen. Während im Zustand der Ähnlichkeit verletzte Gefühle wiederhergestellt werden, also z.B. durch Sühne oder Rache, gilt dagegen Wiedergutmachung als Prinzip im Zustand der Verschiedenheit – der entstandene Schaden muss ersetzt werden. Das Individuum ist im Zustand der Ähnlichkeit direkt der Gesellschaft gegenübergestellt. Im Zustand der Verschiedenheit tritt das Individuum der Gesellschaft über Intermediäre gegenüber: Das sind bei uns heute Gewerkschaften, Parteien etc. Der Mensch hat in der mechanischen Solidarität keine Wahl, mit wem er kooperieren will. Das ist festgelegt. Man gehört zu seinem Kollektiv und hat mit allen gesellschaftliche Kontakte. In der organischen Solidarität besteht bis zu einem gewissen Grad Wahlfreiheit der Beziehung.

Ähnlichkeiten	Verschiedenheiten
Kollektiv, das die Welt in gleicher Weise deutet	Arbeitsteilung: Individuen ergänzen einander
Verbrechen verletzt Kollektivgefühle;	Verbrechen sind Vertragsverletzungen;
Wiederherstellung verletzter Gefühle	Wiedergutmachung
Individuum ist der Gesellschaft direkt	Individuum ist mit der Gesellschaft über
gegenübergestellt	intermediäre Organisationen verbunden
keine Wahl in den sozialen Beziehungen	Wahlfreiheit der Beziehung
mechanische Solidarität	**organische Solidarität**

Kollektivbewusstsein und soziale Tatsachen | 1.2.8

Durkheim geht davon aus, dass Menschen in allen gesellschaftlichen Zuständen ein bestimmtes Kollektivbewusstsein haben. Dies
ist kein völlig neuer Gedanke in der Soziologie bzw in den Sozialwissenschaften (siehe K. Marx). Durkheim unterscheidet das Bewusstsein des einzelnen Menschen von einem Kollektivbewusstsein, das
im Inneren der Menschen existiert, das sie sich jedoch nicht selbst
auswählen können. Kollektivbewusstsein sind »die gemeinsamen
Überzeugungen und Gefühle der Durchschnittsmitglieder einer
Gesellschaft«. Es wird ihnen mit der Sozialisation vermittelt und
sie orientieren sich an ihm. Wichtig hierbei ist, dass dieses Kollektivbewusstsein den Menschen gewissermaßen von außen entge-
gentritt und Zwang ausübt. Es ist eine **soziale Tatsache**. Das Kollektivbewusstsein ist in einzelnen Gesellschaften verschieden stark
verbreitet und wirksam, wobei in der Form der mechanischen Solidarität, in der Form der Ähnlichkeit, das Kollektivbewusstsein ganz
eindeutig ist: Das Kollektiv, in dem man lebt, hat ein gemeinsames
Bewusstsein, und das Kollektivbewusstsein erfasst die Mehrzahl
der Individuen.

Das Kollektivbewusstsein als zentrale Kategorie

Definition

**Kollektivbewusst-
sein/soziale
Tatsachen**

▶ 1. Ein sozialer Tatbestand ist jede mehr oder minder festgelegte Art des Handelns als kollektives Phänomen.
2. Soziologen müssen diesen äußeren Zwangscharakter sozialer Tatbestände
erfassen und beschreiben.

3. Die äußeren Zwänge, auf die die einzelnen Individuen nur bedingt Einfluss nehmen können, bezeichnet Durkheim als moralisch verpflichtend wirkendes Kollektivbewusstsein, das sich weder einseitig auf ökonomische Faktoren noch einseitig auf psychologische Faktoren zurückführen lässt.
4. Das Kollektivbewusstsein wird deshalb zur entscheidenden soziologischen Kategorie. Es ist das Gewissen, die Moral der Gesellschaft, die sich in Sitten, Religion und Recht ausdrückt und durch Erziehung vermittelt wird (fait social).

Durkheim hat nun das Problem zu erklären, was das neue Kollektivbewusstsein in der Industriegesellschaft im Zustand der Verschiedenheit ist. In den differenzierten Gesellschaften ist es dem Einzelnen überlassen, das zu glauben und zu tun, was er möchte. Nun stellt sich für Durkheim die Frage, auf welche Weise es gelingt, einen Konsens als die Voraussetzung des Lebens in der Gemeinschaft herzustellen. Auf welche Weise gelingt es zu organisieren, dass die Menschen in einer Gesellschaft zusammen leben und arbeiten können? Um das herauszufinden, entwickelt er die Idee der Anomie.

Wie gelingt Integration?

1.2.9 | Anomie

Durkheim versucht, eine neue Moral zu formulieren, und damit ihm das gelingt, geht er den Umweg über Pathologien, d.h. er untersucht nicht, in welchen Fällen das Kollektivbewusstsein funktioniert, sondern er untersucht Fälle, in denen es nicht funktioniert. Dies ist ein in den Sozialwissenschaften seitdem gern benutztes Forschungsschema: Man versucht herauszufinden, wann etwas nicht funktioniert, um dann Rückschlüsse daraus zu ziehen, wie es eigentlich funktionieren sollte bzw. wie es im positiven Falle gut funktioniert. Diese Pathologien nennt Durkheim Anomie und meint damit z. B. das Abrücken der Beschäftigten von gesellschaftlichen Normen wie Arbeitsmoral. Durkheim nennt verschiedene Formen der Anomie:

Kapital und Arbeit

Erstens gibt es den Gegensatz von Kapital und Arbeit. Er zerstört Solidarität, indem sich einige auf Kosten anderer bereichern. Wege der Kooperation werden nicht beachtet, dies führt zu Konflikten, und das ist dann eine Form von Anomie. Diese Form der Anomie besteht also aus einer Verletzung der Regeln für Kooperationen. Es gibt an bestimmten Stellen in der Industriegesellschaft ein Zuwenig an Regeln, und deswegen kommt es zu anomischen Formen.

Eine **zweite** Form der Anomie ist ein Zuviel an Regeln. Wenn zu viele Regeln bestehen, sind sie nicht länger eine angemessene Wiedergabe naturgegebener Ungleichheit. Statt dessen besteht eine unnatürlich geschaffene Ungleichheit durch Regeln, die falsch, da zu zahlreich und damit wenig kooperationsstiftend sind. Wenn es ein Übermaß an Regeln gibt, haben die Menschen zu wenig Freiheit. Es gibt zu wenig spontane Solidaritätsverbindungen in sinnvoller Kooperation, und man kann die Arbeitsteilung nicht gestalten.

Schließlich gibt es noch eine **dritte** Form von Anomie, nämlich das Verkümmern der Funktionen sowie überflüssige Aktivitäten und Beschäftigung.

Durkheim geht also – wie Spencer – von einem Organismusmodell aus. Dies ist eine Vorstellung, die vielen Theoretikern seiner Zeit gemeinsam ist. Wenn einzelne oder wichtige Teile des Organismus verkümmern, ist dies ebenfalls eine Form von Anomie. Man kann laut Durkheim an der Zahl und an der Art der anomischen Situationen den Zustand einer Gesellschaft ablesen. Ihm kommt es darauf an, Anomien zu verhindern, Regeln zu schaffen, an die sich alle halten können, und dem Einzelnen zu vermitteln, welche Ansprüche und Erwartungen an ihn gestellt werden. Wenn das nicht funktioniert, kann es zu Selbstmord kommen. Hierüber hat Durkheim eine berühmte Studie geschrieben (»Der Selbstmord«), die bis heute lesenswert und wichtig ist.

Zu viele Regelungen

Das Modell des Organismus

Definition

Anomie

▶ 1. Die Bestimmung dessen, was »normal« ist, untersucht Durkheim durch die Festlegung dessen, was als Abweichung vom durchschnittlichen Verhalten der Gesellschaftsmitglieder gelten kann.
2. Anomie meint die Erschütterung der Gruppenmoral und damit auch der Gruppenordnung: Das Kollektivbewusstsein ist nicht mehr in der Lage, gesellschaftliche Integration zu sichern.
3. Soziale Tatsachen sind als objektive Gegebenheit und moralische Verpflichtung auch im abweichenden Verhalten erkennbar.
4. Aufgabe der Soziologie ist es, anhand empirischer Daten Theorien zu entwickeln, die helfen, Ursachen für anomische Zustände aufzudecken und gesellschaftliches Verhalten aus rein sozialen Faktoren abzuleiten (Selbstmordstudie).

1.2.10 | Arbeitsteilung als neue Moral

Wenn es so ist, dass es diese anomischen Formen geben kann, und wenn man aus diesen anomischen Formen ableiten kann, dass es so etwas wie eine gemeinsame Moral geben muss, dann kann man diese Moral auch beeinflussen und verändern, zum Beispiel durch Erziehung, durch Gesellschaftspolitik und durch Sozialpolitik.

Durkheims positive
Sicht der arbeitsteiligen
Gesellschaft

Durkheim wendet die Entwicklung der Industriegesellschaft nicht wie Marx ins Negative. Marx war der Ansicht, dass die Menschen durch Arbeitsteilung entfremdet werden von dem Produkt ihrer Arbeit, von ihren Kollegen und im Prinzip auch von sich selbst. Durkheim hat ein anderes Konzept: Dadurch, dass es Arbeitsteilung gibt, kann jeder nach seinen Möglichkeiten am Arbeitsprozess teilnehmen, auch schafft die Arbeitsteilung Kooperation zwischen den Menschen. Gerade weil man in der arbeitsteiligen Gesellschaft aufeinander angewiesen ist, muss man kooperieren. Für diese Kooperation muss man Regeln schaffen. Das ist die neue Moral. Arbeitsteilung ersetzt im Prinzip die Moral des Kollektivs in der mechanischen Solidarität. Durkheim liefert also eine Interpretation eines gesellschaftlichen Zustandes, die nicht in Kritik mündet, sondern in die positive Wertung dessen, was er sieht.

1.2.11 | Die Lehrerausbildung

Wem vermittelt man diese Vorstellungen am besten? Denjenigen, die die nächste heranwachsende Generation unterrichten, also den Lehrern. Deswegen wird Durkheim neben einer umfangreichen publizistischen Tätigkeit in der Soziologie gewissermaßen der Chefdenker der Lehrerausbildung in Frankreich. Bereits 1901 hatte die Dritte Republik im Gefolge der Dreyfus-Affäre, in der Durkheim an der Seite Zolas stand, den geistlichen Orden die Unterrichtserlaubnis entzogen. 1905 folgte die strikte Trennung von Kirche und Staat. Durkheim wird 1906 nach Paris berufen und erhält dort einen Lehrstuhl für Erziehungswissenschaften und Soziologie.

Arbeitsteilung und
Demokratie

Jeder Lehramtsstudent in Paris muss bis zu Durkheims Tod 1917 an seinen Kursen teilnehmen. Da Paris die Zentrale des Landes ist, färben seine Lehren auf alle anderen Lehrerstudiengänge ab. Durkheim lehrt, dass Arbeitsteilung die Grundlage auch der Demokratie ist. Das hat im republikanischen Frankreich große Bedeutung, wo es immer noch Kämpfe zwischen Monarchisten und Republikanern gibt. Durkheim ist ein wirklicher Sinnstifter. Man könnte sagen, er vermittelt das ideologische Rüstzeug für die Unterrichtung der Menschen der nachkommenden Generation, damit diese in der Industriegesellschaft gut miteinander kooperieren können.

Zusammenfassung

Durkheims Soziologie

► **1. Theoretisches Konzept:**
Entwicklung der Gesellschaft von mechanischer zur organischen Solidarität
2. Grund für diese Entwicklung:
Zunehmende Zahl der Gesellschaftsmitglieder (Bevölkerungswachstum) als Ursache für zunehmende Differenzierung und Arbeitsteilung. Arbeitsteilung ist der zentrale Faktor für gesellschaftliche Differenzierung.
3. Paradigmenwechsel:
Während bei der mechanischen Solidarität gesellschaftliche Integration durch gemeinsame Anschauungen und Gefühle erzeugt wird, treten in der Phase organischer Solidarität kontraktuelle, vertragsmäßige Elemente in den Vordergrund. Soziale Solidarität entsteht durch die Anerkennung einer gemeinsamen Moral, die darin mündet, dass jeder auf jeden angewiesen ist. Daraus resultiert eine moralische Verpflichtung, die eigenen Fähigkeiten zur Förderung des Ganzen zu verwenden.

Durkheim stirbt 1917 aus Gram – wie es in den Biographien heißt – über den Tod seines einzigen Sohnes im 1. Weltkrieg. Nach seinem Tod gibt es in den 1920er und 1930er Jahren in Frankreich nur Marcel Mauss und Maurice Halbwachs, die seine Art von Soziologie fortsetzen. In einem Interview hat Halbwachs erklärt, das hänge im Wesentlichen damit zusammen, dass der größere Teil des sozialwissenschaftlichen Nachwuchses, überhaupt des wissenschaftlichen Nachwuchses, den so genannten »Heldentod« im Ersten Weltkrieg gefunden und es anschließend eine Lücke in der Weiterentwicklung der Soziologie in Frankreich gegeben habe. Diese lebt erst in den 1940er und 1950er Jahren wieder auf.

Die Auswirkungen des 1. Weltkrieges sind für die Entwicklung der Soziologie in Deutschland nicht so gravierend, da hier schon mehr und insbesondere früher Jüngere nachgerückt waren, die die Soziologie fortsetzten. Im Übrigen wirkt sich dieser Effekt auch deshalb in Deutschland nicht so stark aus, weil es nicht eine alles

Frankreich und Deutschland nach dem 1. Weltkrieg

dominierende Stadt wie Paris gibt, sondern viele kleine Universitätsstädte, in denen sehr unterschiedliche Entwicklungen in der Soziologie stattfanden, also z.B. Tübingen, Marburg, Heidelberg, Berlin, Hamburg, Kiel. Eine Rezeption der Arbeiten Durkheims war schon in den 1920er Jahren und dann im Nationalsozialismus in Deutschland kaum erfolgt. Insofern war der Entwicklungsstrang der Durkheim´schen Soziologie insbesondere für die deutsche Soziologie so gut wie abgeschnitten. Durkheim hatte eher Einfluss auf die amerikanische Systemtheorie, z.B. bei der Frage, wie das System der Arbeitsteilung organisiert ist.

1.2.12 | Ferdinand Tönnies (1855–1936)

Nach der nationalsozialistischen Machtergreifung am 30. Januar 1933 musste Ferdinand Tönnies vom Vorsitz der Deutschen Gesellschaft für Soziologie, den er seit deren Gründung 1909 innegehabt hatte, zurücktreten. Er war als Kritiker der Nationalsozialisten öffentlich aufgetreten, bis ihm die Regierung in Berlin die Pension auf ein Drittel kürzte und ihm Lehre und Forschung verbot. Am 11.4.1936 starb er verarmt und verbittert in Kiel.

Biographie   Tönnies studierte Philosophie, promovierte und habilitierte sich und wurde nach einer längeren Zeit als Privatdozent schließlich 1909 Ordinarius in Kiel. Der Lehrstuhl, den er inne hatte, trug die Bezeichnung »Soziologie«. 1912 erschien die zweite Auflage seines Buches »Gemeinschaft und Gesellschaft« mit dem neuen Untertitel »Grundbegriffe der reinen Soziologie«. In der ersten Auflage 1887 lautete der Untertitel noch »Abhandlung des Communismus und des Sozialismus als empirische Kulturformen«.

An den Untertiteln lässt sich einiges von Tönnies' Absichten erkennen. Er wollte die neuen politischen und sozialen Entwicklungen in der ersten Hauptphase der Industrialisierung in Deutschland untersuchen und systematisch auf den Begriff bringen.

Mit den beiden Begriffen »Gemeinschaft« und »Gesellschaft« hat er versucht, den sich in Deutschland im 19. Jahrhundert vollziehenden Übergang von einer traditional-feudalen Gesellschaftsordnung zu einer modernen bürgerlichen Gesellschaft zu beschreiben. Die beiden Begriffe charakterisieren bestimmte Formen des Zusammenlebens von Menschen, ein Zusammenleben, das durch unterschiedliche Formen der mitmenschlichen Vertrautheit und seelischen Verbundenheit gekennzeichnet ist.

Von der Gemeinschaft zur Gesellschaft | 1.2.13

Tönnies, der Durkheim persönlich kannte und auch dessen Arbeiten in Zeitschriften besprochen hat, verwendet ebenso wie dieser die Begriffe »organisch« und »mechanisch« als kennzeichnende Aspekte einer Gesamtwirklichkeit. Die Gegenüberstellung von Gemeinschaft und Gesellschaft ist auch hier nicht als Gegensatz gemeint, sondern als Kontinuum. Im frühen Mittelalter leben die Menschen meist als Gemeinschaft in einer Familie, in einer Großfamilie, in einem Dorf mit überschaubaren Regeln und mit Traditionen, die Verwandtschaftsbeziehungen stehen im Mittelpunkt usw. In der Gesellschaft leben Menschen eher in Großstädten, arbeiten entfremdet in der Fabrik, unterhalten zweckmäßige Beziehungen, und an die Stelle von Sitte und Religion ist die Politik getreten.

Vom Dorf zur Großstadt

Gemeinschaft	Gesellschaft
Familie	Fabrik
Dorf	Großstadt
Verwandtschaftsbeziehungen	Zweckinteresse
affektive Nähe	Tausch
gemeinsame Überzeugungen	Öffentliche Meinung
Eintracht – Sitte – Religion	Politik
Organische Solidarität	Mechanische Solidarität

Diese Vorstellung ähnelt der Durkheims, wobei interessanterweise die Bezeichnungen für die Gesellschaftsformen bei Tönnies umgekehrt sind. Was Durkheim mechanisch nennt, heißt hier organisch. Tönnies ist sehr geprägt von der deutschen Situation: Die Industrialisierung ist noch nicht sehr weit fortgeschritten. Das Deutsche Kaiserreich wird erst 1871 ausgerufen. Es gibt nicht die eine Metropole, sondern mehrere konkurrierende Städte. In diesem Klima spielen in der zweiten Hälfte des 19. Jahrhunderts Liberalismus und Idealismus, die Figuren, die wir aus der Literatur kennen, aus der Romantik und dem Sturm und Drang, noch eine viel größere Rolle als die gesellschaftswissenschaftliche Analyse. Tönnies beschreibt die Entwicklung von der Gemeinschaft zur

Gesellschaft, aber anders als bei Durkheim wird dies nun nicht in ein Erziehungskonzept oder in Formen von Gesellschaftspolitik umgesetzt, sondern mit einem Ausdruck des Bedauerns offen gelassen.

Tönnies' Ziele sind nicht gesellschaftspolitisch oder erziehungswissenschaftlich wie bei Durkheim, sondern im wesentlichen fachintern: Er versucht, die Ausbildung von Soziologen an den Universitäten zu systematisieren, und ihm haben wir die Unterscheidung in Allgemeine und Spezielle Soziologie zu verdanken. Tönnies gehört zu jenen deutschen Bildungsbürgern, die zwar ein Verständnis für die Situation der Gesellschaft entwickeln, durchaus auch die Schriften von Marx kennen, aber ihr idealistisches, pietistisches Erbe lässt sie doch sehr kulturkritisch gegenüber diesen Entwicklungen sein. Das kann am Beispiel des Wortes »Gemeinschaft« erklärt werden.

Die Ausbildung von Soziologen *(margin)*

Ansätze von Kulturkritik *(margin)*

1.2.14 | Die Verantwortlichkeit des Soziologen für sein Werk

Betrachten wir nochmals die obige Tabelle, lesen die Begriffe »Gemeinschaft« und »Gesellschaft«, und stellen uns vor, wir wüssten nicht, wer die Gegenüberstellung entworfen hat. Aus welchem Gedankenkreis stammt diese Gegenüberstellung? Der eine oder andere würde auf die Idee kommen, dass das Begrifflichkeiten sind, die im Nationalsozialismus auch eine Rolle gespielt haben, nämlich als Gegenüberstellung der »guten« alten Gemeinschaft und der »bösen« modernen Gesellschaft.

Vereinnahmung durch die Nationalsozialisten *(margin)*

Und tatsächlich nahmen die Nationalsozialisten Ferdinand Tönnies für ihre Thesen in Anspruch. Sie entfernen ihn zwar aus Amt und Pension. Das hindert sie aber nicht daran, seine Theorie zu verwenden. Er versucht, sich dagegen zu wehren, denn er sieht sich falsch interpretiert, und hier kommen wir zu dem Problem der Verantwortlichkeit des Sozialwissenschaftlers für sein Werk. Immerhin ist Tönnies' Buch in achtfacher Auflage erschienen. Es ist ein Bestseller bis in die 1930er Jahre hinein. Tönnies versucht nicht, das Erscheinen der achten Auflage des Buches 1935 zu verhindern, sondern schreibt ein Vorwort und distanziert sich davon, dass dieses Buch von anderen, wie er sagt, in schlauer Weise interpretiert werde.

Man tut Ferdinand Tönnies Unrecht, wenn man ihn in die Nähe des Nationalsozialismus bringt. Gleichwohl ist dies ein geeigneter Anlass, auf die Verantwortung von Sozialwissenschaftlern hinzuweisen. Im Übrigen ist er kein Einzelfall. Die Antrittsrede »Der

Nationalstaat und die Volkswirtschaftspolitik« des großen Max Weber vom 3.5.1895 ist eine Abhandlung über die Notwendigkeit, jede fremde Konkurrenz aus Deutschland herauszuhalten, um die eigene Volkswirtschaft zu schützen. Aus unserer Perspektive ist dies nationalistisch. Diese Einstellung ist in den bürgerlichen Kreisen im späten 19. Jahrhundert die Regel. Insofern ist das, was Ferdinand Tönnies betreibt, eher noch eine relativ wertfreie Systematik. Dass er an die »Gesellschaft« nicht geglaubt hat, war seine persönliche Interpretation. Diese Interpretation wollen wir ihm nachsehen.

Georg Simmel (1858–1918)

1.2.15

Georg Simmel stammte aus einer reichen Familie, sein Vater besaß zeitweise die Schokoladenfabrik Sarotti. Simmel wurde christlich getauft, aber dennoch führte seine ursprünglich jüdische Herkunft dazu, dass er in Berlin, wo er promovierte und habilitierte, keine Stelle erhielt. Er blieb statt dessen Privatdozent, finanzierte sich selbst, schrieb Bücher und bekam im Ausland Ehrendoktorwürden, bevor er 1916 in Deutschland schließlich doch noch in Straßburg einen Lehrstuhl erhielt. Er starb 1918 an Leberkrebs. Max Weber hatte versucht, ihm zu helfen, eine Professur in Heidelberg oder Freiburg zu bekommen. Im Hintergrund wurden jedoch Geheimgutachten geschrieben: »Dieser Israelit wird die deutsche Wissenschaft zerstören«. Die Universitäten im wilhelminischen Kaiserreich waren von starken antisemitischen Strömungen geprägt, und außerdem neideten ihm die Kollegen seine Popularität. Er muss ein begeisternder Redner gewesen sein. Er hielt öffentliche Vorlesungen, zu denen auch die feine Gesellschaft Berlins erschien. Das waren die sogenannten »Schleierkollegs«, zu denen die Damen der besseren Gesellschaft mit einem Schleier vor dem Gesicht, vom Hut heruntergeklappt, erschienen.

Antisemitismus an deutschen Universitäten

Vergesellschaftung

1.2.16

Simmel ist der erste, der die Veränderung einer Gesellschaft als den Normalfall bezeichnet. Deswegen heißt es bei ihm nicht »Gesellschaft«, sondern »Vergesellschaftung«. Dies ist ein Prozessbegriff, der etwas bezeichnet, das im Gange ist. Simmel stellt sich vor, dass jedes Individuum, jede Gruppe, jede Organisation in ständiger Wechselwirkung mit anderen steht und dadurch Gesellschaft zustande

Wechselwirkungen

kommt: nämlich durch die Wiederholung bestimmter Wechselwirkungen, durch die Strukturierung bestimmter Wechselwirkungen
und eben auch z.B. durch auf Dauer gestellte Wechselwirkungen.

Vergesellschaftung ▶ **1. Gesellschaft beruht auf Wechselwirkungen zwischen Menschen. Der
Mensch steht in der arbeitsteiligen Gesellschaft zunehmend im Schnitt-
punkt verschiedener sozialer Kreise. Daraus resultiert Vergesellschaftung.**
**2. Form ist vom Inhalt zu trennen. Soziologie hat die sich verändernden
Formen der Vergesellschaftung zu untersuchen.**
**3. Als Formen von Vergesellschaftung untersucht Simmel gesellschaftliche
Erscheinungen wie Opposition, Wettbewerb, Eifersucht, Neid, Geld und
soziale Gruppen.**

1.2.17 | Form und Inhalt

Gesellschaft entsteht erst in der Vergesellschaftung, aber sie kann
von Soziologen nur dann untersucht werden, wenn methodisch ein
Unterschied gemacht wird zwischen Form und Inhalt. Damit ist
folgendes gemeint: Zunächst ist das, was Menschen inhaltlich tun,
historisch vorgeprägt und Gegenstand von Geschichte, von philosophischer Interpretation oder ähnlichen Fächern. Wenn die Sozio-

Die Aufgaben soziolo- logie eine eigenständige Position einnehmen will, dann muss sie
gischer Forschungsarbeit einen eigenen Gegenstand haben. Das kann nach Simmel nicht etwas sein, womit sich die anderen Wissenschaften auch alle be-
schäftigen, nämlich mit den Inhalten menschlichen Tuns, sondern
es kann nur die Form sein, in der die Menschen etwas tun. Deswegen untersucht die Soziologie die Form. Das soll am Beispiel des
Begriffs der Gruppe näher erläutert werden.

1.2.18 | Die Gruppe

Simmel sieht, dass die Zahl der Mitglieder einer Gruppe etwas mit
der Bedeutung und Durchsetzung von Inhalten zu tun hat. Die Ausbildung von Regel- und Organisationsformen z.B. hängt von der
Zahl der Mitglieder der Organisation ab. Erst ab einer bestimmten
Größe strukturieren sich Gruppen und bilden arbeitsteilige Organe. In der Familiensoziologie und in der Entwicklungspsychologie

wird dies immer am Beispiel der Veränderung einer Ehe zu einer Kleinfamilie besprochen. Solange lediglich die beiden Ehepartner da sind, ist es nicht möglich, eine zahlenmäßige Mehrheit zu schaffen. Es gibt dann zwar andere Methoden sich durchzusetzen, die aber – laut Simmel – nicht Thema der Soziologie sind. Für die Soziologie wird es dann interessant, wenn das erste Kind dazu kommt und es so die Möglichkeit gibt, Mehrheiten zu bilden. Solche Prozesse, in denen die Form, die Größe der Gruppe zunächst entscheidend ist für das, was in der Gruppe möglich ist, interessieren Simmel. Er erklärt das an weiteren Beispielen. Er hat z.B. die Vorstellung, dass eine sozialistische Gesellschaft nur ganz kleine Gruppen kennen kann, weil nur dann Gerechtigkeit in der Verteilung möglich ist, sowohl des Leistens als auch des Genießens. Das Christentum dagegen richtet sich an alle. Da kann die Gruppe sehr groß sein.

Erst drei sind
eine Gruppe

Simmel geht bei der Untersuchung von Gruppen von der Zahl aus. Er beschreibt immer die verschiedenen Regeln und die Formen der Organisation und hat damit für die Gruppensoziologie aber auch für die Gruppenpsychologie, eine Reihe wichtiger Grundlagen geschaffen.

Aber die Gruppe ist auch etwas, das den Menschen gegenübertritt – und da sei an Durkheim erinnert, der auch die sozialen Tatsachen als etwas Selbständiges, außerhalb der Menschen Befindliches verstand. Es ist durchaus möglich, dass die Mitglieder einer Gruppe wechseln und die Gruppe trotzdem erhalten bleibt. Sie ist also ein soziales Gebilde, das für sich untersucht werden kann, ohne die Aktionen der Mitglieder im einzelnen erheben, untersuchen und bewerten zu müssen. So findet Simmel einen Weg zwischen der Tatsache, dass das Leben der Menschen in ihren jeweiligen sozialen Organisationen in Gruppen historisch vorgeformt ist und dass dieses Leben in seinen Formen soziologisch verstehbar ist. Es gibt damit sowohl eine kausale Erklärung für das, was von der Form her in einer Gruppe abläuft, als auch für die Möglichkeit, das Handeln der einzelnen Menschen in dieser Gruppe im Hinblick auf ihre persönlichen Ziele oder auf die Ziele von Gruppen zu untersuchen.

Form und Inhalt
einer Gruppe

In der Soziologie ist Simmel schon in den 1920er Jahren so gut wie vergessen, in den 1930er Jahren oder im Nationalsozialismus darf er gar nicht unterrichtet werden, und so ist seine Bedeutung für die Soziologie lange Zeit relativ unentdeckt geblieben. Jürgen Habermas hat ihn hingegen als einen brillanten philosophierenden Zeitdiagnostiker bezeichnet, und in den letzten Jahren hat Simmels Werk eine gewisse Renaissance erlebt.

Zusammenfassung

Die vorgestellten soziologischen Theorien in Stichworten

▶ SPENCER: Gesellschaft ist ein Organismus, der sich durch Differenzierung und Anpassung weiterentwickelt.

DURKHEIM: Gesellschaftliche Differenzierung erfolgt durch Arbeitsteilung. Die Gesellschaft hat ein Kollektivbewusstsein (fait social), das als eigenständig Soziales nicht auf andere Ursachen rückführbar ist.

TÖNNIES: Von der Gemeinschaft zur Gesellschaft. Kulturkritische Einflüsse.

SIMMEL: Das Soziale entsteht durch Wechselwirkungen zwischen Menschen in sozialen Gruppen. Soziologie untersucht die vom Inhalt bestimmten Formen von Vergesellschaftung.

Lernkontrollfragen

1 Welche Bedeutung hat es, wenn Herbert Spencer über Gesellschaften in Analogie zur Natur argumentiert?

2 Erläutern Sie die unterschiedliche Verwendung der Begriffe »organisch« und »mechanisch« bei Durkheim und Tönnies.

3 Erläutern Sie am Beispiel der sozialen Gruppe, wie Simmel den Unterschied von Form und Inhalt festlegt.

Infoteil

Von Herbert Spencer gibt es in Buchhandlungen keine Originalwerke. In Bibliotheken finden sich gelegentlich deutsche Übersetzungen, die um 1900 erschienen sind.

Die drei wichtigsten Bücher Emile Durkheims sind als Suhrkamp-Taschenbücher erhältlich. Zu dem zentralen Werk **Über soziale Arbeitsteilung** hat Niklas Luhmann (siehe Kapitel 2.1) eine Einleitung geschrieben.

Bei Georg Simmel ist die Literaturlage wesentlich besser. Von Otthein Rammstedt herausgegeben, erscheint beim Suhrkamp Verlag eine Gesamtausgabe in 24 Bänden, jeweils auch als Suhrkamp Taschenbuch Wissenschaft, darunter als Bd. 11: **Soziologie. Untersuchungen über die Formen der Vergesellschaftung**, 1992 herausgegeben von Otthein Rammstedt.

Bei der Sekundärliteratur sticht Klaus Lichtblaus Auseinandersetzung mit Biographie und Gesamtwerk hervor; es heißt **Georg Simmel** und ist 1997 erschienen.

Das wichtigste Buch von Ferdinand Tönnies – Gemeinschaft und Gesellschaft – ist 1988 bei der Wissenschaftlichen Buchgesellschaft als Nachdruck der 8. Auflage von 1935 wieder aufgelegt worden. Von der geplanten Gesamtausgabe ist bislang erst ein Band erschienen.

Als Sekundärliteratur zu Ferdinand Tönnies sei auf Cornelius Bickel: **Ferdinand Tönnies. Soziologie als skeptische Aufklärung zwischen Historismus und Rationalismus**, Opladen 1991, hingewiesen.

Max Weber (1864–1920) – der eigentliche Beginn der Soziologie | 1.3

Einleitung | 1.3.1

Im Herbst 1998 veranstaltete die International Sociological Association (ISA) unter ihren Mitgliedern eine weltweite Umfrage nach den für die Soziologie zehn einflussreichsten Büchern im 20. Jahrhundert. Ein Autor ist auf dieser Hitliste mit zwei Werken vertreten: Max Weber. Spitzenreiter ist »Wirtschaft und Gesellschaft«, auf Platz drei folgt »Die protestantische Ethik und der Geist des Kapitalismus«. Diese beiden Bücher waren für die Soziologie des 20. Jahrhunderts tatsächlich sehr wichtig. Ihr Einfluss zeigt sich auch darin, dass die übrigen acht Werke auf der ISA-Liste sich direkt oder indirekt auf das Werk Webers beziehen und seine Vorgaben und Anregungen aufzunehmen und weiterzuentwickeln versuchen.

Max Weber – weltweit beachtet

Karl Marx hatte die Entstehung des Industriekapitalismus westeuropäisch-nordamerikanischer Prägung an der Entwicklung der Produktivkräfte und der Produktionsbedingungen erklärt. Weber zeigt, dass für die erfolgreiche Durchsetzung kapitalistischer Produktionsmethoden die parallele Entstehung einer berufsbürgerlichen Ethik notwendig war. Das Werk »Wirtschaft und Gesellschaft« entfaltet auf fast 1.000 Seiten ein umfassendes Forschungsprogramm auf der Basis der Grundlegung einer Theorie sozialen Handelns und einer spezifisch soziologischen Forschungsmethode.

Biographisches | 1.3.2

Max Webers Eltern waren wohlhabende Leute. Sie gehörten zu einem unternehmerisch sehr erfolgreichen Familienverband. Der Vater war Abgeordneter im preußischen Reichstag und zeitweise Vorsitzender der Haushaltskommission des preußischen Landtages. Max Weber kennt schon als Kind über den Vater viele Geistesgrößen seiner Zeit. Ihm ist die Karriere in die Wiege gelegt.

Großbürgerliches Elternhaus

Weber promoviert mit 25 Jahren in Jura. Er habilitiert sich in Rechtswissenschaften. Parallel zu den Arbeiten an der Habilitationsschrift (»Die Römische Agrargeschichte in ihrer Bedeutung für das Staats- und Privatrecht«) wertet er eine Umfrage des »Vereins für Socialpolitik« aus und schreibt den 900 Seiten langen Bericht »Die Verhältnisse der Landarbeiter im Ostelbischen Deutschland«.

Das ist auch der Grund für seine erste Berufung (mit 29 Jahren!) auf einen Lehrstuhl, noch nicht für Soziologie, sondern für Volkswirtschaftslehre. 1896 wird er nach Heidelberg berufen, nun auf einen Lehrstuhl für Soziologie. Er lehrt aber nur eine kurze Phase von 1893 bis 1899. Allein über die Gründe, warum er seine Lehrtätigkeit einstellte, haben Max Weber-Spezialisten ganze Bücher geschrieben. Ob es einfach nur die Arbeitsüberlastung war oder weil er mit seinem familiären Hintergrund nicht zurecht kam – es gibt die unterschiedlichsten Ansichten zu diesem Thema.

Schnelle Karriere und ein jähes Ende

In Heidelberg wird Weber 1903 gänzlich entpflichtet. Obgleich er nur noch Honorarprofessor ist, entwickelt er in der deutschen Geistesgeschichte und in der Soziologie schon zu Lebzeiten eine enorme Wirkung, die nicht zuletzt auch durch seine charismatische Persönlichkeit zu erklären ist. Dirk Kaesler hat ihn als den »Mythos von Heidelberg« bezeichnet. Max Weber war ein Sinnstifter. Er schreibt oft in der Frankfurter Zeitung und ist nach dem verlorenen Ersten Weltkrieg 1918 auch Mitglied der deutschen Delegation in Versailles. Seine Frau Marianne wird Abgeordnete im Badischen Landtag.

In dieser Zeit liegen die Finanzen des Weberschen Familienverbandes danieder, und so ist er gezwungen, wieder zu arbeiten. Er übernimmt 1918 eine Professur in Wien, wechselt aber bereits 1919 auf einen renommierten Lehrstuhl für Gesellschaftswissenschaften, Wirtschaftsgeschichte und Nationalökonomie an der Münchner Universität. 1920 stirbt Weber in München an der Spanischen Grippe.

1.3.3 | Die protestantische Ethik und der Geist des Kapitalismus

Max Weber hat die Frage von Karl Marx aufgegriffen, wie es zum Kapitalismus gekommen ist und welche Auswirkungen dieser Prozess der Entstehung des Kapitalismus für die Menschen seiner Zeit hat. Weber zeigt in der Studie »Die protestantische Ethik und der Geist des Kapitalismus«, dass der Kapitalismus im Leben der Menschen selbst angelegt ist, und zwar in der rationalen Organisation ihres alltäglichen Lebens. Darüber hinaus zeigt er, dass die Rationalisierung der praktischen Lebensführung für die Menschen nach und nach Folgen hat.

Er beginnt mit einem empirischen Faktum: Es sei offensichtlich, so schreibt er, dass sich in protestantischen und insbesondere in den pietistisch-calvinistischen Regionen Westeuropas die Wirtschaft erfolgreicher entwickelt habe als in katholischen Gegenden.

Daraus entwickelt er zunächst eine sehr umfangreiche Argumentation, die auf Folgendes hinausläuft: Im Protestantismus kann der Mensch die Gnade Gottes nicht vorhersehen, er kann sie nicht durch Ablass oder Beichte instrumentell erlangen. Die so genannte Prädestinationslehre der Calvinisten sagt darüber hinaus, dass es dem Menschen vorbestimmt ist, ob er in den Himmel kommt oder nicht. Als Indiz der Auserwähltheit wird der Verzicht auf alles interpretiert, was von der Arbeit ablenkt. So ist das calvinistische Ideal, sich dieser Gunst durch ständiges Arbeiten als würdig zu zeigen.

Weber zeigt nun, wie sich diese Arbeitshaltung nach und nach verselbständigt. Er beginnt mit Luthers Vorstellungen vom Berufsethos und zur Berufsarbeit, geht über die Calvinisten zu den Methodisten des 19. Jahrhunderts, bei denen das Berufsethos noch vorhanden ist, d.h. alle gehen nach wie vor Tag für Tag mit großem Fleiß ihrer täglichen Arbeit nach, die pietistisch-religiöse Orientierung aber in den Hintergrund getreten ist. Das Ethos wird unabhängig von religiösen Motiven. Diese Arbeitshaltung ist nach Weber nicht etwas, was die Menschen zufällig oder freiwillig haben. Ihnen bleibt gar keine Wahl, sich anders zu verhalten als fleißig zu sein und dadurch die ökonomische Entwicklung, und das heißt den Kapitalismus, zu stärken. An einer Stelle heißt es: »Der Puritaner wollte Berufsmensch sein, – wir müssen es.«

Die Entstehung der Berufsarbeit

Weber spricht in diesem Zusammenhang auch von dem »stahlharten Gehäuse«, in das der Kapitalismus die Menschen hineinzwinge: »Indem die Askese die Welt umzubauen und in der Welt sich auszuwirken unternahm, gewannen die äußeren Güter dieser Welt zunehmend und schließlich unentrinnbar Macht über die Menschen.«

Die Zwänge des Kapitalismus

Es ist für die Soziologie eine interessante und bis heute wichtige Frage, ob es sich hierbei um eine Antithese zu Marx handelt. Als Weber mit der Arbeit 1905 begann, stand die These von Basis und Überbau – Produktionsverhältnisse bestimmen die Entwicklung der Gesellschaft – noch zentral in den Debatten. Am Ende seines Werkes sagt Weber, dass es nicht seine Absicht gewesen sei, zu behaupten, die anderen Einflüsse gebe es nicht. Seine Absicht sei lediglich, zu zeigen, dass es auch anderes, nämlich religiös-geistige Strömungen gibt, die den Fortgang der Gesellschaft beeinflussen und mitbestimmen.

Daraus wird dann insbesondere in den 1970er Jahren, als es nach der Marx-Rezeption in der deutschen Soziologie eine Weber-Renaissance gibt, geschlossen, dass Weber der Meinung gewesen sei, die These von Basis und Überbau stimme nicht. Das kann man

Eine Gegenthese zu Marx

so sehen, muss man aber nicht. Man könnte auch sagen, dass Weber eine weitere Erklärung dafür liefert, wie es von einer Gesellschaftsformation zur anderen kommt, nämlich vom Feudalismus zum Kapitalismus; wie es dazu kommt, dass in der Gesellschaft der Menschen sich Institutionen und Verhaltensweisen ausbilden, die der Kapitalismus allein so nicht erzeugen konnte bzw., wenn er sie hätte erzeugen wollen, wesentlich länger zu ihrer Durchsetzung gebraucht hätte.

Die Idee des Berufsethos, dass man seinem Beruf regelmäßig nachgeht, ist schon vor dem Kapitalismus vorhanden, und sie ist sogar eine der wichtigen Voraussetzungen dafür, dass so etwas wie Kapitalismus und Spätkapitalismus überhaupt funktionieren können. Weber legt damit offen, dass es auch andere, z. B. religiöse, Verhaltensweisen gibt, die aus sich heraus weitere ganz bestimmte Verhaltensweisen produzieren. Er zeigt damit, dass es eben nicht nur wirtschaftliche Entwicklungen gibt – das ist nun schon eine Kritik an Marx – , die den Fortgang einer Gesellschaft beeinflussen. Eine bestimmte religiöse Grundhaltung macht es überhaupt erst möglich, in der notwendigen Weise kapitalistische, d. h. rationale Organisationsformen in eine ehemals agrarisch-feudale Gesellschaft einzuführen. Das ist der zentrale Erkenntnisgewinn. Dabei ist Weber dem Kapitalismus gegenüber recht kritisch: »Zum Einzug braucht er kein Kapital, aber der Einzug des Kapitalismus war nie ein friedlicher.«

Definition

Die Webersche Kapitalismus-These

▶ FORSCHUNGSTHEMA: Was sind die Wurzeln des okzidentalen Kapitalismus? DATENBASIS: Empirische Studie eines Weber-Schülers über die konfessionelle Berufsschichtung in Baden, die einen überproportionalen Anteil von Protestanten bei Kapitalbesitzern, Unternehmern und höher qualifiziertem kaufmännischen und technischen Personal auswies. FORSCHUNGSTHESE: »In diesen Fällen liegt zweifellos das Kausalverhältnis so, dass die anerzogene geistige Eigenart, und zwar hier die durch die religiöse Atmosphäre der Heimat und des Elternhauses bedingte Richtung der Erziehung, die Berufswahl und die weiteren beruflichen Schicksale bestimmt hat.« Die Protestanten hatten demnach eine spezifische Neigung zum ökonomischen Rationalismus. »Es würde also darauf ankommen […] zu untersuchen, welches diejenigen Elemente jener Eigenart der Konfessionen sind oder waren, die in der vorstehend geschilderten Richtung gewirkt haben und teilweise noch wirken.«

FORSCHUNGSBEDINGUNG: »Dennoch muss diese der Eigenart des Kapitalismus angepasste Art der Lebensführung und Berufsauffassung historisch entstanden sein, und zwar nicht in einzelnen isolierten Individuen, sondern als Anschauungsweise, die von Menschengruppen getragen wurde. Diese Entstehung ist also das eigentlich zu Erklärende.«

Soziales Handeln als Kern der Soziologie

1.3.4

Im ersten Kapitel von »Wirtschaft und Gesellschaft« formuliert Weber eine systematische Definition der Soziologie, die jetzt nicht mehr, wie etwa bei Comte, Marx, Simmel oder Durkheim, in Abgrenzung zur Philosophie geschieht. Er formuliert vielmehr eine eigenständige Aufgabe für die Soziologie:

»Soziologie (im hier verstandenen Sinn dieses sehr vieldeutig gebrauchten Wortes) soll heißen: eine Wissenschaft, welche soziales Handeln deutend verstehen und dadurch in seinem Ablauf und seinen Wirkungen ursächlich erklären will. Handeln soll dabei ein menschliches Verhalten (einerlei ob äußeres oder innerliches Tun, Unterlassen oder Dulden) heißen, wenn und insofern als der oder die Handelnden mit ihm einen subjektiven Sinn verbinden. Soziales Handeln aber soll ein solches Handeln heißen, welches seinem von dem oder den Handelnden gemeinten Sinn nach auf das Verhalten anderer und daran in seinem Ablauf orientiert ist.«

Definition der Soziologie

Dieser berühmte § 1 der soziologischen Kategorienlehre wird auf vielen Seiten faktenreich erläutert. Den knapp formulierten Kernthesen folgen in dem opus magnum stets ausführende Erklärungen und Belege. Wir beschränken uns hier auf die erläuternden Anmerkungen zu drei Punkten:

1. **Ursächlich** soll heißen, dass man tatsächlich nachweisen kann, dass A B erzeugt hat, d. h. dass die Berufshaltung aus dem Pietismus einen ursächlichen Zusammenhang mit dem Berufsethos im Kapitalismus hat.

2. **Subjektiver Sinn**: Jedes Handeln, das einen Mensch mit einem anderen verbindet, hat einen Sinn; und die menschliche Kommunikation oder die Kommunikation in Gesellschaften basiert darauf, dass

der andere diesen Sinn halbwegs versteht, sonst ist es nicht möglich, mit ihm zu kommunizieren. Der Sinn, den der Einzelne dem anderen durch eine Handlung, durch eine Grimasse, durch eine Handbewegung oder durch Mimik mitteilen will, hat zwar immer auch etwas Subjektives, aber der andere muss es wenigstens in Grundzügen verstehen.

Soziales Handeln

3. Nur **soziales Handeln** als Teil des gesamten Handelns ist der Gegenstandsbereich der Soziologie. Ein Beispiel, das in den Erläuterungen zu § 1 vorkommt: Wenn jemand über die Straße geht und es zu regnen anfängt, dann spannt er einen Regenschirm auf.

Dieses Verhalten ist nach Weber (dem subjektiven Sinn nach) nicht auf andere gerichtet und ist deswegen kein soziales Handeln. Folgende Bedingungen müssen dafür erfüllt sein:
1. Es muss sich um eine Gesellschaft handeln, in der es Regenschirme gibt.
2. Es muss sich um eine Gesellschaft handeln, wo es selbstverständlich ist, dass man den Regenschirm aufspannt, wenn es regnet.

Daran kann man schon sehen, wie schwierig es ist, das soziale Handeln vom allgemeinen Handeln abzugrenzen. Ob jemand den Regenschirm aufspannt oder nicht, hängt sehr davon ab, in welcher Gesellschaft er oder sie mit welchen anderen Menschen zusammenlebt. Dann kann das Aufspannen eines Regenschirms durchaus auch soziales Handeln sein.

Mit diesen Kategorien sozialen Handelns muss sich von nun an, so wie mit der Marxsch`en Klassentheorie und mit der These von Basis und Überbau, jeder Soziologe und jede Soziologin auf der Welt auseinandersetzen, wenn es um soziologische Theorie geht.

Definition

Die Kategorien sozialen Handelns

▶ »Soziologie (im hier verstandenen Sinne dieses sehr vieldeutig gebrauchten Wortes) soll heißen: eine Wissenschaft, welche soziales Handeln deutend verstehen und dadurch in seinem Ablauf und seinen Wirkungen ursächlich erklären will.«

»Handeln soll dabei ein menschliches Verhalten (einerlei ob äußeres oder innerliches Tun, Unterlassen oder Dulden) heißen, wenn und insofern als der oder die Handelnden mit ihm einen subjektiv gemeinten Sinn verbinden.«

»Soziales Handeln aber soll ein solches Handeln heißen, welches seinem von dem oder den Handelnden gemeinten Sinn nach auf das Verhalten anderer und daran in seinem Ablauf orientiert ist.«

Weber hat noch eine weitere Systematik eingeführt: Es gibt zweck-
rationales, wertrationales, affektuelles und traditionelles Verhalten. Diese vier Motive bestimmen soziales Handeln. Sie lassen sich
auf jede Gesellschaft, die Weber kennt und die wir bisher kennengelernt haben, anwenden. Das ist für den allgemeinen Anspruch
einer Soziologie ganz besonders wichtig: Es handelt sich jetzt nicht
mehr um national orientierte Soziologie, wie sie Ende des 19. Jahrhunderts von Durkheim, Spencer, Simmel und Tönnies thematisiert wird, sondern es handelt sich hier ganz eindeutig um eine
These, die immer und für alle Gesellschaften gelten soll.

*Vier Formen von
sozialem Handeln*

Definition

▶ 1. **ZWECKRATIONAL** entweder bezogen auf die Verhaltenserwartungen der
  anderen oder ›Mittel‹ für eigene, abgewogene Zwecke.
2. **WERTRATIONAL** durch bewußten Glauben an den Eigenwert eines Sachverhaltes – unabhängig vom Erfolg.
3. **AFFEKTUELL**, insbesondere emotional.
4. **TRADITIONAL** durch eingelebte Gewohnheit.

**Motive bzw. Sinn-
zusammenhang für
soziales Handeln**

Wer heutzutage über Motive in Gesellschaften oder über das Handeln von Individuen forscht, kann sich zwar andere Motive ausden-
ken, aber zunächst müssen diese abgearbeitet werden. Dies ist der
Standard der Wissenschaft und das ist ein weiterer Punkt der Bedeutung von Max Weber. Im Prinzip kann man sagen: Hier ist der
Beginn der modernen Soziologie. Es wird das erste Mal – ausdrück-
licher als bei allen seinen Vorgängern und Zeitgenossen – der Versuch unternommen, eine theoretische Fassung des Gegenstandsbe-
reiches der Soziologie vorzunehmen. Max Weber ist an einer Wissenschaft interessiert, die soziales Handeln deutend verstehen und
dadurch in seinem Ablauf und in seinen Wirkungen ursächlich
erklären will. Im Übrigen hatte Weber über die Soziologie seiner
Zeit eine ganz eindeutige Meinung. »Das meiste, was unter dem
Namen Soziologie einhergeht, ist Schwindel.‹

Universeller Anspruch

Die Forschungsmethode: Der Idealtypus

| 1.3.5

Der Idealtypus ist ein schwieriges Forschungsinstrument, weil es dazu verleitet, das Wort Ideal so zu übersetzen, als meine Max Weber

damit, es sei der beste Typus. Das ist nicht der Fall. Max Weber versucht, einen gedachten Verlauf nachzuvollziehen, also wie der gemeinte Sinn auf jemand anderen in einem sozialen Handeln gerichtet ist. Er möchte herausfinden, was ursächlich passiert. Dazu benötigt er einen Parameter, an dem er misst, ob es funktioniert oder nicht. Das ist der Grund für die Konstruktion eines Idealtypus. Es ist also eine Art Messinstrument. Durch die gedankliche Steigerung bestimmter Elemente der Wirklichkeit bis hin zu einer Utopie dieses Handelns zieht er einen Vergleich mit der Realität. Aus dieser Differenz entwickelt er dann die Beurteilung für die jeweiligen Handlungen. Dann überprüft er, was dabei fehlt bzw. was dazugekommen ist. Hat das historische Gründe? Ist das eine Ausnahme? Oder muss man das Zukünftig immer dazurechnen?

Ideal und Wirklichkeit

Definition

Idealtypus

▶ 1. Aufgabe: »[...] die chaotische Vielfalt individueller Erscheinungen hypothetisch einem »idealen«, d. h. einem gedachten Verlauf zuzurechnen.«
2. Funktion: Parameter/Messinstrument, mit dem soziales Handeln soziologisch relevant verortet werden soll durch Begriffsbildung und Typisierungen.
3. Konstruktion eines Idealtypus:
    a) Durch gedankliche Steigerung bestimmter Elemente der Wirklichkeit bis hin zur Utopie.
    b) Orientiert an »Ideen«, die für das Handeln der Menschen und Gruppen als leitend interpretiert werden.
    c) Gewonnen aus der historischen Wirklichkeit.

1.3.6 | Sinnadäquanz und Kausaladäquanz

Regeln für die Forschungspraxis

Für die Forschungspraxis und für das, was Max Weber den Idealtypus nennt, sind zwei weitere Begriffe von ganz entscheidender Bedeutung: Sinnadäquanz und Kausaladäquanz. Sinnadäquanz meint ein optimales, möglichst hundert prozentiges Verstehen des Sinnzusammenhanges des Verhaltens, das man untersucht. Das ist das Ziel. Nun weiß Weber, dass dies in den meisten Fällen nicht möglich ist. Wenn Untersuchungen durchgeführt werden, muss es deshalb wenigstens so etwas wie Kausaladäquanz geben, nämlich ein Mindestmaß an empirischer Wahrscheinlichkeit für das Auftreten von Handlungen. Die Soziologin oder der Soziologe können nie

ganz sicher sein, ob etwas hundert prozentig vorhanden ist, aber
es muss wenigstens so etwas wie Kausaladäquanz geben, es muss
sozusagen ein hinreichender Verdacht bestehen.

Forschungsregeln

▶ **SINNADÄQUANZ** meint:
**Ein optimales, möglichst hundertprozentiges Verstehen des Sinnzusammen-
hanges (Verhalten), den man untersucht.**
KAUSALADÄQUANZ meint:
**ein Mindestmaß an empirischer Wahrscheinlichkeit für das Auftreten von
Handlungen.**
METHODISCHES ZIEL:
Verbindung von Kausal- und Sinnadäquanz:
**»Nur solche statistischen Regelmäßigkeiten, welche einem verständlich ge-
meinten Sinn eines sozialen Handelns entsprechen, sind verständliche Hand-
lungstypen, also soziologische Regeln.**
**Nur solche rationalen Konstruktionen eines sinnhaft verständlichen Handelns
sind soziologische Typen realen Geschehens, welche in der Realität wenigstens in irgendeiner Annäherung beobachtet werden können.«**

Das Forschungsfeld Herrschaft

1.3.7

Sehr ausführlich hat Weber die verschiedenen Formen von Herrschaft untersucht. Dabei grenzt er Herrschaft von Macht und Disziplin ab.

Definition

**Webers Herrschafts-
soziologie**

▶ **»Herrschaft soll heißen die Chance, für einen Befehl bestimmten Inhalts bei
angebbaren Personen Gehorsam zu finden;«**
**»Macht bedeutet jede Chance, innerhalb einer sozialen Beziehung den eig-
enen Willen auch gegen Widerstreben durchzusetzen, gleichviel, worauf diese
Chance beruht;«**
**»Disziplin soll heißen die Chance, kraft eingeübter Einstellung für einen Be-
fehl prompten, automatischen und schematischen Gehorsam bei einer angebbaren Vielfalt von Menschen zu finden.«**

Herrschaftsformen

Weber unterscheidet idealtypisch drei Formen von Herrschaft: die legale, die traditionale und die charismatische. Die legale Herrschaft ist das, was wir in unseren Gesellschaften kennen. Die Herrschaft durch die Bundes- und Landesregierung (legitimiert durch das Volk) beruht auf der Geltung des so genannten positiven Rechts. Es gibt aber auch Gesellschaften, in denen ein Machthaber oder eine kleine Gruppe sich gegenüber den Beherrschten durchsetzt, unabhängig davon, ob sie an die Legitimität dieser Herrschaft glauben. Ein Beispiel für traditionale Herrschaft ist die des Papstes über die katholische Kirche. Die charismatische Herrschaft zeigt sich etwa auf Kuba: Fidel Castro in der Rolle des Maximo Lider. Kuba ist ein typisches Beispiel für die Aufrechterhaltung einer Herrschaft, in der alle anderen Bedingungen bereits nicht mehr existieren, das Charisma aber noch vorhanden ist und die Gesellschaft immer noch auf dem einmal vorgegebenen Weg hält.

Definition

Herrschaftsformen ► Drei Formen von Herrschaft – unterschieden nach ihrer Legitimitätsgeltung:
1. LEGALE / RATIONALE HERRSCHAFT
- Glaube an Legalität gesetzter Ordnung
- Anweisungsrecht der zur Ausübung Berufenen (Parlament, Verwaltungsstab).
2. TRADITIONALE HERRSCHAFT
- Glaube an die Heiligkeit von jeher geltender Traditionen
- Glaube an die Legitimität der durch sie zur Autorität Berufenen.
3. CHARISMATISCHE HERRSCHAFT
   Außeralltägliche Hingabe an die Heiligkeit, Heldenkraft oder Vorbildlichkeit einer Person und der durch sie geschaffenen Ordnung.
REALITÄT: Vermischung aller drei Herrschaftsformen!

1.3.8 | Werturteilsfreiheit

Zu den Regeln und Methoden der soziologischen Forschung gehört bei Max Weber die Werturteilsfreiheit. Ihm ging es grundsätzlich darum, zunächst einmal systematisch und analytisch mit den Mitteln der soziologischen Kategorienlehre das, was es zu untersuchen gibt, aufzuarbeiten und erst dann dazu Stellung zu nehmen. Erst gilt es, herauszufinden, welche Herrschaftsformen es gibt, bevor dazu eine bewertende Aussage möglich ist.

»Was aber heute der Student [...] vor allen [...] Dingen lernen sollte, ist: [...] Tatsachen, auch gerade persönlich unbequeme Tatsachen, zunächst einmal anzuerkennen [...]«.

Das kann jeder auf seine eigenen Arbeiten leicht übertragen, und wenn wir unsere nicht-wissenschaftlichen Äußerungen im Leben gegenüber Ereignissen kritisch betrachten, dann werden wir feststellen, dass wir uns mit unbequemen persönlichen Tatsachen oft überhaupt nicht abfinden wollen und diese auch verdrängen. Die Psychoanalyse gibt es nur, weil Menschen sich mit unbequemen Tatsachen nicht abfinden wollen und diese verdrängen. Aber in der Wissenschaft müssen diese Tatsachen reflektiert werden.

Max Weber meinte mit seinem Zitat, »Das meiste, was unter dem Namen Soziologie einhergeht, ist Schwindel«, vor allen Dingen jene Art von Soziologie, die immer gleich und vorschnell zu Bewertungen kommt. Es gibt in der damaligen Zeit ernst zu nehmende Sozialpolitiker und Sozialwissenschaftler, die sagen, dass man auch vom Katheder aus für bestimmte politische Positionen werben muss. Das waren die so genannten Katheder-Sozialisten. Diese sind Weber ein Greuel. Öffentliche politische Äußerungen von Professoren hat er überhaupt nicht vorgesehen. Für die akademischen Lehrer gilt also ein noch größeres »Reinheitsgebot« als für den einzelnen soziologisch Forschenden.

Werte und Bewertungen

▶ **Max Weber hat drei Leitlinien für die Soziologie des 20. Jahrhunderts formuliert:**
ERSTENS die langfristige Untersuchung der Entstehung der rationalen Welt und der sich verbindenden Strömungen der Lebensführung und der Entstehung des Kapitalismus.
ZWEITENS die Formulierung einer systematisch angelegten Soziologie und einer ihr angemessenen Forschungsmethode.
DRITTENS die klare Trennung von privater Meinung und wissenschaftlicher Aussage.

Drei Leitlinien für die Soziologie

Heutzutage gibt es keinen Zweifel, dass Weber in die erste Reihe der soziologischen Klassiker gehört. Zur Zeit seines Todes war das durchaus noch nicht so: Hatte er doch weniger als akademischer Lehrer, sondern vielmehr als Intellektueller Rang und Namen gehabt. Das große Werk »Wirtschaft und Gesellschaft« erschien posthum, von seiner Witwe Marianne Weber organisiert und von Johannes Winckelmann, einem der wenigen Schüler, herausgegeben.

In der Weimarer Republik gaben andere den Ton in der Soziologie an, und im Dritten Reich hatten deutschnationale Soziologen das Wort. Erst in den 1960er Jahren kehrte die Lehre Max Webers allgemein an die deutschen Universitäten zurück – auf dem Umweg über die USA. Dort war in den 1930er Jahren die so genannte strukturfunktionale Systemtheorie entstanden, die in den 1950er Jahren die Soziologie dominierte (siehe Kapitel 2.1). Der Begründer und Motor dieser Theorie – Talcott Parsons – hatte u.a. in Deutschland studiert, die Handlungstheorie Max Webers zu einem Fundament seiner Theorie gemacht und »Die protestantische Ethik und der Geist des Kapitalismus« sowie Teile von »Wirtschaft und Gesellschaft« ins Englische übersetzt.

Es gibt eine Reihe von Gründen, z.B. die Dominanz der USA im Westen, für den Siegeszug der strukturfunktionalen Theorie – insbesondere in Deutschland, wo die re-education-Bemühungen der USA nach dem 2. Weltkrieg zusätzliche Motivation schufen, sich mit dieser Theorie zu beschäftigen. Max Weber hatte die Grundlagen des Faches geschaffen; die Systemtheorie, die im folgenden Kapitel behandelt wird, schuf eine in sich geschlossene Gesellschaftstheorie, die das Fach Soziologie an den Universitäten endgültig als eigenständige Disziplin etablierte und einen ersten Professionalisierungsschub freisetzte. Aber das alleine hätte als Erklärung nicht ausgereicht. Hauptgrund war, dass mit der strukturfunktionalen Systemtheorie die erste soziologische Großtheorie auf dem Markt war, die Forschung und Lehre umfassend möglich machte und gleichzeitig für die Anwendung in der Praxis bestens geeignet schien. Hinzu kam, dass Parsons in Harvard lehrte, einer der renommiertesten Universitäten nicht nur in den USA, sondern auf der gesamten Welt.

Erklären Sie den Handlungsbegriff bei Max Weber und zeigen Sie **1**
auf, inwieweit sich Max Weber mit seinem Begriff des »sozialen
Handelns« von Karl Marx unterscheidet.

Erläutern Sie den Idealtypus am Beispiel von Webers Herrschafts- **2**
soziologie.

Max Weber hat in »Die protestantische Ethik und der Geist des Ka- **3**
pitalismus« ebenfalls versucht, eine Theorie gesellschaftlicher Entwicklung aufzustellen. Skizzieren Sie diese Theorie und versuchen
Sie herauszufinden, wodurch sich Weber in (erkenntnis-)theore-
tischer Hinsicht von Comte und Marx unterscheidet

Infoteil

Das umfangreiche Werk von Max Weber ist einmal in zahlreichen Reprints der Ausgaben zu
Lebzeiten und in einer Gesamtausgabe, deren Bände nach und nach erscheinen, erhältlich.
Die Protestantische Ethik und der Geist des Kapitalismus ist als einzelner Band nicht mehr
lieferbar. Auszüge finden sich in dem Reclam-Band: Max Weber: **Schriften zur Soziologie.**
Wirtschaft und Gesellschaft gibt es als Taschenbuch bei Mohr, Tübingen. Die soziologischen
Grundbegriffe aus diesem Buch sind ebenfalls in dem genannten Reclam-Band abgedruckt,
allerdings ohne die umfangreichen Erläuterungen.
Außerdem gibt es noch als weitere Reclam-Ausgaben:
• **Politik als Beruf,**
• **Schriften zur Sozialgeschichte,**
• **Schriften zur Wissenschaftslehre.**
Eine sehr gut zusammengestellte Auswahl der Werke Max Webers findet sich in: **Max Weber.**
Schriften 1894–1922. Ausgewählt und eingeleitet von Dirk Kaesler, Stuttgart 2002. Als
Sekundär-Literatur herausragend ist die neue Einführung von Dirk Kaesler: **Max Weber. Eine**
Einführung in Leben, Werk und Wirkung, Frankfurt 1998. Dort finden Interessierte auch eine
vollständige Bibliographie der Werke Max Webers.

Wichtige theoretische Positionen | 2

Systemtheorie | 2.1

Talcott Parsons (1902–1979) – Der Begründer der struktur-funktionalen Systemtheorie | 2.1.1

Talcott Parsons, am 13.12.1902 in Colorado Springs als Sohn eines Pfarrers geboren, studierte zunächst Biologie. Nach dem ersten Examen 1924 ging er nach Europa, eine damals durchaus übliche Fortsetzung des Universitätsstudiums. Zuerst verbrachte er ein halbes Jahr an der London School of Economics, wo er vor allem bei dem Kulturanthropologen Bronislaw Malinowski hörte, der auf der Basis umfangreichen ethnologischen Materials Kultur als instrumentellen Apparat verstand, mit dem Menschen ihre Probleme funktional lösen. Spätestens in London, aber wahrscheinlich schon während des Biologiestudiums, nahm Parsons die wichtigsten Ideen Herbert Spencers (siehe Kapitel 1.2) auf, der Gesellschaft als Organismus verstand, der im Gleichgewicht bleiben muss, um seine Aufgaben optimal zu erfüllen.

Frühe Einflüsse

Mit der Kulturtheorie und der Organismustheorie sind bereits zwei in Europa entstandene Bausteine der Systemtheorie benannt. Hinzukommen muss noch Emile Durkheims (siehe Kapitel 1.2) These von der Existenz der sozialen Tatsachen außerhalb des Menschen sowie seine Beschreibung der Arbeitsteilung als Grund für gesellschaftliche Differenzierung – ein Beispiel für eine soziale Tatsache.

Studium in Heidelberg

Im Laufe des Jahres 1925 trifft Parsons in Heidelberg ein, wo er bei Alfred Weber, dem jüngeren Bruder Max Webers, studiert und dann auch promoviert (mit einer Arbeit über den Kapitalismusbegriff bei Max Weber und Werner Sombart). Mit der Handlungstheorie Max Webers findet Parsons den Ansatz, der es ihm erlaubt, die Rahmenbedingungen des gesellschaftlichen Lebens mit dem Handeln der Individuen in einer Theorie zusammenzuführen.

Definition

Wichtige theoretische Einflüsse

▶ **HERBERT SPENCER: Gesellschaft als ORGANISMUS**
BRONISLAW MALINOWSKI: Kultur als Funktionszusammenhang; Kultur als INSTRUMENTELLER APPARAT, mit dem der Mensch seine Probleme lösen und seine Bedürfnisse befriedigen kann (Funktionalismus).
EMILE DURKHEIM: Gesellschaftliche DIFFERENZIERUNG DURCH ARBEITSTEILUNG als überindividuelle, eigenständige soziale Tatsache.
MAX WEBER: HANDLUNGSTHEORIE: Gesellschaft bildet sich durch motivational bedingtes soziales Handeln von Individuen.

Parsons geht aus systematischer Überlegung davon aus, dass Strukturen, Funktionen und Wirkungszusammenhänge der Konstruktionskern einer soziologischen Theorie der Gesellschaft sind. Dadurch sind nicht das Individuum und sein Handeln, sondern die Strukturen, in denen es handelt, das eigentlich Interessante. Die grundlegende Idee ist, dass jede soziale Handlung zwischen Individuen einen strukturellen Stellenwert im gesellschaftlichen System

Die Struktur sozialer Systeme

hat und jedes soziale Phänomen eine Bedeutung für das System hat und rückgekoppelt werden kann. Unter System versteht Parsons eine (Teil-) Menge untereinander in Beziehung stehender Elemente, die als Einheit begriffen werden und von denen die übrigen Elemente als Systemumwelt abgegrenzt werden.

Definition

▶ Jedes soziale Phänomen kann mit dem Zustand des sozialen Systems ständig rückgekoppelt werden. Jede Handlung lässt sich in Bezug auf ihren strukturellen Stellenwert im System und in Bezug auf ihren Beitrag für das System analysieren.

Systemtheorie

Ein System ist eine (Teil-)Menge untereinander in Beziehung stehender Elemente, die als Einheit begriffen werden und von denen die übrigen Elemente als Systemumwelt abgegrenzt werden.

Systembegriff

Das AGIL-Schema

2.1.2

Parsons hat das soziale Handeln als einzelnes Element eines Vernetzungszusammenhangs verstanden. Die soziologische Systemtheorie erklärt das Handeln des Einzelnen aus dem jeweiligen Systemzusammenhang. Es gibt ein Ordnungsgefüge aus Systemstrukturen und Systemfunktionen. Parsons stellt in den Mittelpunkt seiner weiteren soziologischen Denk- und Forschungsarbeit die Frage, wie es das jeweilige System schafft, sich zu erhalten. Wie kommt es, fragt Parsons, dass Systeme über längere Zeit stabil bleiben? Seine Antwort ist, dass in jedem System vier Aufgaben erfüllt sein müssen. Diese sind im sogenannten AGIL- Schema beschrieben. Die Aufgaben sind Anpassung, Zielerreichung, Integration und Strukturerhaltung.

Wie erhalten sich
soziale Systeme?

Definition

▶ Jedes soziale (Sub-)System muss vier Funktionen erfüllen, um sich zu erhalten:
A: Adaptation (Anpassung)
G: Goal Attainment (Zielerreichung)
I: Integration
L: Latent Pattern Maintenance (Strukturerhaltung)
Im einzelnen:
ANPASSUNGSFUNKTION meint die Aufnahme und Bereitstellung von Ressourcen und Energien aus der Umwelt des Systems.
ZIELERREICHUNGSFUNKTION meint die Orientierung an Systemzielen.
INTEGRATIONSFUNKTION bezieht sich auf die Koordinierung der einzelnen Systemelemte miteinander.
STRUKTUR-/NORMENERHALTUNGSFUNKTION bezeichnet die Sicherung der Systemstruktur.

AGIL-Schema

Es gibt verschiedene Arten von Systemen: den Verhaltensorganismus, das Persönlichkeitssystem, das soziale System und das kulturelle System. Diese sind nun wieder dem AGIL-Schema zugeordnet. Das Subsystem des Verhaltens- und Organismussystems ist im Prinzip für die Anpassung zuständig. Das Persönlichkeitssystem ist für die Zielverwirklichung, das soziale System für die Integration und das kulturelle System für die Normerhaltung zuständig. Jedes dieser Subsysteme hat in sich aber auch wieder ein AGIL-Schema. Die Prämisse dabei ist, dass alle sozialen Systeme das Ziel und die Aufgabe der Strukturerhaltung haben.

Beispiel für das Subsystem Integration

Hauptfunktion	Struktur-komponenten	Subsysteme	Subsysteme der Subsysteme	Funktion der Subsysteme
Adaptation: Anpassung Mittelbeschaffung	Rolle	Verhaltens-muster		
Goal Attainment: Zielerreichung, Steuerung	Soziale Gesamtheit	Persönlich-keitssystem	A: Motivation (ES) G: Ziele und Interessen (Ich) I: Werterhaltung, normative Orientierung (Über-Ich) L: Identität	
Integration: Soziale Integration	Normen	Soziales System	A: Wirtschaft, Markt, Geld\n\nG: Politisches Gemeinwesen, Recht, Organisation, Macht\nI: Gesellschaftliche Gemeinschaft, Solidarität, Verwandtschaft, Soziale Schichtung\nL: Normerhaltung, Wissenschaft, Religion	Aufnahme/Bereitstellung von Ressourcen + Energien aus der Umwelt des Systems Teleologische Orientierung an den Systemzielen\n\nKoordinierung der einzelnen Systemelemente mit- und untereinander\n\nAufrechterhaltung und Sicherung der Systemstruktur
Latent pattern maintenance: Struktur und Werterhaltung	Werte	Kulturelles System		

Forschungsfragen 2.1.3

Bei der Bedeutung, die Parsons der Systemerhaltung beimisst, bleibt
zunächst offen, wie Veränderung in die Welt kommt. Das ist ein
Problem dieser Systemtheorie. Zunächst ist Parsons allerdings, bevor dieses Problem debattiert wird, mit seinen Arbeiten sehr erfolgreich. Mitte der 1950er Jahre wird in der US-amerikanischen Soziologie sogar die Ansicht vertreten, man brauche nicht mehr Soziologie zu sagen, es reiche, wenn man Systemtheorie sage. Dies ist insofern interessant, als wir es hier mit einem Entwicklungsschritt
hin zu einer professionalisierten Soziologie zu tun haben. In den
1950er und 1960er Jahren gibt es unzählige Untersuchungen z.B.
darüber, wie ein Krankenhaus funktioniert, wie das Arzt-Patienten-
Verhältnis mit dem AGIL- Schema zu beschreiben ist, wie ein In-
dustriebetrieb mit dem AGIL-Schema zu betreiben ist. D.h. die Soziologie wird erstmals eine Profession, bis dahin gab es keine Be-
rufssoziologen. Es entstehen viele Lehrstühle für Soziologie, es gibt
viele Soziologen, später auch Soziologinnen, die Soziologie tritt gewissermaßen ihren Siegeszug in den westlichen Gesellschaften an.
Die Aufrechterhaltung des Systems ist bei Parsons mit den Jahren
dann nicht mehr nur an dem System selbst orientiert, sondern auch
an den allgemeinen Werten. Er unterstellt mit zunehmender Be-
rühmtheit und auch mit zunehmender Durchsetzung seiner Theorie,
dass z.B. das System der Marktwirtschaft der westlichen Industrie-
nationen die richtige Art und Weise sei, wie sich dieses System erhalten müsse. Er geht mit den Jahren immer stärker davon aus, dass es
übergeordnete, kulturelle Werte gibt, insbesondere in der L-Funk-
tion, die über das kulturelle System vermittelt werden müssen, weil
das kulturelle System dafür Sorge trägt, dass Menschen sich in das
System der Normen fügen. Hier vermengt sich die soziologische Theorie mit der Überzeugung der amerikanischen Mittelklassegesell-
schaft der 1950er Jahre in Bezug auf das, was gut und richtig ist.

Soziologie als Profession

Bedeutung für die deutsche Soziologie 2.1.4

Für die Soziologie in der BRD wird die Systemtheorie aus zweierlei
Gründen bedeutend: Zum einen, weil die Amerikaner nach Kriegs-
ende eine größere Gruppe von soziologisch vorgebildeten oder aus-
gebildeten Offizieren im Rahmen von re-education-Programmen
nach Westdeutschland schicken, insbesondere in die amerikanische

Zone. So kommt Parsons' Systemtheorie nach Deutschland, wo sie bis 1945 in der Soziologie keine Rolle spielte. Zum anderen ist der Rückgriff der Systemtheorie auf Max Weber bedeutend, der bis dahin in der deutschen Soziologie noch gar nicht richtig rezipiert wurde. Wir erinnern uns (siehe Kapitel 1.3): In den 1920er Jahren spielt Max Weber in der Soziologie in Deutschland eine eher untergeordnete Rolle.

Die Systemtheorie wird in ausdifferenzierten Einzelheiten gelehrt. Es ist eine Theorie, die zum ersten Mal eine eigenständige Position nicht nur beansprucht, sondern auch durchsetzt, und dem Fach eine relative Autonomie verschafft. 150 Jahre nach Auguste Comte kann Soziologie erstmals an den Universitäten richtig gelernt werden. Das verdankt nicht nur die deutsche Soziologie Talcott Parsons.

Seit den 1960er Jahren versucht die Systemtheorie, die Veränderungen der amerikanischen Gesellschaft in diese Überlegungen miteinzubeziehen. Parallel dazu entwickeln sich die handlungstheoretischen Ansätze (siehe Kapitel 2.3). Auch diese gehen bis in die 1930er Jahre zurück, aber erst Ende der 1960er Jahre, als selbst die Parsonianer zugeben müssen, dass man sich mit der Frage beschäftigen muss, wie es denn nun zu Veränderungen von Personen und von Gesellschaften kommt, wird diese Frage intensiver verfolgt.

Die Systemtheorie, wie sie Parsons vertrat, ist heute in den Hintergrund getreten. Zwar gibt es Ansätze einer neo-strukturfunktionalen Systemtheorie, etwa durch den US-Amerikaner Jeffrey Alexander. In Deutschland hat der heute in Bamberg lehrende Soziologe Richard Münch den Ansatz von Parsons differenziert weiterentwickelt, dabei aber den Grundsatz, dass Systeme im Mittelpunkt soziologischer Theorie und Forschung stehen müssen, beibehalten.

Die relative Bedeutungslosigkeit einer Systemtheorie, wie Parsons sie verstand, hat auch mit der Weiterentwicklung der Systemtheorie durch Niklas Luhmann zu tun, die dieser grundsätzlichen Richtung der Soziologie neue Impulse und neuen Inhalt gab.

2.1.5 | Niklas Luhmann (1927–1998) – Funktion tritt an die Stelle von Struktur

Mitte der 1960er Jahre stand die Systemtheorie an vielen deutschen Universitäten im Mittelpunkt der Lehre im Fach Soziologie. So auch in Münster, neben Köln der für die Soziologie jener Zeit bedeutendste Standort. Zu Münster gehörte die große Sozialforschungsstelle in Dortmund, an der der damalige Leiter Helmut Schelsky 1965 einem Juristen eine Abteilungsleiterstelle angeboten hatte. Es war Niklas Luhmann, der sich von dieser Stelle aus an die Spitze der deutschen Soziologie hinaufarbeitete.

Niklas Luhmann, geboren 1927, hatte in Freiburg Rechtswissenschaft studiert, war Beamter im niedersächsischen Kultusministerium gewesen, bis ihm 1960/61 ein Stipendium ein Studium in Harvard und damit bei Talcott Parsons ermöglichte. Luhmann wurde Forschungsreferent am Forschungsinstitut der Hochschule für Verwaltungswissenschaften in Speyer. Dort schrieb er »Funktionen und Folgen formaler Organisationen«. In diesem Buch entwickelte Luhmann erstmals ausführlich seine theoretische Grundlegung einer Systemtheorie, bei der die Funktion und nicht die Struktur im Mittelpunkt steht.

Bei Parsons ist der Begriff der Struktur dem Begriff der Funktion vorgeordnet. Er hat deshalb eine strukturfunktionale Theorie entwickelt. Parsons' Überlegung, wie sich ein soziales System erhält, mündet immer in die Frage des Bestandsproblems. Luhmann dagegen sagt, es kommt vielmehr darauf an zu untersuchen, wie die sozialen Systeme entstehen und wie sie entsprechende Funktionen ausbilden. Luhmann will genau wie Parsons einen universellen theoretischen Denkrahmen für soziologische Forschung entwickeln. Konkrete soziologische Fragestellungen sind sekundäre Anwendungsfelder für eine Theorie, die erklären will, nach welchen Funktionsprinzipien sich die Welt immer wieder neu organisiert.

Sein Anspruch ist, dem »Theoriedesaster«, das die Soziologie als Folge der Einführung der empirischen Sozialforschung erlebt hat, einen Entwurf entgegenzusetzen, für den auf wissenschaftstheoretischer Ebene ein universeller Anspruch geltend gemacht werden kann. Ausgangspunkt ist dabei die Unterscheidung von System und Umwelt.

Von der Struktur zur Funktion des Systems

Universeller Anspruch

Definition

Der Systembegriff bei Parsons und Luhmann

▶ **TALCOTT PARSONS** prägte den Begriff des **STRUKTURFUNKTIONALISMUS**: Die Funktion dient dazu, den Bestand konkreter Sozialsysteme zu sichern. Ein System besteht aus einem Ganzen und seinen Teilen; es weist also bestimmte Strukturen auf. Gesellschaft besteht aus Wirtschaftssystem, Verwaltung, sozialem System etc.

| Definition | |

Definition

| **Der Systembegriff bei Parsons und Luhmann** | NIKLAS LUHMANN prägte den Begriff der FUNKTIONAL-STRUKTURELLEN SYSTEMTHEORIE
Ein System entsteht erst in der Abgrenzung von seiner Umwelt durch die Wahrnehmung bestimmter Funktionen. Nicht die Struktur ist entscheidend, sondern das Verhältnis zwischen einzelnen Systemen und wie sie funktionieren. Parsons' konstitutives Merkmal ist die Einheit, die durch Systemintegration entsteht.
Luhmanns konstitutives Merkmal ist die Differenz, die dadurch entsteht, dass es in einer hochkomplexen Welt immer mehr Wahl- und Entscheidungsmöglichkeiten gibt als aktualisiert werden können. |

2.1.6 | Soziale Systeme entstehen durch sinnhaftes Handeln

Die erste Grundannahme von Luhmann ist, dass soziale Systeme durch (sinnhaftes) Handeln entstehen. Dieses sinnhafte Handeln besteht aus Kommunikation. Der Hauptunterschied zwischen Luhmann und Parsons ist dabei folgender: Während es bei Parsons bereits eine soziale Struktur gibt, in der ein Austausch stattfindet, und zwar nach dem AGIL-Schema, geht Luhmann von der Grundüberlegung aus, dass soziale Systeme durch Handlungen der Menschen erst entstehen. Dies ist ein nicht-normativer Umgang mit sozialen Systemen. Bei Luhmann gehören alle Handlungen, die sinnhaft aufeinander verweisen, zu dem jeweiligen sozialen System. Soziale Systeme sind immer solche, die durch Kommunikation entstehen. Alle übrigen Handlungen, die keine Beziehungen zu dem jeweiligen Systemsinnzusammenhang unterhalten, gehören zur Umwelt. Das Hauptproblem, das in den ersten Jahren Luhmanns theoretisches Arbeiten bestimmt, ist die Frage, wie soziale Systeme mit Änderungen der komplexen Umweltbedingungen umgehen. Dies können die jeweiligen Systeme nur, indem sie Komplexität reduzieren.

Die Bedeutung von Kommunikation

2.1.7 | In einem sozialen System wird Komplexität reduziert

Jedes System ist darauf ausgerichtet, eine Reduktion von Komplexität vorzunehmen. Dadurch, dass soziale Systeme Komplexität reduzieren, geben sie gleichzeitig den beteiligten Personen eine Orientierungshilfe an die Hand. Soziale Systeme bilden also Inseln geringerer Komplexität. Die Umwelt ist stets komplexer. Das ist die Hauptüberlegung. Nun stellt sich das Problem, dass sich die einzelnen sozialen Systeme auf Änderungen einstellen müssen. Dabei können durchaus unterschiedliche Funktionsänderungen vorgenommen werden. Luhmann nennt diesen Sachverhalt funktionale Äquivalenz.

Komplexität und Funktion

2.1.8

Komplexität ist also die Haupteigenschaft von Gesellschaften, Reduktion von Komplexität die Hauptaufgabe eines Systems. Komplexität wird durch funktionale Differenzierung strukturiert und verstärkt sich dadurch weiter. Luhmann untersucht, wie die funktionale Differenzierung im Verlauf der Moderne immer weiter fortschreitet, d.h. es gibt immer mehr Unterschiede zwischen den einzelnen gesellschaftlichen Formationen, zwischen sozialen Gruppen. Das führt auch dazu, dass es immer mehr Subsysteme gibt, die wechselseitig dann wiederum voneinander abhängig sind. Je stärker sich also eine Gesellschaft als soziales System funktional ausdifferenziert, desto bedeutungsloser werden die Strukturen für die Erklärung gesellschaftlicher Zustände.

Funktionale
Differenzierung

Der Grad funktioneller Ausdifferenzierung ist das entscheidende Kriterium für gesellschaftlichen Fortschritt. Hier haben wir eine theoretische Kennzeichnung dessen, was gesellschaftliche Entwicklung ausmacht: Je differenzierter, je funktional ausdifferenzierter eine Gesellschaft ist, um so entwickelter ist sie. Man kann das auch gesellschaftlichen Fortschritt nennen, wenn man mit dem Begriff »Fortschritt« nicht eine lineare Bewegung verbindet.

Nicht nur in der Umkehrung der Bedeutung der Begriffe Struktur und Funktion unterscheidet sich Luhmann von Parsons, auch seine Erklärung für gesellschaftliche Veränderungen, für die Entstehung der modernen Welt reicht weiter.

Definition

Komplexität und
Funktion

▶ **1. Merkmal:**
Moderne Gesellschaften sind übermäßig komplexe Gebilde durch Industrialisierung und Ausdifferenzierung von Wissenschaften.
Komplexität ist die Haupteigenschaft von Gesellschaften als soziale Systeme;
Reduktion von Komplexität ist ihre Hauptaufgabe.

Komplexität und Funktion

2. Merkmal:
Komplexität wird durch funktionale Differenzierung strukturiert und verstärkt sich dadurch weiter.
Funktionale Differenzierung meint die Spezialisierung von Subsystemen und deren wechselseitige funktionale Abhängigkeit:
Je stärker sich eine Gesellschaft als soziales System funktional ausdifferenziert, desto bedeutungsloser werden die Strukturen für die Erklärung gesellschaftlicher Zustände.
3. Merkmal:
Der Grad funktioneller Ausdifferenzierung ist das entscheidende Kriterium für gesellschaftlichen Fortschritt.

Dieses theoretische Konzept hat Luhmann bis in die späten 1970er Jahre verfolgt und ausgearbeitet. Es gibt von ihm 1.800 Veröffentlichungen, davon sind ungefähr 1.200 aus der ersten Phase. Wenn Kommunikation das zentrale Medium ist zum Erkennen eines sozialen Systems, kann von der Liebe bis zur Umweltproblematik jedes Thema systemtheoretisch behandelt werden, denn es handelt sich dabei immer um Kommunikation, um Binnendifferenzierung, um Reduktion von Komplexität nach innen, um Erhalten der Funktionen in einem System.

2.1.9 | Autopoietische Systeme reproduzieren sich aus sich selbst

Luhmann war auch sehr an interdisziplinären Forschungsergebnissen interessiert. Er befasste sich immer auch mit Fragen kybernetischer Systeme. Die Biologie hatte herausgefunden, dass es Organismen gibt, die sich aus sich selbst heraus weiterentwickeln, die also keine Umweltbedingungen, wie etwa einen Partner, brauchen. Diese Überlegung, dass lebende Zellen sich aus sich selbst reproduzieren, hat Luhmann in seine Systemtheorie übernommen. Er nennt diesen Vorgang »Autopoiesis«.

Ein bedeutsamer Paradigmenwechsel

Bei Systemen lassen sich psychische und soziale Strukturen unterscheiden. Luhmann stellt seine Systemtheorie noch einmal um. Er übernimmt das Modell des menschlichen Bewusstseins, das denkt und über das Gehirn mit Wahrnehmung versorgt wird und sich mit Hilfe dieser Wahrnehmung von außen ein neues Bild von der

Welt schaffen kann, ohne dass es Kommunikation mit Dritten gibt. Die Unterscheidung psychischer und sozialer Systeme ist ganz wichtig. Psychische Systeme sind mit sozialen Systemen gekoppelt und über den Versuch, die psychischen Ereignisse über Selbstkommunikation in die Theorie hineinzubringen, kommt man zu einer anderen Erklärung sozialer Systeme.

▶ **Luhmanns eigener Paradigmenwechsel seit 1980:**
Systeme sind nicht mehr nur durch die System-Umwelt-Differenz gekennzeichnet, sondern können hauptsächlich durch Selbstreferenz oder Autopoiesis charakterisiert werden.

Zentrale Annahmen:
- **Im Zuge funktionaler Differenzierung werden Selektionsprozesse, die zur Systembildung führen, immer anspruchsvoller.**
- **Systeme werden tendenziell immer geschlossener, beziehen sich auf sich selbst und organisieren sich aus sich selbst heraus (Autopoiesis).**
- **Soziale Systeme bestehen aus Kommunikation.**
- **Kommunikation ist kein Mitteilungsakt, sondern die Art und Weise, wie sich das autopoietische System beschreibt und reproduziert. Kommunikation zwischen einzelnen Systemen ist prinzipiell nicht möglich.**
- **Kommunikation als Akt der Selbstreferenz ist eine Syntheseleistung dreier Selektionen – Information, Mitteilung und Verstehen – und ist nicht an Sprache gebunden.**

Zusammenfassung zu Luhmann

2.1.10

Luhmann geht es um die Entwicklung einer Theorie, wie die Welt – für ihn identisch mit der Gesellschaft – funktioniert. Sein letztes großes Buch hat den Titel »Die Gesellschaft der Gesellschaft«. Dabei verhält er sich, wie er selbst sagt, wie jemand, der auf einer dritten Ebene beobachtet, d.h. er beobachtet einen Zweiten, der eine andere Person beobachtet.

Ausgangspunkt seiner Überlegungen war die historisch zu beobachtende stetige Zunahme von Komplexität. Je »moderner« Gesellschaften sind, so seine These, umso komplexer sind sie. Die eigentliche Aufgabe sozialer Systeme sei die Reduktion dieser Komplexität.

Dies können aber nur selbstreferentielle Systeme leisten, das heißt Systeme, die über sich selbst nachdenken können. Menschen kommen in diesem Zusammenhang zunächst nur als psychische Systeme vor. Im zweiten Schritt werden sie dann konkret eingeführt, weil man nur so selbstreferentielle Systeme der Menschen behaupten kann. Es braucht immer zwei Systeme, das psychische und das soziale Ego eines Menschen, damit aus einer Situation etwas neues entwickelt werden kann – unter Umständen auch ausschließlich durch Nachdenken, ohne äußere Einflüsse oder Anlässe.

Soziale Systeme entwickeln und verändern sich, indem sie aus der unendlichen Zahl der Möglichkeiten diejenigen auswählen und aktualisieren, die ihrer Selbstschöpfung und Selbsterhaltung dienen. Das geschieht auf der Basis von Beobachtung und Kommunikation.

Gegen Luhmann sind mit verschiedenen Argumenten kritische Einwände erhoben worden. Diese lassen sich grob in zwei Gruppen unterteilen. Die eine Gruppe umfasst diejenigen, die andere Grundpositionen als Luhmann vertreten. Die Handlungstheorien (siehe Kapitel 2.3) gehen anders als jede Systemtheorie davon aus, dass das Individuum der Konstruktionskern jeder Gesellschaftstheorie ist. Auch wer wie Norbert Elias soziale Prozesse und Figurationen oder wie Pierre Bourdieu Habitus und sozialer Raum (siehe Kapitel 2.5) als zentral für die Soziologie betrachtet, kann mit Strukturen und Funktionen wenig anfangen. Bei den Anhängern Luhmanns stößt dies auf Unverständnis, eine Haltung, die sich vor allem nach dem Tod Luhmanns am 6.11.1998 verfestigt hat. Luhmann selbst hatte immer sehr darauf geachtet, keine ideologisierende Position einzunehmen, sondern auf den intellektuellen Diskurs gesetzt.

Die zweite Art der Kritik richtet sich dagegen, dass es in Luhmanns Systemtheorie, weder in der ersten noch in der zweiten Phase, kein übergeordnetes Wertesystem gibt, wie etwa Aufklärung und Emanzipation, beides zumindest seit Karl Marx, aber eigentlich auch schon bei Auguste Comte (siehe Kapitel 1.1) wichtige Bestandteile der Soziologie. Immer ging es den Soziologen auch darum, den Menschen zu helfen, sie über die Risiken der Moderne aufzuklären, und ihnen dann zumindest Möglichkeiten für Wege der Befreiung aus Klassenstrukturen (Marx) oder aus dem stahlharten Gehäuse der Moderne (Max Weber) aufzuzeigen.

Gegen diesen Mangel, wie es Kritiker aus dieser Argumentationstradition verstanden, erhob vor allem Jürgen Habermas entschiedenen Widerspruch. Er stellt neben das System die Lebenswelt der Men-

---

Selbstreferentielle Systeme

Kritische Einwände

schen. Damit wird nicht nur die Frage der Werte wieder aufgenommen, sondern auch Luhmanns These, dass der Mensch nicht im Zentrum einer soziologischen Theorie der Gesellschaft stehe, sondern zur Umwelt gehöre, kritisch entgegengetreten.

Um diese Kritik darstellen zu können, ist es zunächst notwendig, die theoretische Herkunft von Jürgen Habermas, die Kritische Theorie der Frankfurter Schule, darzustellen, was im nächsten Kapitel geschieht.

Lernkontrollfragen

Was ist das AGIL-Schema und welche Bedeutung hat es für die Erklärung von gesellschaftlichen Systemen? **1**

Erklären Sie den Unterschied zwischen Parsons' Strukturfunktionalismus und Luhmanns funktional-struktureller Systemtheorie. **2**

Was ist Reduktion von Komplexität? **3**

Was bedeutet Autopoiesis bzw. welche Konsequenzen hat der Wechsel vom Konzept offener Systeme zu geschlossenen Systemen für die Beschreibung von Gesellschaft aus der Sicht Luhmanns? **4**

Infoteil

In den Bibliotheken der soziologischen Institute und den Universitätsbibliotheken finden sich die meisten Bücher von Parsons auf Englisch, was bis in die 1970er Jahre die Regel war. Erst danach wurden einige zentrale Werke von Parsons ins Deutsche übersetzt, darunter **Zur Theorie sozialer Systeme**, herausgegeben und eingeleitet von Stefan Jenssen, Opladen 1976.
Von Richard Münch ist ebenfalls eine **Theorie sozialer Systeme**, Opladen 1976, erschienen.
Viele Bücher von Niklas Luhmann sind als Taschenbücher erschienen. Für Anfänger sind die Texte etwas schwierig zu lesen, da Luhmann sich der theoretischen Reflexion verpflichtet fühlte; didaktische Überlegungen waren ihm eher nebensächlich.
Es gibt aber mehrere Einführungen. Für das Grundstudium gut geeignet ist **Niklas Luhmanns Theorie sozialer Systeme** von Georg Kneer und Armin Nassehi, Stuttgart 1997, aber auch Margot Berghaus, **Luhmann leicht gemacht**, Stuttgart 2003.

Die Kritische Theorie der Frankfurter Schule | 2.2

Handlungstheorie und Systemtheorie sind auf die Definition, die Max Weber für die Soziologie gefunden hatte: »Soziologie soll heißen ...« (siehe Kapitel 1.3) zumindest im Grundansatz zurückzuführen. Neben den beiden Theorierichtungen, die gelegentlich auch als Mikrotheorie bzw. Makrotheorie bezeichnet werden, gibt es noch eine weitere Richtung, die als »Kritische Theorie« bezeichnet wird, gelegentlich mit dem Zusatz der Frankfurter Schule. Dies ist ein Ansatz, der in den 1920er Jahren mit der Absicht entstand, marxistische Studien doch noch möglich zu machen. Denn nach dem 1. Weltkrieg, der gescheiterten Revolution in Deutschland und der Oktoberrevolution in Russland war die Lehre von Karl Marx in den bürgerlich-wissenschaftlichen Kreisen erst recht verpönt. In der Soziologie setzte sich die Sichtweise durch, die schon Ferdinand Tönnies und Georg Simmel, aber insbesondere Max Weber in Hinblick auf die Lehre von Marx entwickelt hatten. Es entstanden auch neue Versuche, z.B. eine relativ abstrakte Beziehungslehre des in Köln lehrenden Soziologen Leopold von Wiese. Es gab eine spezielle Entwicklung, welche die Entstehung spezifischer Methoden empirischer Sozialforschung betraf, wie sie etwa von Theodor Geiger in Braunschweig genutzt und weiterentwickelt, aber auch von Andreas Walter in Hamburg missbraucht wurden (siehe Kapitel 3.3).

Zurück zu Marx

2.2.1 | Der Horkheimer-Kreis und die Gründung des Instituts für Sozialforschung

Die Abneigung der etablierten Soziologie gegen marxistische Studien wurde nicht von allen Studierenden geteilt. In der jüngeren Generation gab es durchaus ein entsprechendes Interesse. So entstand aus einer sich spontan bildenden Studentengruppe, die sich 1922 das erste Mal traf, um ihr Interesse an marxistischen Studien zum Ausdruck zu bringen, zunächst der Horkheimer-Kreis, und dann ab 1923 die Stiftung des Instituts für Sozialforschung, das 1924 offiziell an der Frankfurter Universität gegründet wurde. Dieses Institut hatte zur Aufgabe, marxistische Studien zu betreiben, was im Bürgertum Frankfurts nicht ohne Widerspruch blieb. Andererseits stammten die Betreiber dieser Idee fast alle aus wohlhabenden großbürgerlichen Familien, so dass dieses Institut zunächst mehr als Spleen angesehen wurde und durchaus einige gesellschaftliche Anerkennung fand.

Im Mittelpunkt: die Lage der Arbeiterschaft

Die zentrale Frage, welche die Mitglieder des Instituts für Sozialforschung Mitte der 1920er Jahre beschäftigte, war vor allem das Problem, warum die Arbeiterschaft nicht in der Lage war, sich gegen die Ausbeutung durch das Kapital zu wehren. Hierzu wurden eine Reihe von an Marx orientierten Studien erarbeitet, die dann aber in den Hintergrund traten, als 1930 Max Horkheimer (1895–1973) Direktor des Instituts für Sozialforschung wurde. Horkheimer orientierte sich stärker an einer sozialphilosophischen Sichtweise und betonte insbesondere die Notwendigkeit interdisziplinärer Projekte, um die Rolle der Arbeiterschaft und der Arbeiterklasse zu untersuchen und über die Zukunft der Gesellschaft nachzudenken. Das Wort »Klasse« vermied Horkheimer zum damaligen Zeitpunkt. Das änderte sich erst im Exil.

Exil

2.2.2

Die Mitglieder des Instituts für Sozialforschung sowie andere linke und jüdische Sozialwissenschaftler, die in Frankfurt und anderswo lehrten und arbeiteten, mussten nach der Machtergreifung der Nationalsozialisten im Januar 1933 ins Ausland flüchten. Das Institut für Sozialforschung wurde geschlossen und von der SA besetzt. Vier Wochen später existierte es nicht mehr. Allerdings hatten die Mitglieder des Instituts in weiser Voraussicht einen Teil ihres Kapitals schon vorher ins Ausland transferiert. Das Institut übersiedelte zunächst nach Genf, und ab 1934 ging der größere Teil seiner Mitglieder nach New York, wo sie an der New York University die »New School for Social Research« gründeten. Dieses renommierte Forschungs- und Lehrinstitut gibt es auch heute noch, und es ist nach wie vor ein Ort der Kritischen Theorie. Die ›New School‹ war im übrigen nicht nur ein Refugium für Flüchtlinge aus Deutschland und Österreich, sondern auch das einzige große Forschungsinstitut in den USA, das sich in den 1940er und 1950er Jahren nicht der Systemtheorie (Kapitel 2.1) verschrieben hatte.

Ein Refugium in New York

Das Schicksal des Exils betraf zwar hauptsächlich Juden, aber auch viele andere, die dem Nationalsozialismus kritisch gegenüberstanden. In der Bundesrepublik wurde vor allem in den 1950/60er Jahren in diesem Zusammenhang gerne von Emigration gesprochen. Wir wissen von Exilanten, dass sie das Wort Emigration nicht angemessen finden, weil es eine Art von Freiwilligkeit und Gemütlichkeit beinhaltet. Norbert Elias (siehe Kapitel 2.5) musste z.B. im Widerspruch zu dieser Implikation innerhalb eines Tages Deutschland verlassen. Er hatte eine Reiseschreibmaschine und eine kleine Reisetasche dabei und hat Deutschland erst nach 27 Jahren wiedergesehen.

2.2.3 | Hauptmerkmale der Kritischen Theorie

Zeitschrift für
Sozialforschung

In New York erschien weiterhin die Zeitschrift für Sozialforschung, in den Frankfurter Jahren das Publikationsorgan des Instituts. In dieser Zeitschrift veröffentlichte Max Horkheimer 1937 den Aufsatz »Von der traditionellen zur kritischen Theorie«, eine für die weitere Entwicklung der Soziologie wichtige Schrift.

Für Horkheimer ist die traditionelle Theorie mit den Namen von Tönnies und Weber, Simmel und Durkheim und all den anderen verbunden, die seiner Meinung nach versuchen, eine Wissenschaft von der Gesellschaft zu betreiben, welche selbst nicht Teil der Gesellschaft ist. Was diese traditionellen Theoretiker seiner Meinung nach tun, ist der erfolglose Versuch, wissenschaftliche Aussagen von der Wirklichkeit zu trennen. Das macht er an einzelnen Beispielen deutlich und stellt die Gegenthese auf, dass, was Soziologen und Soziologinnen auch unternehmen, ihre **wissenschaftlichen Aussagen immer auch gesellschaftliche Tatsachen sind**.

Diese Überlegung geht über die allgemeine wissenssoziologische Überlegung, dass Soziologen zur Gesellschaft und damit zu ihrem eigenen Untersuchungsgegenstand gehören, weit hinaus. **Theorie**, das ist die eigentliche Schlussfolgerung aus dieser These, **ist immer auch eine Form von gesellschaftlicher Praxis**. Die Vereinigung von Theorie und Praxis muss deshalb in der Gesellschaftsanalyse mit inbegriffen sein, weil auch der Wissenschaftler selbst Ziele und Vorstellungen hat. Horkheimer bestreitet also, dass es im Sinne von Max Weber so etwas wie Wertfreiheit wissenschaftlicher Aussagen gibt. Seiner Meinung nach haben wissenschaftliche Aussagen immer das Ziel, zu sagen, wie die Gesellschaft sein soll, und insofern verändert wissenschaftliche Praxis als gesellschaftliche Praxis auch immer die Gesellschaft.

Wissenschaft als
gesellschaftliche Praxis

Wenn der Zusammenhang von Theorie und Praxis wie oben beschrieben wird, dann stellt sich allerdings die Frage, auf welchen Grundlagen Gesellschaftsanalyse erfolgen darf bzw. erfolgen muss. Horkheimer schließt sich hier Marx an, wenn er sagt, es komme darauf an, die Dialektik der Geschichte zu verstehen, die Dialektik der Geschichte in der Entwicklung der verschiedenen Gesellschaftsformationen. Der Kapitalismus ist eben nicht ohne die Entstehung aus dem Feudalismus zu verstehen, und der Kapitalismus hat in sich selbst ebenfalls dialektische Verhältnisse, nämlich die zwischen Arbeit und Kapital. Diese Dialektik muss immer in die Unter-

suchungen mit einbezogen sein. Wenn es so ist, dass jede gesellschaftliche Aussage auch etwas mit der Zukunft zu tun hat, dann
muss diese Aussage auch verbunden sein mit der bisherigen Entwicklung, die zu dem gegenwärtigen Zustand geführt hat.

Horkheimer besteht also auf der Geschichtsinterpretation von
Karl Marx und bezieht selbst eindeutig und positiv Stellung zum
Marxismus. Bei seiner Antrittsrede als Direktor des Instituts für
Sozialforschung im Jahre 1931 hatte er aus Rücksichtnahme auf
die Universität, auf das Bürgertum in Frankfurt, auf Geldgeber und
Sponsoren die Frage der Klassenanalyse bzw. des Klassenbewusst-
seins etwas im Hintergrund gehalten. Jetzt, nach einigen Jahren
im Exil, unter dem Eindruck des NS-Terrors änderte sich das radikal.

*Zentral: die Geschichts-
interpretation des
Marxismus*

Die Totalität der historischen Bewegung

Bei der Beurteilung der jeweils aktuellen Situation und bei der
Überlegung einer möglichen zukünftigen guten Entwicklung besteht das Problem, dass die Standards der Bewertung selbst wieder
historisch vermittelt sind. Das Gefüge von Klassen und Gruppen
bestimmt die Werte, nach denen entschieden wird. Auch dies muss
untersucht werden. Deshalb ist Horkheimer der Ansicht, dass es
gilt, die historische Totalität der jeweiligen Situation zu erfassen.
Es komme nicht so sehr darauf an, Einzelphänomene zu untersuchen, wie es die traditionelle Soziologie tue, sondern die Aufgabe
der Sozialwissenschaftler, die einer kritischen Theorie verpflichtet
seien, bestehe darin, den Gesamtzusammenhang zu erkennen – die
Totalität der gesellschaftlichen Entwicklung. Dies bedeutet, aus den
Bewegungsgesetzen der Gesellschaft heraus muss erkannt werden,
was die bisherige Vernunft der Entwicklung war, ob das tatsächlich
vernünftig war und ist und ob es nicht geändert werden sollte.

Mit der These, dass es darauf ankomme, das sich entfaltende
Bild des Ganzen, das in die Geschichte einbezogene Existentialurteil zu erkennen, wird allen Einzelwissenschaften und einem am
naturwissenschaftlichen Denken orientierten Positivismus eine
Absage erteilt. Ziel der Veränderung ist eine Gesellschaft, in der –
um die Marxsche Formel zu gebrauchen – die Menschen ihre
Geschichte selber machen. Bei Horkheimer ist von der Assoziation
freier Menschen die Rede, in der jeder die gleiche Möglichkeit hat,
sich frei zu entfalten. Das sei nicht irgendeine Idee, sondern ergebe
sich aus dem bereits erreichten Stand der Produktivkräfte, und es

*Menschen sollen ihre
Geschiche selbst machen*

komme nur darauf an, gemeinsam mit der klassenbewussten Arbeiterschaft die Transformation des gesellschaftlichen Ganzen zu betreiben.

**Merkmale der
Kritischen Theorie** ▶ 1. **Wissenschaftliche Aussagen sind (auch) gesellschaftliche Tatsachen.**
2. **Vereinigung von Theorie und Praxis.**
3. **Historische Analyse ist Grundlage der kritischen Bewertung.**
4. **Totalität der historischen Bewegung.**

Was sich schon in Frankfurt angedeutet hatte, nahm nun, nicht zuletzt unter den Erfahrungen des deutschen Faschismus und der Situation im Exil, schärfere Züge an. Die historisch-materialistische Geschichtsauffassung, welche ihren Kern aus der Lehre von Karl Marx nimmt, stellt einen deutlichen Trennungsstrich zur gesamten Soziologie seit Marx dar und verwirft die verschiedenen Versuche, Soziologie als relativ autonome Einzeldisziplin im Wissenschaftsbetrieb zu etablieren.

2.2.5 | **Unterschiede zu Marx**

Eine andere Auffassung
zum Verhältnis von Basis
und Überbau

Es gibt eine wichtige Unterscheidung zu Marx, insbesondere im Verhältnis von Basis und Überbau. Anders als Marx, der das Bewusstsein vom Sein bestimmt sah und ausschließlich darüber nachdachte, wie die Arbeiter in den Besitz der Produktionsmittel kommen können, um dadurch den Überbau zu bestimmen, geht die Kritische Theorie davon aus, dass es eine Wechselwirkung zwischen Basis und Überbau gibt. Es ist deshalb notwendig, die Kultur einer Gesellschaft zu untersuchen, um herauszufinden, wie von dort aus die gesellschaftlichen Verhältnisse mitbestimmt bzw. aufrechterhalten werden und wie sie unter Umständen von dorther auch reformiert werden können.

Die gesamte Kultur ist in die geschichtliche Dynamik einbezogen. Gewohnheiten, Sitten, Wissen, Kunst, Religion, Philosophie bilden in ihrer Verflechtung jeweils dynamische Faktoren bei der Aufrechterhaltung oder Auflösung einer bestimmten Gesellschaftsformation. Es darf nicht nur die Basis betrachtet werden, sondern auch die Überbauphänomene müssen erkannt werden, damit sie unter Umständen verändert werden können, um dadurch auch die Basis zu beeinflussen.

Definition

Verhältnis
Basis – Überbau

▶ **MARX**   **KRITISCHE THEORIE**

Überbau   Überbau
↑   ↑
↑   ↓
Basis   Basis

Von den anderen damaligen Wissenschaften wurde deshalb die Psychoanalyse gewissermaßen als Hilfswissenschaft akzeptiert. Sie war der Schlüssel zur Bearbeitung der Überbauphänomene. Sie ist auch einer der Schlüssel für die Erklärung der nicht zu leugnenden schnellen Anpassung der deutschen Arbeiterschaft an das nationalsozialistische Herrschaftssystem. Hier drängte sich eine Verbindung von sozioökonomischen Strukturen und sozialpsychologischen Dispositionen geradezu auf. Die Bedeutung der Psychoanalyse wird vor allem in den »Studien über Autorität und Familie« deutlich.

Autorität und Familie

2.2.6

Die vielfältigen Forschungen des Instituts wurden in dem umfangreichen Band »Studien über Autorität und Familie« zusammengefasst, der 1936 im Exil in Paris erschien. Wesentliche Bestandteile dieses großangelegten Projektes waren primär- und sekundärstatistische Erhebungen (zu den verschiedenen Ansätzen empirischer Sozialforschung siehe Kapitel 3.3). Den Forschungsberichten waren Grundsatzartikel vorangestellt, die Max Horkheimer, Herbert Marcuse und Erich Fromm schrieben, dazu gab es eine Reihe von Enquêten und Literaturberichten.

In dem Aufsatz von Horkheimer geht es vor allem darum, welche Rolle ein System kultureller Institutionen spielt, wie diese dafür sorgen, dass bestimmte Zusammenhänge sich in der Gesellschaft wiederholen und reproduzieren, sodass die kapitalistische Produktionsweise erhalten bleibt. Hier wird das im Vergleich zu Marx anders eingeschätzte Verhältnis von Basis und Überbau aufgegriffen. Es wird untersucht, wie es in hochkomplexen Industriegesellschaften gelingt, die Herrschaft von Menschen über Menschen so zu organisieren, dass die Strukturen des Kapitalismus er-

Die Familie reproduziert kapitalistische Herrschaft

halten bleiben. Horkheimer geht dabei durchaus davon aus, dass es immer Herrschaft von Menschen über Menschen gegeben hat und dass auch zukünftige Gesellschaften nicht ganz ohne Herrschaft von Menschen über Menschen auskommen werden.

Herrschaft ist mit Autorität verbunden. Diese sorgt dafür, dass Herrschaft Gehorsam findet. Horkheimer zeigt nun auf, dass es einen Zusammenhang zwischen Institutionen, kulturellen Faktoren und den Verhaltensorientierungen gibt, die man auch in psychoanalytischen Kategorien beschreiben kann. Diesen Zusammenhang erkennt er über den zentralen Begriff der Autorität.

Autorität ist ambivalent

Autorität ist ambivalent. Sie sagt als solche noch nichts darüber aus, welche Wirkungen erzielt werden. Autorität kann also positiv sein, wenn sie im Sinne der Bewegungsgesetze der Geschichte vernünftig eingesetzt wird – z.B. für Aufklärung der Arbeiterklasse über ihre Situation – und zur Emanzipation der Menschen beiträgt. So kann es sich einerseits um eine fortschrittliche Abhängigkeit von bestimmten Zielen handeln. Autorität kann aber auch dazu benutzt werden, überholte, überkommene, unwahr gewordene Verhältnisse aufrechtzuerhalten. Das ist das Problem der Entfremdung innerhalb des Kapitalismus. In diesem sind für Horkheimer Verhältnisse eingetreten, in denen die Autorität dazu genutzt wird, bestimmte Situationen aufrechtzuerhalten, um den Prozess der Entfremdung der Menschen von der Arbeit, von den Arbeitskollegen und von sich selbst zu verstärken.

Den Gesamtzusammenhang beschreiben

Im Kapitalismus herrscht deshalb eine vollständige Anpassung an die verdinglichte Autorität der Ökonomie. Das ist das, was Horkheimer ein Existentialurteil nennt. Es beschreibt eine Gesamtsituation und bringt sie auf einen bestimmten Begriff. Dahinter verbirgt sich die Überlegung, dass in der Fabrik selbst, in den technischen Abläufen, in der Notwendigkeit, die produzierten Dinge auch zu verkaufen, der Arbeiter die Autorität der wirtschaftlichen Tatsachen anerkennen muss und, indem er das tut, faktisch die Machtstellung des Unternehmers anerkennt.

2.2.7 | Erziehung in der Familie ist klassenspezifisch und herrschaftsstabilisierend

Es ist nicht alleine die Autorität des Unternehmers, welche die Unterwerfung der Arbeiter hervorruft. Die Akzeptanz dessen, was Horkheimer die »Autorität der wirtschaftlichen Tatsachen« nennt, wird in der Familie begründet, entwickelt und verfestigt.

Der Vater hat eine scheinbare »natürliche« Macht, denn er ist derjenige, der das Geld verdient und sich dafür außerhalb der Familie der verdinglichten Autorität der Ökonomie unterworfen hat. Er ist innerhalb der Familie in doppelter Hinsicht stark: sowohl ökonomisch als auch rechtlich. Denn das Familienrecht hatte im BGB vom 1.1.1900 festgeschrieben, dass der Mann alleine in der Familie über Geldausgaben entscheiden darf. Diese doppelte Wurzel der Autorität – ökonomische Stärke von außen und rechtlich, psychische Stärke nach innen – bildeten in der Erziehung eine ausgezeichnete Schule für das Leben in einer kapitalistischen Gesellschaft. Die Familie ist die Re-Produzentin von bestimmten autoritären Charaktertypen und hat innerhalb der kapitalistischen Gesellschaft die unentbehrliche Aufgabe, Herrschaft zu stabilisieren.

Die Autorität des Vaters

Horkheimer nimmt dann die auch in der sonstigen Literatur beschriebenen Veränderungen in den Familienformen und im Familienleben auf, also das, was in der Familiensoziologie allgemein als Funktionswandel der modernen Kleinfamilie beschrieben wird. Je kleiner die Familien werden, um so eher kann auf das Glück des Einzelnen eingegangen werden, Emotionalität und Intimität in der Familie erfahren und gelebt werden. Dadurch entsteht aber ein Gegensatz zwischen der Innerlichkeit, der emotionalen Orientierung der Familienmitglieder zueinander, und der notwendigen bürgerlichen Autorität in Hinblick auf die ökonomischen Verhältnisse.

Die Innerlichkeit der Mutter

Da Emotionalität und Intimität die ökonomische Autorität untergraben können, muss der Staat der Familie bei der Reproduktion der notwendigen Strukturen und der notwendigen Unterordnung »helfen«. Die Folge ist, dass der Staat eingreift, indem er bestimmte Auflagen macht, unter denen Kinder in Familien erzogen werden müssen, z.B. die Einführung der allgemeinen Schulpflicht. Die Volksschulpflicht in Preußen wurde, das sei nur am Rande angemerkt, deshalb eingeführt, weil das preußische Militär den Bildungsgrad verbessern und die frühe körperliche Ausbeutung der Kinder in den Fabriken verhindern wollte.

Sozialisation in Arbeiterfamilien erzeugt massenhaft Ohnmachtsgefühle

2.2.8

Es gibt also bestimmte gesellschaftliche Verhältnisse, die für entsprechende Entwicklungen verantwortlich gemacht werden können. Horkheimers These, Erziehung in der Familie sei klassenspezifisch und herrschaftserhaltend, wird in der Studie einen Schritt weitergeführt, denn diese These erklärt nicht, warum sich die Arbeiterklasse so ohnmächtig dem Nationalsozialismus auslieferte. Hier tritt die »sozialpsychologische«, stark psychoanalytisch orientierte Untersuchung von Erich Fromm hinzu. Er zeigt, dass diejenigen, die Autorität haben, nämlich die arbeitenden Väter, immer Angst um ihre Arbeitsplätze haben, ihre Autorität ist folglich ständig bedroht. Fromm argumentiert, dass sich Autorität auf Angst begründet. In der Familie hat man Angst vor dem Verlust der Zuneigung der Eltern, in der Fabrik hat der Vater Angst vor dem Verlust des Arbeitsplatzes. Da sich die unteren Schichten mangels entsprechender Mittel kaum von der Angst befreien können, ist es unwahrscheinlich, dass sie Selbstvertrauen und Ich- Stärke entwickeln.

Autorität in der Familie und die Wurzeln des Faschismus

So wird die Sozialisation in den Arbeiterfamilien zu einer Rekonstruktion der ohnmächtigen Hilflosigkeit der Arbeiterklasse im Kapitalismus, in dem es einer kleinen Schicht von Kapitalisten gelingt, anonym massenhaft Ohnmachtsgefühle zu erzeugen. In den Arbeiterfamilien werden diese Ohnmachtsgefühle erzeugt, während im Gegensatz dazu bei den Kapitalisten in einer entsprechenden Erziehung Machtgefühle vermittelt werden. Die Söhne des Großgrundbesitzers und des Fabrikherrn lernen in der Regel, dass sie Autorität über andere haben. Sie lernen, dass sie vielleicht Angst haben müssen, ihr Geld zu verlieren, dass sie auch Autoritätsprobleme bekommen können, dass sie dabei aber nicht ohnmächtig sind. Dagegen führt die Sozialisation in den Arbeiterfamilien dazu, Ohnmachtsgefühle zu erzeugen, die sich dann auch in Ohnmacht gegenüber politischen Verhältnissen zeigen.

Die Ohnmacht der Arbeiterschaft

Definition

Studien über Autorität und Familie

▶ 1. Autorität ist ambivalent.
2. Entfremdung ist die allgemeine Bedingung der gesellschaftlichen Existenz im Kapitalismus.
3. Erziehung in der Familie ist klassen- und schichtspezifisch und daher herrschaftsstabilisierend.
4. Sozialisation in Arbeiterfamilien erzeugt massenhaft Ohnmachtsgefühle.

Die Studien über Autorität und Familie hatten große Auswirkungen, insbesondere für die Studentenbewegung. Dabei spielten zwei Bücher von Herbert Marcuse eine wichtige Rolle. In ihnen wurden die marxistischen Ansätze mit psychoanalytischen kombiniert.

Triebstruktur und Gesellschaft

2.2.9

Marcuse erklärt den Zusammenhang von kapitalistischen Produktionsmethoden und den Ausformungen des alltäglichen Lebens, z.B. in seinem Buch »Der eindimensionale Mensch« oder in dem anderen vielgelesenen Buch der damaligen Jahre »Triebstruktur und Gesellschaft«. In ihnen beschreibt er die Durchdringung, wie er es verstand, die Korrumpierung der Arbeiterschaft durch den ihr zugeteilten Wohlstand und zog daraus den Schluss, dass die Arbeiterschaft als revolutionäre Klasse ungeeignet, für immer verloren sei.

Hoffnung auf Besserung in der Gesellschaft könne nur noch von »freischwebenden« Kräften kommen, den Studenten und Intellektuellen oder anderen Außenseitern wie Slumbewohnern, Arbeitslosen, Obdachlosen. Nur solche Gruppen seien Hoffnungsträger gesellschaftlicher Entwicklung. Dies hatte erheblichen Einfluss auf die studentischen Aktionsgruppen in den 1960er Jahren, und das große Interesse der Studierenden an den ersten entstehenden Bürgerinitiativen vor allem in den Slum- und Sanierungsgebieten hatte hier eine seiner Wurzeln.

Außenseiter als Hoffnungsträger

Studentenbewegung

2.2.10

Dies ist der Hintergrund für das in der Öffentlichkeit immer wiederholte Argument, die Kritische Theorie der Frankfurter Schule habe der Studentenbewegung das Material geliefert. Richtig ist dabei, dass Herbert Marcuse, anders als Max Horkheimer und Theodor W. Adorno, sich auch in der Öffentlichkeit sehr dezidiert geäußert hat. Anders als diese beiden war Marcuse aber in den USA geblieben, Horkheimer und Adorno kehrten Anfang der 1950er Jahre nach Westdeutschland zurück. Sie waren bereits seit Anfang der 1940er Jahre voller Pessimismus über das Schicksal der Menschen und deren Welt, nicht zuletzt auch über die Rolle der Intellektuellen dabei. Aus Max Webers stahlhartem Gehäuse der Moderne war mit dem Holocaust eine »Wirklichkeit als Hölle« geworden. Im übrigen gerieten sie, als sie Anfang der 1950er nach Deutschland kamen, in

Geprägt vom Holocaust

eine streng antikommunistisch denkende Gesellschaft. Deshalb waren sie sehr vorsichtig und behielten die marxistischen Wurzeln ihres Denkens im Hintergrund.

Trotzdem waren sie vor allem in den späten 1950er und frühen 1960er Jahren die Mentoren einer akademischen Linken, die zum Kern der Bewegung wurde, die in der zweiten Hälfte der 1960er Jahre die Phase der Restauration in der BRD beendete. Horkheimer und Adorno werden in der Öffentlichkeit immer wieder als »Väter der Studentenbewegung« bezeichnet. Das ist nur zum Teil zutreffend. Richtig ist, dass ihr Einfluss in den späten 1950er und frühen 1960er Jahren unter kritischen Intellektuellen allgemein recht groß war, denn sie waren eigentlich die einzigen renommierten Wissenschaftler, die den Fortschrittsglauben der westlichen Wohlfahrtsstaaten hinterfragten. Die Vorstellung, das sei die beste aller Welten, konfrontierten sie mit der Frage, ob eine Welt, die den Holocaust hervorbracht hatte, nicht doch noch verbesserungswürdig sei. Die kritischen frühen Schriften Horkheimers und auch die »Dialektik der Aufklärung« mussten die Studenten jener Jahre sich freilich als Raubdrucke oder private Kopien besorgen.

Die Kritische Theorie und die 68er

2.2.11 | Strukturwandel der Öffentlichkeit: Jürgen Habermas

Die Arbeit dieser kritischen Intellektuellen ist dann bis heute von Jürgen Habermas (geb. 1929) fortgeführt worden. Habermas' erste Arbeit am Frankfurter Institut für Sozialforschung hatte den Titel »Strukturwandel der Öffentlichkeit«. Mit ihr habilitierte er sich in Marburg bei Wolfgang Abendroth, da Horkheimer die Arbeit nicht als Habilitationsschrift akzeptierte. In der Studie untersucht Habermas mit vielen historischen Beispielen und Fakten, was sich in der Geschichte der westeuropäischen Staaten seit dem 18. Jahrhundert verändert hat. Er wählt als Ausgangspunkt die bürgerliche Öffentlichkeit. Diese entsteht im späten 18. Jahrhundert, als mit dem langsamen Niedergang und dem schließlichen Ende des Feudalismus Staat und Gesellschaft nicht länger identisch sind, sondern zwei verschiedene Sphären darstellen.

Erst mit dem Abbau des Absolutismus kann das Individuum in der Öffentlichkeit auftreten und am Prozess der Ausbildung einer öffentlichen Meinung teilnehmen. Denn Habermas versteht unter dem Begriff »Öffentlichkeit« den Bereich des gesellschaftlichen Lebens, in dem sich die zum Publikum gewordenen Bürger versammeln. Öffentlichkeit war das Medium, mit dem eine bestimmte Gruppe, das Bürgertum, dem Staat seine Interessen vermittelte. Mit dem Aufstieg der Arbeiterschaft, d.h. mit dem Auftreten weiterer Gruppen, die um gleiche Chancen wie das Bürgertum kämpften, musste die Bedeutung der bürgerlichen Öffentlichkeit als eine politische Kraft abnehmen.

Habermas beschreibt in diesem Buch den Zerfall der bürgerlichen Öffentlichkeit und plädiert bereits hier für den normativen Anspruch einer kommunikativen Rationalität. Er setzt voraus, dass die Vernunftbezogenheit aller Diskussion der einzige Weg ist, an dem Anspruch der Kritischen Theorie der Frankfurter Schule festzuhalten und dabei gleichzeitig die verschiedenen theoretischen und historischen Entwicklungen in einer Theorie zu vereinen.

Die Emanzipation des Bürgertums

Lebenswelt und herrschaftsfreier Diskurs

2.2.12

Im weiteren Verlauf seiner Arbeiten bezieht Habermas immer stärker den Einzelnen, das Subjekt in seine Analysen mit ein, rückt es in den Vordergrund und untersucht jetzt insbesondere, wie das Subjekt sich von ungewollten Herrschaftszwängen befreien kann bzw. wie das Entstehen, das Sich-Fortsetzen, das Sich-Verstärken dieser Zwänge verhindert werden kann. Für ihn ist dies nur möglich, wenn die Kommunikation zwischen den jeweils handelnden Menschen untersucht wird. Deswegen beginnt die Darstellung der theoretischen Ableitung in der »Theorie des kommunikativen Handelns« auch mit Max Weber. Habermas verbindet dieses soziale Handeln mit einer Utopie, nämlich mit dem herrschaftsfreien Diskurs.

Das Ziel der Emanzipation von ungewollten, unnötigen Herrschaftszwängen kann das Subjekt nur in der Form eines herrschaftsfreien Diskurses erreichen. Dieses Ziel ist der Mittelpunkt des demokratischen Prozesses, in dem alle Beteiligten ihre Interessen einbringen können. Das ist eine klassische, demokratietheoretische Position, die davon ausgeht, dass alle Beteiligten gleich sind oder gleich sein sollten und dadurch so etwas wie der herrschaftsfreie Diskurs zustande kommen kann.

Auf der Suche nach dem herrschaftsfreien Diskurs

Gesellschaft ist zugleich System und Lebenswelt. Die Lebenswelt umfasst die subjektiven Erlebnisse und ihre Deutung. Die Systeme sind der Staat, die mediatisierten Bereiche, vielleicht auch die Wirtschaft; sie sind es, die, wie Habermas das nennt, die Lebenswelt immer stärker kolonisieren. Damit ist gemeint, dass alle mensch-

Gesellschaft in Lebenswelt und System

lichen Äußerungen in viel stärkerer Weise als früher dadurch charakterisiert sind, dass sie nicht mehr individuell entwickelt werden, sondern immer schon vorgeprägt sind.

Die Regeln des Systems verhindern auch, dass es so etwas wie einen herrschaftsfreien Diskurs gibt. Habermas' These ist, dass kritische Gesellschaftstheorie nur kommunikatives Handeln im Sinne von Aufklärung sein kann. Deshalb sind auch die Soziologin und der Soziologe, wenn sie schreiben, auf Kommunikation angewiesen. Um die Menschen, die eine Gesellschaft miteinander bilden, aufzuklären und ihnen zu helfen, einen herrschaftsfreien Diskurs zu führen, müssen die Soziologin und der Soziologe mit diesen Menschen kommunizieren.

Die zentrale Rolle der Sprache

Der Sprache kommt dabei eine große Bedeutung zu. In dem Buch »Theorie des kommunikativen Handelns« werden sehr ausführlich die sprachtheoretischen und sprachsoziologischen Forschungsergebnisse aufgearbeitet. Nur durch Sprache ist ein herrschaftsfreier Diskurs möglich, der ein rationales Einverständnis aller Beteiligten zum Ziel hat.

2.2.13 Kritik an Luhmann

Diese Position lässt sich – und damit kommen wir noch einmal auf das Ende von Kapitel 2.1 zurück – mit der von Luhmann nicht in Einklang bringen. Ganz allgemein wirft Habermas Luhmann vor, er würde sich, indem er den Systembegriff verwende, dem schon existierenden Zwang unterordnen, und eben gerade das, was an Kolonisierung der Lebenswelt bereits existiere, durch die theoretische Produktion seiner Systemtheorie verstärken und bestätigen. Diese Praxis führe im Prinzip eben gerade nicht zur Emanzipation der Menschen, sondern zur Entpolitisierung und zur Herrschaftslegitimierung der schon existierenden Systeme, was wiederum die Lebenswelt stark beeinflusse.

Habermas formuliert aber auch immanente Kritikpunkte an Luhmanns Theorie. Er zeigt z.B. den Widerspruch zwischen der komplexitätsreduzierenden Funktion, die soziale Systeme nach Luhmann haben sollen, und dem Zuwachs an Komplexität, den sie selbst bewirken. Luhmann betrachtet die Situation immer von der Systeminnenseite her. Aber was die einzelnen Handlungen der Menschen, die einzelnen Reduktionen von Komplexität für die Welt außen bedeuten, ob sie nicht unter Umständen dort viel größere Komplexität hervorrufen, wird nicht diskutiert. Auch fragt Habermas, wie man unterscheiden kann zwischen systemtheoretischer Bestandserhaltung und der Durchsetzung politischer und sozialer Herrschaftsinteressen über die Kolonisierung der Lebenswelt.

Werte der Aufklärung – Freiheit, Emanzipation von Herrschaft, Demokratie – werden von Habermas als universell unterstellt. Das ist etwas, das Luhmann theoretisch nicht interessiert. Aber Habermas meint, dass die Gesellschaftswissenschaften auch die Bedingung der Unterdrückung dieser Werte untersuchen und die Möglichkeit ihrer Realisierung aufzeigen müssen. Das Prinzip der Parteilichkeit ist hier zentral. Habermas ist der Meinung, der Wissenschaftler müsse Partei nehmen. Ohne Habermas' Intervention hätte es z.B. das, was in der bundesrepublikanischen Geschichte der späten 1980er Jahre der Historikerstreit heißt, überhaupt nicht gegeben. Jürgen Habermas interveniert als kritischer Intellektueller, dessen Ziel es ist, die Menschen zu befähigen, sich zu emanzipieren.

Für eine engagierte Wissenschaft

Lernkontrollfragen

Erläutern Sie wichtige Merkmale der Kritischen Theorie. **1**
Warum ist Erziehung in der Familie herrschaftsstabilisierend? **2**
Was versteht Jürgen Habermas unter ›Strukturwandel der Öffentlichkeit‹? **3**
Welche Kritik übt Habermas an der Systemtheorie von Luhmann? **4**

Infoteil

Zur Geschichte der Frankfurter Schule gibt es zwei lesenswerte Bücher: Erstens die Studie von Martin Jay: **Dialektische Phantasie. Die Geschichte der Frankfurter Schule und des Instituts für Sozialforschung 1923 – 1950**, Frankfurt/Main 1987.
Ferner das umfangreiche Buch von Rolf Wiggershaus: **Die Frankfurter Schule. Geschichte. Theoretische Entwicklung. Politische Bedeutung**, München/Wien 1986. Es gibt hiervon inzwischen eine Taschenbuchausgabe.
Zur Geschichte der Studentenbewegung: Hermann Korte: **Eine Gesellschaft im Aufbruch. Die Bundesrepublik in den 60er Jahren**. Frankfurt/Main 1982.
Die Studie von Jürgen Habermas zum **Strukturwandel der Öffentlichkeit. Untersuchungen zu einer Kategorie der bürgerlichen Gesellschaft** aus dem Jahr 1962 ist 1990 mit einem Vorwort von Habermas neu aufgelegt worden.
Sein derzeit wichtigstes Werk **Theorie des kommunikativen Handelns** liegt als Taschenbuch in zwei Bänden vor. Band 1: **Handlungsrationalität und gesellschaftliche Rationalität**; Band 2: **Zur Kritik der funktionalistischen Vernunft**.
Hingewiesen sei auf das auch für das Grundstudium gut geeignete Einführungbuch von Helmut Dubiel: **Kritische Theorie der Gesellschaft. Eine einführende Rekonstruktion von den Anfängen im Horkheimer-Kreis bis Habermas**. Weinheim/München 1988.

2.3 | Handlungstheorie

In Systemtheorien steht der Bestand der Gesellschaft, stehen ihre Organisationen und Funktionen im Mittelpunkt des soziologischen Interesses. Bei Talcott Parsons war das sehr ausgeprägt, bei Luhmann ist es intellektuell stärker vermittelt und universalisiert, aber auch bei ihm handelt es sich um eine Gesellschaftstheorie, in der erklärt wird, wie und warum soziale Systeme in einer sich ausdifferenzierenden Welt über Komplexitätsreduktion ihren Fortbestand sichern.

Handlungstheorien gehen dagegen vom Handeln der einzelnen Individuen aus. Am Beispiel Erziehung lässt sich das erklären. Systemtheorien interessieren sich dafür, wie verschiedene Teilsysteme dafür sorgen, dass aus einem neugeborenen Menschen – umgangssprachlich ausgedrückt – ein »nützliches« Mitglied der Gesellschaft wird. Handlungstheorien interessieren sich dafür, wie aus dem Neugeborenen eine individuelle Persönlichkeit wird, obgleich es wie alle anderen Neugeborenen in den verschiedenen gesellschaftlichen Teilsystemen aufgezogen und erzogen wurde.

Wie wird man ein nützliches Mitglied der Gesellschaft?

Seit den 1980er Jahren sind Handlungstheorien ein fester Bestandteil der soziologischen Theorie- und Forschungslandschaft. Vorher war das anders. Vor allem in den USA, aber auch in Deutschland hatte die strukturfunktionale Systemtheorie eine dominierende Stellung und für die akademischen Karrieren junger Soziologen und Soziologinnen war es wenig vielversprechend, etwas anderes laut zu denken.

Zurück zu Weber

Dabei war dieser Ansatz schon seit dem späten 19. Jahrhundert, vor allem aber seit Max Webers Bestimmung der Soziologie zumindest als Richtung denkbar. Denn seine Definition, »Soziologie soll heißen: eine Wissenschaft, welche soziales Handeln deutend verstehen und dadurch in seinem Ablauf und seinen Wirkungen ursächlich erklären will«, lässt sich sowohl systemtheoretisch als auch handlungstheoretisch weiterdenken. Parsons hat das für die Systemtheorie getan. Die Dominanz seiner Theorie hat die andere Richtung lange in den Hintergrund gedrängt, obgleich in den 1920er Jahren z.B. George Herbert Mead und Herbert Blumer an handlungstheoretischen Perspektiven gearbeitet haben.

Wie entsteht soziale Wirklichkeit?

Auf der bereits erwähnten Hitliste der zehn einflussreichsten soziologischen Bücher des 20. Jahrhunderts findet sich auch das der Autoren Peter L. Berger und Thomas Luckmann »Die gesellschaftliche Konstruktion der Wirklichkeit« aus dem Jahr 1966, das die Initialzündung für eine handlungstheoretische Debatte gab.

Die beiden in Europa geborenen Soziologen – Berger 1929 in Wien, Luckmann 1927 im slowenischen Jesenice – hatten zeitweise an der »New School« in New York studiert und dort wissenschaftliche Abschlüsse erworben. Wie in Kapitel 2.2 berichtet, war die »New School« eine der wenigen universitären Lehr- und Forschungseinrichtungen in den USA, an der die Systemtheorie keine dominante Stellung hatte. Trotzdem war es für die beiden Soziologen in Hinblick auf eine akademische Karriere nicht ganz ohne Risiko, einen gänzlich anderen theoretischen Ansatz in die Soziologie einzuführen.

Dass aber ein neuer Ansatz vorgestellt wurde, war andererseits auch ein Zeichen dafür, dass die strukturfunktionale Systemtheorie in die Jahre gekommen war. Sie verlor in den USA an Bedeutung, verschwand aber weder dort noch in Deutschland aus der Theoriediskussion. Neostrukturalistische Ansätze – in den USA vor allem durch Jeffrey Alexander, in Deutschland durch Richard Münch vertreten – hielten an den Grundüberlegungen fest, auch wenn diese weiterentwickelt wurden. Die starke Stellung der funktionalistischen Systemtheorie Niklas Luhmanns hat die neostrukturalistischen Ansätze hierzulande aber in den Hintergrund gedrängt. Gleichwohl hat auch in Deutschland die Systemtheorie ihre dominante Stellung in der Soziologie verloren.

Die Systemtheorie verliert an Bedeutung

Grundannahmen einer Handlungstheorie

2.3.1

Alle soziologisch-theoretischen Ansätze, die das Handeln von Individuen in den Mittelpunkt stellen, gehen von zwei Grundannahmen aus:

1. Gesellschaft besteht aus Individuen.
2. Das Individuum ist der systematische Kern jeder Gesellschaftstheorie.

Es gibt dazu verschiedene Ansätze, die aber alle von der Grundüberzeugung ausgehen, dass es ausreicht, das Handeln der Individuen zu untersuchen, zu analysieren und theoretisch zusammenzufassen, um über eine Gesellschaft die notwendigen Informationen zu bekommen, insbesondere auch über Konflikte und deren Lösung, über die Entstehung von Institutionen und über gesellschaftliche Prozesse. Zwei wichtige, gleichzeitig aber auch zwei sehr unterschiedlich Ansätze sollen im folgenden erklärt werden.

Im Mittelpunkt: das Individuum

Definition

Annahmen und Varianten der Handlungstheorie

▶ 1. Gemeinsame Grundannahme aller Handlungstheorien:
   Gesellschaft besteht aus Individuen.
   Das Individuum ist der systematische Kern jeder Gesellschaft(stheorie).
2. Handlungstheoretische Varianten:
   Rational-Choice
   Interpretatives Programm

2.3.2 | Die Rational-Choice-Theorie als Beispiel einer Handlungstheorie

Die Rational-Choice-Theorien haben ihren Ursprung im Utilitarismus des 19. Jahrhunderts, also etwa im klassischen Liberalismus, wie er von Adam Smith verstanden wird. Seine Grundannahme lautet: Das Handeln der Menschen ist nicht durch Werte und Normen geleitet, die im Laufe der Sozialisation erworben werden, sondern ausschließlich von nutzenorientierten Motiven. Der Mensch ist durch seine ökonomische Natur determiniert; sie bestimmt sein Handeln.

Nutzenorientiert: der homo oeconomicus

Diese Form einer Handlungstheorie ist eine Art Austauschtheorie, die aus dem Ökonomischen kommt, aber heute in der Soziologie einen gewichtigen Anteil hat. Der »homo oeconomicus« folgt ausschließlich dem Prinzip des maximalen Lustgewinns bei minimalem Aufwand. Eine solche These für menschliches Handeln hat etwas für sich, weil jeder bei allen einzelnen Handlungen Motive und Motivabwägungen entdecken kann. Ist es mir das wert? Ist es mir das nicht wert? Erfahre ich in der Vorlesung bei X genügend, um dort anderthalb Stunden zu verbringen, oder kann ich mit dieser Zeit etwas Besseres anstellen? Dieses Kalkül kennen alle.

Definition

Kernannahme in Rational-Choice-Theorien

▶ Jedes Individuum handelt so, dass die Vorteile maximiert und die Nachteile minimiert werden.

Das Beispiel deutet aber auch darauf hin, dass Entscheidungen in bestimmten gesellschaftlichen Kontexten vollzogen werden und dass die einzelnen Handelnden unterschiedliche Voraussetzungen haben. Es muss bereits eine Universität geben und der Zutritt zu ihr durch eine Eignungsqualifikation erworben worden sein, bevor man sich für ein Studium individuell entscheiden kann. Es gibt also externe, außerhalb der einzelnen Individuen liegende Handlungseinflüsse, bzw. eingeschränkte Handlungsmöglichkeiten. Auch muss der Handelnde mental in der Lage sein, die Situation, in der er sich entscheiden soll oder will, angemessen einzuschätzen. Schließlich spielt auch die persönliche Motivationsstruktur eine Rolle. Diese Voraussetzungen können zwar ebenfalls auf Entscheidungen zurückgeführt werden, aber diese Form einer soziologischen Handlungstheorie ist immer in Gefahr, systematisch größere gesellschaftliche Zusammenhänge aus dem Blick zu verlieren.

Das Forschungskalkül ist immer auf das Handeln einzelner Menschen konzentriert, was in einem Paradebeispiel dieses Ansatzes – dem Gefangenen-Dilemma – gut deutlich wird. Bei diesem Zwei-Personen-Stück werden zwei Täter getrennt voneinander zu einem gemeinsam begangenen Verbrechen verhört. Gestehen beide die Tat, haben sie eine mittelschwere Strafe zu befürchten. Gesteht dagegen einer allein, wird er freigelassen, den anderen erwartet eine harte Strafe. Leugnen aber beide die Tat, erhalten beide eine milde Strafe. Das Gefangenen-Dilemma wird als Ausgangsbeispiel für die Untersuchung rationaler Entscheidungen in Konflikt- und/oder Lernsituationen benutzt.

Das Gefangenendilemma

Da die Vertreter des Rational-Choice-Ansatzes zur Untermauerung ihrer Wissenschaftlichkeit oft aus der mathematischen Statistik entwickelte Formeln verwenden, liest sich das oben erklärte »Häftlingsdilemmaspiel« im Lexikon zur Soziologie (hrg. von Fuchs-Heinritz u.a.) dann so:

Abb 1

Ein Beispiel für die Mathematisierung der Soziologie

Spieler 2

β_1 β_2

Spieler 1 α_1 $(-a_{11}, -b_{11})$ $(-a_{12}, b_{12})$
α_2 $(a_{21}, -b_{21})$ (a_{22}, b_{22})

Bedingung:
bzw.

$a_{21} > a_{22} > a_{11} > a_{12}$
$b_{12} > b_{22} > b_{11} > b_{21}$

Zum Nachdenken über Handlungsmöglichkeiten, zur wissen-schaftlichen Analyse von konfliktbeladenen Handlungen ist das Beispiel sicher gut geeignet. Ein Problem besteht aber darin, eine solche Herangehensweise, die Vorteile zu maximieren und Nach-teile zu minimieren, zum Kern einer soziologischen Handlungs-theorie zu entwickeln, denn damit interessiert man sich aus-schließlich für das Handeln einzelner Menschen und verliert sys-tematisch größere Zusammenhänge aus dem Blick. Die Vertreter dieser Richtung bestehen aber darauf, dass es zum Verständnis von Gesellschaft zunächst ausreicht, in Erfahrung zu bringen, wie In-dividuen rational handeln und entscheiden.

Vor- und Nachteile der Fokussierung auf das Individuum

Kritische Einwände richten sich deshalb auch auf den univer-salistischen Erklärungsanspruch, den die Rational-Choice-Theorien bzw. ihre Vertreter erheben. Der in Hamburg lehrende Soziologe Max Miller sieht in diesem Ansatz nur die banale Fortschreibung einer »alltäglich wahrnehmbaren Buchhalter- und Ellbogenmenta-lität«, die durch die Theorie des rationalen Nutzenkalküls eine wis-senschaftlich abgesicherte Berechtigung erhalte.

Die Arbeiten von Vertretern der Rational-Choice-Theorie enthal-ten immer interessante Beispiele, und sie geben auch weiter-führende Einsichten in das Entscheidungshandeln von Menschen. Es sind eher die ungelösten Fragen nach dem Entstehen rechtlicher oder moralischer Grundnormen in einer Gesellschaft, die schließ-lich doch die Macht einzelner Akteure eingrenzen und Kooperation an Stelle der Durchsetzung egoistischer Ziele erzwingen, die Anlass für Kritik sind.

2.3.3 | Das Interpretative Programm als ein anderes Beispiel einer Handlungstheorie

Der interpretative Ansatz

Im Interpretativen Programm heißt es nicht: jedes Individuum handelt so, dass die Vorteile maximiert und die Nachteile mini-miert werden, sondern jetzt heißt es: Menschen handeln auf der Grundlage von Bedeutungen. Bedeutungen entstehen aus sozialen Interaktionen. Bedeutungen werden verändert und situations-adäquat interpretiert. Es geht nicht mehr nur einfach um den öko-nomischen, den utilitaristischen oder rationalen Nutzen, sondern um die Frage, wie es überhaupt möglich ist, dass Menschen mit anderen Menschen in der Gesellschaft sinnvoll handeln können.

Definition

Das Interpretative
Programm

▶ **Grundannahmen:**
Menschen handeln auf der Grundlage von Bedeutungen.
Bedeutungen entstehen aus sozialer Interaktion.
Bedeutungen werden verändert und situationsadäquat interpretiert.

Zentral ist zunächst die Frage, wie Interaktion überhaupt zustande kommt, bevor man ein rationales utilitaristisches Kalkül anstellen kann. Ein Beispiel: Gelegentlich sieht ein Professor in seiner Vorlesung Menschen, die gähnen. Manche gähnen sehr diskret, andere sind dabei hemmungslos. Es ist eine Frage, welche Bedeutung er dem beimisst. Es hängt von der eigenen Vorerfahrung und Vorstrukturierung ab. Er kann z. B. denken: »Der Gähner leidet unter Sauerstoffmangel, es hat nichts mit mir zu tun, der Gähner ist müde«. Er könnte auch auf die Idee kommen – was bei Professoren eher selten ist –, es hätte etwas mit seinem Vortragsstil zu tun. Es kommt also sehr darauf an, welche Bedeutung er der Aktivität eines anderen Individuums beimisst. Welche Bedeutung das ist, hängt von seinen Vorerfahrungen ab. Die Vertreter des interpretativen Ansatzes interessieren sich deshalb für zwei Fragen: 1. Wie kommt Interaktion überhaupt zustande? und 2. Wie ist das Handeln der an einer Interaktion Beteiligten aufeinander bezogen?

Weshalb gähnt jemand in der Vorlesung?

Definition

Zwei
Forschungsfragen

▶ **Wie kommt Interaktion überhaupt zustande?**
Wie ist das Handeln der an einer Interaktion Beteiligten
aufeinander bezogen?

Jede Interaktion hat eine dynamische Struktur, die auch die Vergangenheit durch die Vorerfahrungen miteinbezieht. Systematisch betrachtet, führt der Prozess der Kommunikation dazu, dass das Individuum am Ende jeder Kommunikation – theoretisch wohlgemerkt – ein anderes ist als vorher. Jede Interaktion führt dazu, dass eine neue Form von Vorerfahrung existiert, weil das Individuum als solches bei jeder Interaktion Erfahrungen sammelt, seien diese positiv oder negativ, marginal oder intensiv. Jede große Liebe,

Jede Interaktion hat eine Vorgeschichte

jede kleine Liebe in unserem Leben z.B. ist durch die Vorerfahrung mitbestimmt. Die neu gemachten Erfahrungen werden in die vorhandene Vorerfahrung mit einbezogen und ergeben somit eine neue, anders strukturierte Vorerfahrung.

2.3.4 | Me, Self and I

Die Struktur der
Persönlichkeit

George Herbert Mead (1863–1931) hat gesagt, dass das Individuum am Interaktionsprozess in dreifacher Hinsicht beteiligt ist: durch das I, das Self und das Me. Das I steht für die Individualität, das Me steht für die Vergesellschaftung, also für die gesellschaftliche Vorerfahrung. Die jeweiligen individuellen und gesellschaftlichen Eindrücke werden im Self – der Persönlichkeit – zusammengefasst. Dies ist ein wichtiger systematischer Beitrag zur Erforschung des Handelns und der Ergebnisse der lebenslangen Sozialisation von Individuen.

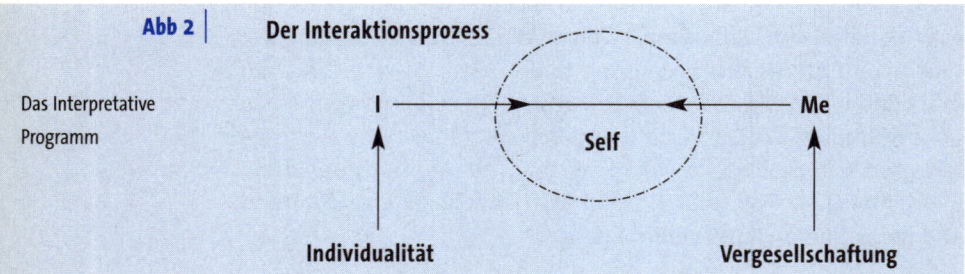

Abb 2 | **Der Interaktionsprozess**

Das Interpretative
Programm

I ⟶ Self ⟵ Me

Individualität   Vergesellschaftung

2.3.5 | Significant others und generalized others

Die Entwicklung der
Persönlichkeit

Die ersten Bezugs-
personen

Jedes Individuum wird in eine Gesellschaft hineingeboren und muss danach in die Gesellschaft eingeführt werden. Das beginnt mit der primären Sozialisation, in der das Kind Rollen und Einstellungen übernimmt, und zwar die der significant others. Das sind die elementaren Bezugspersonen, ohne die ein Säugling z.B. nicht überleben würde, Menschen, die erste Gefühle von Geborgenheit vermitteln, Nahrung geben und emotionale Zuwendung. Dabei hat ein Kind, das auf dem Lande in einer katholischen Familie geboren wird, einen anderen Beginn seiner Sozialisation als eines, das in einem liberalen Wissenschaftlerhaushalt in einer Großstadt zur Welt kommt. Das sagt noch nichts über die weiteren Entwick-

lungen, aber jedenfalls unterscheidet sich der Anfang. Allein die
Frage, ob von vorneherein mit dem Kind in ganzen Sätzen gesprochen wird, kann für die spätere Biographie sehr wichtig sein.

In der zweiten Phase treten dann die generalized others auf, die
Vertreter der Gesellschaft. Die Heranwachsenden treffen nun auf
andere Menschen außerhalb ihres engen Lebenskreises – meistens
ist das immer noch die Familie – und lernen allgemeine Regeln,
Prinzipien der Vergesellschaftung. Unsere Gesellschaften sind dadurch gekennzeichnet, dass der Zeitpunkt, an dem junge Menschen mit diesem Bereich in Berührung kommen, immer früher
liegt. Die Kinder der bildungsbürgerlichen Mittel- und Oberschicht
in Preußen betraten erst mit neun Jahren das erste Mal eine
Schule. Heutzutage verlassen die meisten Kinder den engen Kreis
der Familie bereits mit 3 1/2 Jahren oder mit 4 Jahren, um in den
Kindergarten zu gehen.

Significant others lassen sich austauschen. Wenn die Eltern zufällig bei einem Verkehrsunfall ums Leben kommen sollten, können die Kinder in einer anderen Familie diese Phase fortführen. Die
generalized others, also die Vertreter des Staates, des Grundgesetzes,
unserer Bürokratie, unsere Leistungsorientierung, werden durch
allgemeine Institutionen sichergestellt. Die Kumulation der Lernprozesse führt dazu, dass nach und nach die Einzelnen eigene Persönlichkeiten entwickeln. Individualität hat immer auch eine Vorgeschichte, ist über unsere Person in die Vergesellschaftung eingebunden und ist immer in Veränderungsprozessen begriffen.

Der Staat tritt in das Leben

Der wesentliche Unterschied, um es noch einmal zusammenzufassen, zwischen den Systemtheorien und den Handlungstheorien
besteht in den Gründen für den gelungenen Ablauf einer Handlung. Die Systemtheorien gehen davon aus, dass die Handlung in
einem normativen Gefüge von Erwartungen und Dispositionen in
gesellschaftlichen Teilsystemen erfolgt und das Gelingen daran
gemessen wird, ob die gemeinsame Handlung der beteiligten Individuen diesen entspricht.

Der zentrale Unterschied zwischen System- und Handlungstheorien

Bei den Handlungstheorien kommt es dagegen zu einer gegenseitigen Interpretation der jeweils für bedeutungsvoll gehaltenen
Äußerungen des Gegenüber. Das können Worte sein, Gesten, Mimik oder ganz allgemeine Indikatoren wie Aussehen, Körperhaltung oder noch allgemeiner – wie es gelegentlich auch verstanden
wird – die Summe von Symbolen, der sich jeder Handelnde gegenüber sieht und die er selber einbringt. Deshalb wird für diese Rich-

tung der Handlungstheorie auch die Überschrift Symbolischer Interaktionismus verwendet. Bei dieser Bezeichnung gerät allerdings der Vorgang der Interpretation von Bedeutungen in den Hintergrund.

2.3.6 | Forschungsansätze

Es liegt auf der Hand, dass eine der Theorie entsprechende soziologische Forschung bestimmte Fragen stellt und sie die jeweils angemessenen Methode verwenden muss. Ohne Kapitel 3.3 vorgreifen zu wollen, soll doch der wichtige Unterschied deutlich gemacht werden. Systemtheoretische Untersuchungen von Handlungen können zu Normen Soll- und Ist-Vergleiche anstellen, um gelungene oder misslungene Handlungen von Individuen in einem sozialen System zu beschreiben. Diese Fragen lassen sich mit den sogenannten quantitativen Methoden angemessen bearbeiten (siehe Kapitel 3.3).

Für das interpretative Programm hängt der Ablauf von Handlungen von dem individuellen und gegenseitigen Verständnis der Bedeutungsmuster ab. Es sind daher ganz andere, dem Forschungsgegenstand angemessene Methoden notwendig, die allgemein als qualitative Methoden verstanden werden. Die Beobachtung und Entschlüsselung einzelner Handlungssequenzen ist mit der klassischen Umfragetechnik der quantitativen Verfahren nicht angemessen möglich.

Quantitative und qualitative Forschungsansätze

Der nordamerikanische Soziologe Erving Goffman hat zwei verschiedene Ansätze praktiziert. Einmal hat er pathologische Handlungsformen am Beispiel von Schizophrenen untersucht und zweitens hat er versucht, das Modell des Theaters auf soziologische Forschung zu übertragen.

Goffman hat – der erste Ansatz – pathologische Formen des Zusammenlebens untersucht, um herauszufinden, was das »Normale« ist. Jeder Einzelne durchläuft ständig Interaktionsprozesse, und in der Regel unterstellen wir, dass dieser andauernde Prozess, der hier beschrieben worden ist, aus uns allen relativ vernünftige, sozial akzeptable Menschen macht. Wenn wir anfangen zu erkennen, dass jemand psychisch gänzlich anders ist, dass er bestimmte Formen von Konflikten nicht aushält, wenn z.B. ein Universitätsdozent bei der ersten kritischen Nachfrage in Tränen ausbricht und den Hörsaal verlässt, dann würden wir sagen, seine Sozialisation als Hochschullehrer ist gescheitert.

Über die Zukunft lässt sich wenig sagen

Dieses Programm sucht nach Regeln der Interaktion, kann allerdings keine Aussagen über die Zukunft machen. Es lassen sich sicherlich in bestimmten gesellschaftlichen Situationen für einzelne Persönlichkeitstypen Zukunftsprognosen erstellen, aber es lassen sich keine allgemeinen Prognosen erstellen und deshalb reduziert dieser Ansatz von sich aus schon die Ansprüche der Soziologie an gesellschaftliche Prognose und Praxis. Was aus dem Dozenten wird, wie die Prozesse der Vergesellschaftung weitergehen werden, ist mit diesem Ansatz nicht zu erklären.

Gesellschaft als Theater

2.3.7

Der andere Ansatz von Goffman, »Wir alle spielen Theater«, macht aus den Handelnden Schauspieler. Er versteht hier das Leben als Theatervorstellung. Es gibt eine Dramaturgie, Bühnenbilder, eine Souffleuse, technische Effekte. Wie bei modernem Regie-Verständnis ist der Text des Schauspielers schon seit längerem bekannt, aber die Zuschauer sind von den Interpretationen der Dramaturgie oder der Schauspieler immer wieder überrascht, positiv (minutenlanger Beifall) oder negativ (Buhrufe, Trillerpfeifen).

Der Handelnde als Schauspieler

Das ist alles sehr anregend. Aber für Soziologen und Soziologinnen stellt sich dann doch gelegentlich die Frage: Wer hat eigentlich das Stück geschrieben? Überhaupt müssen sich die individualistischen Handlungstheorien, speziell das Interpretative Programm (oder der Symbolische Interaktionismus) die kritische Frage nach dem Ergebnis der jeweiligen Handlungen gefallen lassen. So wie bei Luhmann bei der Reduktion von Komplexität durch ein soziales System in der Folge die Komplexität in der Umwelt des Systems gesteigert wird, so haben auch gelungene individuelle Handlungen Folgen für andere, vielleicht sogar ganz unbeteiligte Dritte, ohne dass diese systematisch mit untersucht werden.

Woraus besteht eine Handlung?

Die Konzentration der Handlungstheorien auf den Ablauf gegenseitiger Bedeutungsinterpretationen führt dazu, dass die Inhalte der Bedeutungen aus den Augen verloren gehen, wobei fraglich ist, ob das überhaupt mitbedacht worden ist. Ganz sicher lassen sich durch die zum Teil minutiösen Untersuchungen und Beschreibungen einzelner Interaktionen faszinierende Einzelheiten in Erfahrung bringen. Auch haben die für handlungstheoretische Untersuchungen entwickelten qualitativen Forschungsmethoden in ihrem subtilen Aufbau einen großen Einfluss auf soziologische Forschungsmethoden allgemein. Aber die Frage, die sich seit August Comte die meisten Soziologen gestellt haben: »Wie ist die Gesellschaft von

Menschen möglich, wie bleibt sie stabil, warum verändert sie sich?«, lässt sich mit diesen Ansätzen allein nur schwer beantworten.

Die Brücke zwischen
System- und Handlungs-
theorien

Inzwischen gibt es eine Reihe von Versuchen, den Gegensatz von Makrotheorien (System) und Mikrotheorien (Handlung) aufzuheben. Als Beispiel werden in Kapitel 2.5 die Ansätze von Norbert Elias und Pierre Bourdieu diskutiert. Vorher aber, im nächsten Kapitel, muss noch eine Entwicklung in der Soziologie dargestellt werden, die manche neue Sichtweise erbracht hat und gleichzeitig auch noch einmal eine Entwicklung von makro- und mikrotheoretischen Ansätzen zu einem beiden Richtungen verbundenen Verständnis zeigt. Gemeint ist das Aufkommen der Frauenforschung in den 1970er Jahren und ihre Veränderung zur Geschlechterforschung.

Lernkontrollfragen

1 Erläutern Sie am Beispiel des Gefangenen-Dilemmas Grundüberlegungen der Rational-Choice-Theorie. Denken Sie dabei auch darüber nach, wie Sie sich verhalten würden, wären Sie einer der Gefangenen. Beschreiben Sie die (rationalen?) Kalküle, die Sie dabei anstellen.
2 Erläutern Sie den Interaktionsprozess, indem Sie die Begriffe I, Me und Self zueinander in Beziehung setzen.
3 Diskutieren Sie die Reichweite der Forschungsansätze von Erving Goffman.

Infoteil

Die klassische Schrift von Peter L. Berger und Thomas Luckmann **Die gesellschaftliche Konstruktion der Wirklichkeit** gibt es als Taschenbuch, 1999 in der 16. Auflage erschienen.
Zur Einführung in die **Theorie des rationalen Handelns. Konzepte und Anwendungsprobleme** sei auf das gleichnamige Buch von Volker Kunz hingewiesen, Opladen 1997.
Zur Information über soziologische Handlungstheorien sei neben den in der Einleitung dieses Buches genannten Nachschlagewerken und dem im Infoteil zu Kapitel 1.3 empfohlenen Buch von Annette Treibel: **Einführung in soziologische Theorien der Gegenwart** speziell auf Bernd Miebach: **Soziologische Handlungstheorie** Opladen 1991, hingewiesen.
Ein Beispiel für eine kritische Auseinandersetzung mit der Rational-Choice-Theorie ist der Aufsatz von Max Miller: **Ellbogenmentalität und kurze theoretische Apotheose** in der Zeitschrift Soziale Welt, Heft 1/1994, S. 5–15.
Erving Goffmans **Wir alle spielen Theater: Die Selbstdarstellung im Alltag** liegt in der 8. Auflage vor.
Zu Goffman – und den unter seinem Einfluss entstandenen Forschungsarbeiten – ist der Aufsatzsammelband **Erving Goffman – ein soziologischer Klassiker der zweiten Generation**, hrsg. von R. Hettlage und K. Lenz 1991 erschienen.

Frauen- und Geschlechterforschung | 2.4

Die theoretischen Richtungen, die in den beiden letzten Kapiteln behandelt worden sind – Systemtheorien und Handlungstheorien –, haben sich über einen langen Zeitraum entwickelt, jedenfalls fast über die gesamte Zeit seit der Entstehung der Soziologie. Seit dem späten 19. Jahrhundert sind diese beiden Positionen vorhanden gewesen, wenn auch noch nicht dezidiert als Richtungen ausgearbeitet. Es ist in den beiden vorangegangenen Kapiteln darauf hingewiesen worden, dass die Formulierung von Max Weber »Soziologie soll heißen: eine Wissenschaft, welche soziales Handeln deutend verstehen und dadurch in seinem Ablauf und seinen Wirkungen ursächlich erklären will« sowohl in die systemtheoretische als auch in die handlungstheoretische Perspektive münden kann.

Die Forschungsrichtung, die mit »Frauen- und Geschlechterforschung« überschrieben ist, ist dagegen relativ neu. Es gibt sie eigentlich erst seit den frühen 1970er Jahren. Das mag vielleicht überraschen, denn es ist bekannt, dass es eine Frauenbewegung mit ihren auf Gleichberechtigung von Mann und Frau drängenden Kräften seit der Aufklärung, d.h. seit dem späten 18. Jahrhundert gegeben hat. Wenn also in diesem Kapitel eine neue, innovative Richtung der Soziologie in ihren Grundzügen erklärt werden soll, dann ist es notwendig, die Vorgeschichte der Frauenbewegung kurz darzustellen.

Eine neue Forschungsrichtung

Kurzer Überblick über die Geschichte der Frauenbewegung | 2.4.1

»Die Frau ist frei geboren und bleibt dem Mann gleich in allen Rechten«. Diese These, die Olympe de Gouges 1791 während der Französischen Revolution formulierte, ist das Grundthema der Frauenbewegung seit jener Zeit. Olympe de Gouges hat sie jedoch nicht lange überlebt, sie wurde 1793 auf der Guillotine geköpft. Knapp zweihundert Jahre später ergab eine Studie der Zeitschrift Brigitte für das Jahr 1988 folgende Zahlen: 95 % voll erwerbstätig, 60 % nicht erwerbstätig. Die erste Zahl betrifft die Männer und die zweite Zahl betrifft die Frauen. Zwar gibt es den Satz von Olympe de Gouges in veränderter Form auch im Grundgesetz der Bundesrepublik Deutschland, aber es kann noch keine Rede davon sein, dass Frauen die gleichen Rechte haben wie Männer. Frauen sind nach wie vor gesellschaftlich benachteiligt und müssen für ihre Positionen kämpfen.

Das war seit der Aufklärung so, und das gilt auch für die bürgerliche Variante der Frauenbewegung um die Frauenrechtlerin Louise Otto-Peters, die ein humanistisch-aufklärerisches Konzept vertrat. Sie forderte im Zusammenhang mit den Freiheitsbewegungen des 19. Jahrhunderts auch Freiheit für Frauen. Gegen Ende des 19. bzw. im frühen 20. Jahrhundert gibt es dann eine sehr stark ausgeprägte marxistisch-sozialistische Richtung. Die proletarische Frauenbewegung, vertreten durch Frauen wie Clara Zetkin, hat von Anfang an für die Abschaffung der kapitalistischen Gesellschaftsordnung als Quelle der Unterdrückung der Menschheit und damit auch der Frauen gekämpft. In der gesamten marxistischen Debatte war die Frauenfrage immer eine sekundäre, ein so genannter Nebenwiderspruch. Völlige Emanzipation der Frauen ist für diesen Ansatz erst nach Erreichen einer veränderten Gesellschaftsordnung, also etwa mit der Diktatur des Proletariates oder wenigstens in einer sozialistischen Gesellschaft möglich.

Nach dem 1. Weltkrieg, nach dem Scheitern der kommunistischen Revolution 1918/19 und der Ermordung von Rosa Luxemburg und Karl Liebknecht gab es dann im wesentlichen nur die bürgerliche Frauenbewegung, die mit einem Gleichberechtigungskonzept für die Verbesserung der Lage der Frauen stritt. Vor allen Dingen der organisierten bürgerlichen Frauenbewegung geht es in den 1920er Jahren um eine bessere Schulbildung für Mädchen, insbesondere durch die Einführung von Realschulen für Mädchen. Helene Lange war eine Verfechterin dieses Konzeptes. Fast in jeder größeren Stadt gibt es eine Schule, die nach ihr benannt ist.

Höhere Schulbildung für Mädchen

Mit der Machtübernahme der Nationalsozialisten wurden die verschiedenen Frauenbewegungen zunächst gleichgeschaltet und – wenn sie das Mütterideal nicht in vollem Umfang auf ihre Fahnen geschrieben hatten – auch verboten. Mütterlichkeit, die Frau als Lebensborn der arischen Rasse, stand im Mittelpunkt der Ideologie des Dritten Reiches. So bekamen Frauen, die sechs Kinder zur Welt brachten, das Mutterkreuz in Gold.

2.4.2 | Die Zeit nach dem 2. Weltkrieg

Auswirkungen des 2. Weltkriegs

In der Zeit nach dem Zweiten Weltkrieg gab es vor allem in der Bundesrepublik Deutschland zwei verschiedene Phasen. Die erste Phase war davon geprägt, dass viele Ehemänner lange Zeit von zu Hause abwesend waren und erst im Krieg und dann in der Gefangen-

schaft gelitten hatten. Viele Eheleute, die während des Krieges
geheiratet hatten, waren nur wenige Tage zusammen gewesen und
kannten sich kaum. Die Rückkehr dieser Männer in die Familien
war mit großen Schwierigkeiten und Problemen verbunden.

Einerseits hatten sich die Frauen in bestimmter Weise eman-
zipiert, denn sie hatten zur Mutterrolle auch noch die des pater
familias übernehmen müssen, der für das materielle Wohl der Familie verantwortlich ist. Auch mussten sie bei den Aufräumar-
beiten und dem Wiederaufbau der Produktion einen Teil der Männer ersetzen, wie übrigens auch schon bei der Waffenproduktion
in den letzten Kriegsjahren. Die in der Literatur und in der Presse
gelegentlich thematisierten »Trümmerfrauen« waren jene Frauen,
die zu einem großen Teil nicht nur die Familien über Wasser
hielten, sondern auch halfen, die Wirtschaft wieder anzukurbeln.

Die »Trümmerfrauen«:
Zurück zu Heim und
Herd

Zweitens hatten sich die Menschen auch in ihrem Äußeren, d.h.
in ihrer physischen und psychischen Gesundheit verändert. Die
Kriegs- und Nachkriegsjahre waren an den Frauen nicht spurlos
vorübergegangen. Sie hatten wenig Muße und Geld für Körper-
pflege, die Männer waren in der Kriegsgefangenschaft über lange
Jahre durch Zwangsarbeit und schlechte Ernährung ausgemergelt.
Wer sich z.B. die Bilder der Kriegsgefangenen ansieht, die 1955
nach dem Besuch Konrad Adenauers in Moskau als letzte aus Russland zurückkamen, sieht dort ausgemergelte, scheinbar sehr alte
Männer, die doch alle noch keine vierzig, viele noch keine dreißig
Jahre alt waren.

Die aus dem Krieg bzw. aus der Kriegsgefangenschaft zurück-
gekehrten Männer konnten aus gesundheitlichen Gründen oft
nicht arbeiten. Sie fanden zunächst auch keinen Arbeitsplatz. Die
Belastungen in den Ehen waren groß. Erst gegen Mitte der 50er
Jahre, und damit beginnt dann die zweite Phase in der Bundesrepublik, begannen sich die Verhältnisse zu normalisieren. Es gab
wieder genügend Arbeitsplätze. Die Männer wurden wieder die
Alleinverdiener und nach und nach fanden die Familien zu den
alten, patriarchalischen Strukturen zurück: Der Vater ist berufstätig und verdient das Einkommen, die Ehefrau kümmert sich um
Küche und Kinder.

In dieser Zeit kommt es dann zu einem Wiederaufleben der
Gleichberechtigungsdebatten und zu ersten Ansätzen, das Postulat
des Grundgesetzes »Männer und Frauen sind gleich« zu realisieren.
So wurde etwa 1957 das Bürgerliche Gesetzbuch geändert. Bis dahin

hatten Ehefrauen nur die so genannte Schlüsselgewalt, d.h. sie konnten nur Geld ausgeben und Kleinstverträge abschließen, wenn es die Haushaltsführung betraf. Alle anderen Verträge konnte allein der Ehemann unterschreiben. Er entschied auch z.B. über die Berufswege oder die Schulausbildung, die die Kinder einschlagen sollten.

2.4.3 | Frauen in der »68er Bewegung«

Anfang der 1960er Jahre präsentiert sich die Gesellschaft der Bundesrepublik Deutschland dann als eine sehr wohlhabende, in der langsam all das nachgeholt wird, was die Kriegs- und Nachkriegsjahre den Menschen weggenommen und vorenthalten hatten. Aber dann kommt es zu dem, was heute die 68er-Bewegung heißt. Das war nun kein schlagartiges Ereignis, das von einem Jahr auf das andere auftrat, sondern es deutete sich schon über die ganzen 1960er Jahre hinweg an. Bereits in den 1950er Jahren gab es erste Ansätze, die sich später radikalisierten. Nach und nach wurden immer öfter die Grundlagen der bundesrepublikanischen Adenauer-Republik in Frage gestellt.

Die »Adenauer-Republik« wird in Frage gestellt

Schon in der ersten Hälfte der 60er Jahre gab es in Westdeutschland, besonders an den Universitäten, kritische Debatten über den Zustand der Gesellschaft, die sich vor allem am Vietnam-Krieg entzündeten. Aber auch die Rolle der Eltern, insbesondere der Väter, im Dritten Reich wurde aus Anlass der Auschwitz-Prozesse thematisiert. Die große Koalition und die dann entstehende Außerparlamentarische Opposition sind weitere Meilensteine auf dem Weg hin zu dem, was dann 1967/68 zu der so genannten »Studentenrevolte« führte, was im heutigen Jargon mit dem Kürzel »die 68er« genannt wird. Diese Phase des Umbruchs führte zu vielen Veränderungen und Reformen in der Gesellschaft und auf eine etwas indirekte Weise zur Innovation der Frauen-/Geschlechterforschung in der Soziologie.

Kritische Debatten in den 1960er Jahren

Trotz der langen Geschichte der Frauenbewegung hatten Frauen und insbesondere Frauenforschung und Frauenfragen zwar in der Gesellschaft eine bestimmte Rolle gespielt, jedoch nicht in den Wissenschaften und schon gar nicht an den Universitäten. Es gab zwar die Frage nach der Gleichberechtigung der Frauen, die insbesondere durch die steigende Anzahl von Studentinnen nach der Bildungsreform der frühen 1960er Jahre einen gewissen Ausgleich fand, aber es gab noch kein radikal-feministisches Konzept. An dieser Stelle muss dem Eindruck entgegengetreten werden, die Entwicklungen in den 1960er Jahren seien eine ausschließlich deutsche Angelegenheit gewesen. Es gab spezifisch deutsche Umstände (die Nachkriegszeit zum Beispiel), aber die Frage nach der Rolle der Frauen wurde in allen westlichen Demokratien gestellt und führte auch an Universitäten in diesen Ländern zu entsprechenden Konflikten und Konzepten. Die Gleichheitspostulate der Verfassungen ließen sich mit der erlebten Differenz nicht länger in Einklang bringen. Diese Problematik entstand zuerst und am konsequentesten in den Bürgerrechtsbewegungen in den USA, sprang aber bald nach Westeuropa über.

Ein internationaler Trend

Eine Initialzündung zu den weiteren Entwicklungen in Deutschland waren Konflikte in den Führungsgremien des Sozialistischen Deutschen Studentenbundes (SDS). Rudi Dutschke und die anderen Anführer des SDS waren der Öffentlichkeit sehr bekannt, aber im SDS arbeiteten auch Frauen mit. Diese Frauen begannen sich 1968 zu fragen, warum eigentlich immer nur die Männer redeten und nicht auch einmal die Frauen. Auf einem SDS-Kongress im November 1968 kam es dann zu einer Auseinandersetzung zwischen Männern und Frauen im SDS.

Warum eigentlich immer nur die Männer?

Es ist kein Zufall, dass der Konflikt in den Führungsgremien des SDS ausbrach, weil hier die Diskrepanz zwischen intellektuell-präziser Analyse des Gesamtzusammenhanges und dem konkreten Verhalten der im wesentlichen aus Männern bestehenden Führungskollektive die Problematik besonders deutlich werden ließ. Hier hat die feministische Frauenbewegung der 70er und 80er Jahre einen ihrer Anfänge. Zunächst bildete sich ein Aktionsrat zur Befreiung der Frauen innerhalb des SDS, der bei der Bundesdelegiertenkonferenz 1968 dann erstmals auftrat. Hier wurden an den Verhältnissen im SDS und an dem Verhalten der führenden Genossen gegenüber Frauen heftige Kritik geübt und vor allem auch darauf hingewiesen, dass die männlichen Führungsgremien trotz der von ihnen immer behaupteten Progressivität überhaupt nicht erkannt hatten, dass die Organisation der Frauen bereits einen Umfang erreicht hatte, der sie zu Jubelschreien verleitet hätte, wenn es sich um Arbeiter gehandelt hätte.

Diesem ersten Auftritt des Aktionsrates folgte dann die Gründung des so genannten Weiberrates, der bereits einen Monat später im November 1968 bei einer Bundesdelegiertenkonferenz in Hannover ein an aggressiver Kritik kaum noch zu überbietendes Flug-

Der »Weiberrat«: radikal-femministische Forderungen

blatt verteilte. Das Flugblatt bestand zum Teil aus einer zeichnerischen Darstellung abgehackter Genitalien, die wie Rehgehörne als Trophäen an der Wand hingen. Darunter eine Frau mit einem großen Beil als Scharfrichterin. Den einzelnen Genitalien waren die Namen der führenden SDS-Funktionäre zugeordnet. Der Text des Flugblattes, der unter dem Motto stand: »Befreit die sozialistischen Eminenzen von ihren bürgerlichen Schwänzen« beklagte die väterliche Betulichkeit und das sozialistische Schulterklopfen, wehrte sich vehement gegen die männliche Unterdrückung und stellte zum Schluss fest: Frauen sind anders.

Und unter diesem Motto ging die Entwicklung sehr schnell voran. Es wurde zum ersten Mal das Verhältnis von Privatleben und Gesellschaft analysiert. Es galt, die Unterdrückung im Privatleben nicht als private zu begreifen, sondern als politisch-ökonomisch bedingte. Hier ziehen nun die Frauen im SDS und sehr bald viele mehr die Konsequenzen aus dem, was sie bei Theodor W. Adorno, Max Horkheimer und Erich Fromm über Autorität und Familie gelesen hatten: dass es nämlich darauf ankommt, diesen Zusammenhang zu durchbrechen.

Die Aktion gegen den § 218

In den folgenden Jahren entstehen vielerlei Initiativen, wie die Kinderläden oder die Aktionen gegen den § 218. Von Anfang an bestand in der gesamten neuen Frauenbewegung allerdings eine große Skepsis gegenüber jeder traditionellen Organisationsform.

2.4.4 | Frauenforschung an den Universitäten

Erst zu dieser Zeit lässt sich überhaupt so etwas wie der Übergang der Frauenbewegung in Frauenforschung an den Universitäten feststellen. Es war nämlich so, dass auch die Analysen, die die Frauen im SDS und in anderen studentischen Organisationen führten, immer noch im wesentlichen außerhalb der Universitäten stattfanden. Erst danach wurden diese Themen in die Seminare getragen. Es werden Fragestellungen entwickelt und insbesondere die Forderung gestellt, es müsse untersucht werden, wie männlich die Wissenschaft sei.

Die »Frauenfrage« erreicht die Hochschulen

Wieso kommen Frauen eigentlich in der Wissenschaft nicht vor? – wurde gefragt –, wieso wird alles nur aus der männlichen Perspektive betrachtet? Und dies ist der eigentliche Ansatz für die Entwicklung dieses relativ neuen, und man muss auch hinzufügen: innovativen Teiles der Soziologie. Dort fängt er an, macht dann aber auch vor allen anderen universitären Disziplinen nicht halt, wenngleich Natur- und Ingenieurwissenschaften sich immer noch mit relativem Erfolg gegen frauenspezifische Fragen wehren. Erst als in den 1990er Jahren die Nachfrage nach Ingenieurstudienplätzen relativ stark abnahm, begannen die entsprechenden Fakultäten, sich für die Anwerbung von Frauen auch unter der Überschrift frauenspezifischer Studiengänge zu interessieren.

Damit beginnt in der Soziologie Anfang der 1970er Jahre ein neuer Abschnitt, der das weitere Thema dieses Kapitels ist. Es liegt mir sehr viel daran, deutlich zu machen, dass es für die Frauenbewegung zwar eine lange Vorgeschichte gibt, dass aber an den Universitäten diese Themen zum ersten Mal in den frühen 1970er Jahren behandelt werden. Vor allem die damals noch stark die soziologisch-universitäre Ausbildung dominierende Systemtheorie nach Talcott Parsons war ein besonders geeignetes Beispiel, um zu zeigen, welche Fragen notwendigerweise gestellt werden mussten. In dem Kapitel über die Systemtheorie ist erklärt worden, dass Parsons ein bestimmtes Modell der Gesellschaft unterstellt. Das galt auch für seine Schüler, die dieses Modell beispielsweise auf die Familie und klassische Strukturen der Familien übertrugen. In allen Arbeiten wurde die Notwendigkeit geschlechtlicher Arbeitsteilung in der Familie einfach unterstellt. Der Mann ist berufstätig und die Frau ist zuständig für die Erziehung der Kinder und die emotionale Versorgung der Familienmitglieder. Hier wurden mittelschichtsstereotype Eigenschaften einer geschlechtsspezifischen Arbeitsteilung festgeschrieben.

Ist die gesellschaftliche Arbeitsteilung vorgegeben?

Die doppelte Belastung der Frauen

2.4.5

Aus Sicht der ersten kapitalismuskritischen Untersuchungen ließ sich sehr schnell feststellen, dass diese Festschreibung nicht der Komplexität des weiblichen Lebenszusammenhanges entspricht, denn auch Frauen arbeiten. In diesem Zusammenhang wurde weiter gefragt, was eigentlich diese Doppelbelastung bedeutet. Ganz allgemein wurde festgestellt, dass die geschlechtliche Arbeitsteilung offensichtlich durchgängig in der bisherigen Geschichte der Menschen war, dass aber eben gerade sie eine spezielle Basis für den Kapitalismus ist. An diesem Punkt beginnt dann langsam das, was zunächst Frauenforschung und später dann feministische Soziologie genannt wird, wobei das eine schwerpunktmäßig auf

Die Komplexität weiblicher Lebenszusammenhänge wird zum Forschungsthema

das andere folgte, ohne dass man sagen kann, es habe das eine zu Anfang nicht gegeben und das andere sei heute verschwunden. Heute wird im wesentlichen von Geschlechterforschung gesprochen.

Das obige Beispiel aus der Systemtheorie zeigt im Übrigen, dass es eigentliche sinnvoll wäre, die Geschlechterperspektive in die einzelnen Ansätze einzuarbeiten. Dass dies nicht geschieht, sondern Frauen-/Geschlechterforschung als gesondertes Kapitel behandelt wird, hat einmal damit zu tun, dass dann die einzelnen Kapitel sehr komplex würden, andererseits aber auch, weil zumindest Wissenschaftlerinnen, die jüngere Ansätze der Geschlechterforschung vertreten, sogleich widersprechen würden, da sie, wie wir noch sehen werden, in der Geschlechterforschung eine gleichberechtigte Position neben System- und Handlungstheorien sehen.

Phasen feministischer Soziologie

Seither lassen sich drei aufeinander folgende Phasen der Entwicklung einer feministischen Soziologie beschreiben. Im ersten Abschnitt, der vor allem marxistisch orientiert war, wurde Regeneration und Reproduktion politisch-ökonomisch analysiert. In der darauf folgenden zweiten Phase wurde vor allem handlungstheoretisch argumentiert und die Frage nach der Entstehung der Geschlechterdichotomie gestellt, und schließlich in der dritten, noch andauernden Phase wird vor allem mit dem methodischen Mittel der Dekonstruktion bezweifelt, dass es nur zwei Geschlechter – Männer und Frauen – gibt.

2.4.6 | Marxistisch orientierte Ansätze

In diesem ersten Schritt zu einer eigenständigen Frauenforschung in der Soziologie, zu einer, wie es manche andere verstehen, feministischen Soziologie, wurden vor allem die marxistisch orientierten Ansätze von Maria Mies und der »Bielefelder Ansatz« von Ursula Beer und Veronika Bennholdt-Thomson diskutiert.

Noch einmal zurück zu Marx

Ausgangspunkt waren Analysen, die sich an der Abfolge der Gesellschaftsformationen bei Karl Marx (siehe Kapitel 1.1) orientierten. Schon in der ersten Formation der Jäger und Sammler ergab sich wegen der unterschiedlichen biologischen Ausstattung von Männern und Frauen eine geschlechtliche Arbeitsteilung. Frauen gebären mit ihrem Körper – Mies spricht in diesem Zusammenhang von primärer Arbeit –, Männer benötigen zur körperlichen Arbeit Hände, Kopf und Werkzeuge.

Diese einfache Arbeitsteilung mündet dann bald in ein Patriarchat, da die Männer ein Monopol auf Waffen haben zur Unterdrückung anderer Menschen und eben auch der Frauen. Die Abwesenheit von Männern (Raubzüge, Kriege, Entdeckungsreisen) ermöglicht den Frauen die Übernahme von Aufgaben der Männer. Die Vorstellung einer grundsätzlich wesensbedingten Unterschiedlichkeit existiert noch nicht. Die Produktionsweise wird als diejenige »im ganzen Haus« bezeichnet, d.h. Produktion und Reproduktion finden zumindest idealtypisch unter einem Dach statt.

Das ändert sich mit der Entstehung der bürgerlich-kapitalistischen Gesellschaft. Als im Merkantilismus und in der Zeit der Frühindustrialisierung erste Fabriken und damit außerhäusliche Produktionsstätten entstehen, muss der Mann zum Zweck der Lohnarbeit in Fabriken nach vorgegebenem Zeittakt arbeiten. Dieser Einschnitt hatte weitreichende Folgen, die im Übrigen in der Soziologie immer wieder thematisiert worden sind. In der Frauenforschung wird hierbei das Augenmerk vor allem auf die Tatsache gelenkt, dass nicht nur zwei Arbeitssphären mit unterschiedlichen Anforderungen entstehen – das wussten auch schon Karl Marx, Ferdinand Tönnies und Emile Durkheim –, sondern dass es jetzt zu einer Aufteilung in die außerhäusliche Lohnarbeit des Mannes und die unbezahlte Reproduktion(sarbeit) der Frau im Haus kommt. Hieraus entwickelt sich nach und nach die ideologische Vorstellung einer fundamentalen Unterschiedlichkeit. Es geht nicht mehr nur um graduelle biologische und anatomische Differenzen, sondern es geht darum, dass Frauen grundsätzlich dem Manne nachgeordnet sind.

Dabei werden vor allem im 19. Jahrhundert die männlichen Lebensbereiche (Lohn-, Erwerbsarbeit) zunehmende höher bewertet, und es kommt zu dichotomisch ausgeprägten Begriffshierarchien zwischen männlichen und weiblichen Eigenschaften und Lebensbereichen.

Die Bedeutung
der Fabrikarbeit

Zuschreibung geschlechtsspezifischer Eigenschaften	
Männlich	Weiblich
Produktion	Reproduktion
Öffentlichkeit	Privatheit
Kultur	Natur
Geist	Körper
Rationalität	Emotionalität

Trennung von Arbeit
und Haushalt

Solange die Trennung der Bereiche Arbeit und Haushalt besteht, bezeichnen die Forscherinnen dies als einfachen oder auch ständischen Patriarchalismus. In der zweiten Hälfte des 19. Jahrhunderts sind Frauen zunehmend gezwungen, durch eigene Lohnarbeit zum Lebensunterhalt ihrer Familien beizutragen, ohne dass sie entsprechende Rechte der Männer erhalten. Dies wird als doppelter Sekundärpatriarchalismus bezeichnet. Ausdruck findet dies auch in rechtlichen Vorschriften. So sah das Bürgerliche Gesetzbuch (BGB) von 1900 vor, dass nur der Ehemann über die Einkünfte der Familie verfügen durfte. Dieser Passus wurde erst 1957 geändert.

Definition

**Phasen der
Unterdrückung**

▶ **1. Phase:**
Einfacher, ständischer Primärpatriarchalismus
Der Mann arbeitet; die Frau versorgt das Haus
2. Phase:
Doppelter Sekundärpatriarchalismus
(Räumliche)Trennung von Berufsarbeit und Privatleben durch Marktökonomie
Doppelte Vergesellschaftung von Frauen durch Erwerbsarbeit und unbezahlte Hausarbeit (Reproduktionsarbeit)
Emotionalisierung der Hausarbeit (Frauen sind liebevoll und fürsorglich)
Festschreibung biologischer Geschlechtscharaktere

2.4.7 | Die doppelte Vergesellschaftung der Frau

Frauen sind immer
(noch) doppelt belastet

Die Frau, so war die Schlussfolgerung, ist doppelt vergesellschaftet. Einmal durch die Existenz im Kapitalismus und zum zweiten durch das Geschlechterverhältnis. Aus dieser grundsätzlichen Benachteiligung ergeben sich dann die bekannten Merkmale, die bis heute die Situation vieler Frauen kennzeichnet. Dies drückt sich vor allem im System der Beschäftigung aus. Frauen finden nur in bestimmten, ihren vermuteten Eigenschaften (s.o.) entsprechenden Segmenten eine Arbeit, sie haben geringere Aufstiegschancen als Männer, dafür aber ein höheres Risiko, arbeitslos zu werden.

Bei der Frage, wie die Folgen des beschriebenen historischen Prozesses von der Trennung der Sphären der außerhäuslichen Erwerbsarbeit und der unbezahlten Hausarbeit hin zu den ideologischen, hierarchisch beschriebenen Unterschieden zwischen Mann und Frau führen, orientierten sich die Vertreterinnen der marxistisch orientierten Ansätze an den Strukturen der internationalen Arbeitsteilung. So etwa an den Analysen des Nordamerikaners Immanuel Wallerstein, der festgestellt hatte, dass in der kapitalistischen Weltwirtschaft alle Staaten durch ein einziges System internationaler Arbeitsteilung ökonomisch und strukturell verflochten sind.

So wie der Kapitalismus ein Weltstrukturmerkmal ist, so ist, folgerten die Frauenforscherinnen der ersten Phase, die Unterdrückung der Frau ein Merkmal des Kapitalismus. Im großen Weltmaßstab und im kleinen der Familie ist eine asymmetrische Arbeitsteilung das vorherrschende Muster. Die Länder der Dritten Welt wurden und werden kolonisiert, Frauen »hausfrauisiert«. Der kleine, weiße, ausgebeutete Mann erhielt im Zuge des oben beschriebenen historischen Prozesses seine eigene kleine Kolonie: die domestizierte Hausfrau und Familie.

Die Familie ist die Kolonie des kleinen weißen Mannes

Definition

Internationale und geschlechtliche Arbeitsteilung

▶ In der kapitalistischen Weltwirtschaft sind alle Staaten durch ein einziges System internationaler Arbeitsteilung ökonomisch und strukturell aneinander gekoppelt.
Geschlechtlich-asymmetrische Arbeitsteilung ist das vorherrschende Muster und ein strukturelles Prinzip, mit dem sowohl Völker kolonisiert als auch Frauen hausfrauisiert werden.
Der kleine weiße Mann erhielt im Zuge kapitalistischer Expansion ebenfalls seine Kolonie, nämlich die domestizierte Hausfrau.

Aus dieser Verknüpfung von internationaler und geschlechtlicher Arbeitsteilung entstand schließlich das Gegenmodell einer ökologisch-feministischen Gesellschaft, in der Arbeitsteilung und Patriarchat abgeschafft sind. Wissenschaft muss praxisbezogen sein, so die These, sie muss Partei ergreifen für eine friedliche, ökologische Welt, in der die Frauen nicht länger unterdrückt werden. Das war im Übrigen eine der Wurzeln der Partei »Die Grünen«, jedenfalls in ihrer Anfangszeit, in der fundamentalistische Positionen vorherrschten.

Feminismus und »Die Grünen«

2.4.8 | Ein Perspektivenwechsel

Gegen Ende der 1970er Jahre veränderte sich die zentrale Frage der Frauenforschung. Die erste Phase hatte die in den 1970er Jahren wieder entdeckte marxistische Theorie zu gesamtgesellschaftlichen Analysen vorwiegend ökonomischer Prozesse genutzt. Das war ein notwendiger erster Schritt, um die Vorstellung einer »natürlichen« Differenz von Männern und Frauen zu problematisieren. Nach einigen Jahren traten die marxistischen Studien zur Geschlechterdifferenz in den Hintergrund. Dies aus zwei Gründen:

Erstens nahm die Faszination, die die Wiederentdeckung der marxistischen Theorie einige Jahre in der soziologischen Welt entfacht hatte, langsam wieder ab, ohne dass ihr notwendiger Anteil an gesamtgesellschaftlichen Studien vergessen wurde. Aber es wurde doch in der Breite der soziologischen Forschung, und von der zeitweiligen Konjunktur der marxistischen Studien war kein Teilbereich ausgespart worden, relativ schnell deutlich, dass eine Konzentration allein auf ökonomische Faktoren nicht ausreicht.

Zweitens gab es aber auch speziell in der Frauenforschung deutlichen Widerspruch. In der ersten Phase waren die »natürlichen« Unterschiede, eine unterschiedliche biologische Ausstattung von Männern und Frauen gleichsam unterstellt worden. Gegen diese Vorstellung erhob sich vor allem aus handlungstheoretischer Perspektive Widerspruch. Wie kommt es eigentlich zu einer solchen Vorstellung? – wurde gefragt und auch, wieso es im Verlauf der Sozialisation immer wieder zu ähnlichen Ergebnissen kommt. Am Ende gibt es nämlich Männer und Frauen. Die klassische Sozialisationsforschung, auch die handlungstheoretisch orientierte, hatte diese Frage bis dahin nicht gestellt, sondern das in der systemtheoretischen Familiensoziologie unterstellte Modell der Kernfamilie (Vater, Mutter, Sohn, Tochter) eher kritiklos übernommen.

Was unterscheidet Frauen und Männer?

Definition

Von der Makrobetrachtung zur feministischen Mikrotheorie

▶ **MAKRO:**
Gesamtgesellschaftliche Analyse vorwiegend ökonomischer Prozesse und deren institutionelle Absicherung
MIKRO:
Untersuchung der alltäglichen Bedingungen von Geschlechterverhältnissen:
Wie werden Frauen und Männer als solche erkannt?
Wie nehmen Frauen und Männer sich selber wahr?
Welche Voraussetzungen haben Geschlechtszuschreibungen?

Die Konstruktion der Wirklichkeit, die das interpretative Programm (siehe Kapitel 2.3) nachvollzieht, wurde nun auf die Untersuchung der alltäglichen Bedingungen von Geschlechtlichkeit angewendet und vor allem die Zuschreibung und Übernahme von Geschlechterrollen minutiös untersucht. Einer breiteren Öffentlichkeit ist dieser gedankliche Ansatz durch das Bestseller-Taschenbuch von Ursula Scheu »Wir werden nicht als Mädchen geboren, wir werden dazu gemacht« bekannt geworden. Von diesem ersten Schritt aus wurde dann weiter gefragt, welche Bedeutung bipolare Geschlechtszugehörigkeiten für unser alltägliches Handeln haben. Grundlage jeder Handlung ist, dass Bedeutungen im Interaktionsprozess bekannt sind oder erkannt werden können. Jedenfalls ist dies die Voraussetzung jeder Art des Verstehens. Die Frauenforschung dieser zweiten Forschungsphase hat gezeigt, dass soziale Interaktionen erst in Gang kommen können, wenn die Beteiligten wissen, wen sie vor sich haben, also eine Frau oder einen Mann, was die Verpflichtung einschließt, entweder Mann oder Frau zu sein.

Das macht immer erneute Anpassungsleistungen notwendig. Entsprechende Studien haben gezeigt, dass dabei für die Identifikation eines Mannes oder einer Frau im Vergleich zu körperlichen Geschlechtsmerkmalen eher »weibliche« und »männliche« Verhaltensweisen wichtig sind, die durch das soziale Umfeld entstehen. Deshalb wurde anstelle des Begriffs Geschlecht von gender gesprochen. Mit diesem Begriff soll der Tatsache, dass Geschlechtlichkeit eine soziale Konstruktion ist, Rechnung getragen werden. Die immer erneute Anpassung im alltäglichen Interaktionsprozess wurde als »doing gender« verstanden. Dieser prozessorientierte Begriff bestimmte für einige Jahre die Forschungslandschaft.

Die Entstehung von Geschlechtlichkeit

Aus zwei Geschlechtern werden viele

2.4.9

Eine Hamburger Kollegin beginnt ihre Übersichtsvorlesung zur Entwicklung der Frauen-/Geschlechterforschung mit der Anrede »Meine Herren und Damen«, was noch als relativ normal gilt, und endet dann aber mit »Auf Wiedersehen, ihr Geschlechter«. Hierin drückt sich ein erneuter Perspektivenwechsel aus, der die aktuellen Debatten bestimmt. Nachdem die Möglichkeiten der handlungstheoretischen Forschungsrichtung ausgereizt waren, wurde erneut nach der Berechtigung der Annahme bipolarer Geschlechtlichkeit gefragt, die auch noch dem gender-Ansatz zugrunde lag.

Wie viele Geschlechter gibt es eigentlich?

Zentrale Erkenntnis war nun, dass Machtbeziehungen zwischen den Geschlechtern nicht nur das Verhältnis von Männern und Frauen bestimmen, sondern eine heterosexuelle Matrix – wie Judith Butler es nennt – die Normen des Zusammenlebens regelt. Einzelne Studien zum Gefühlshaushalt von Frauen und Männern, zu Homosexualität und transsexuellen Lebensbedingungen legten die Einsicht nahe, dass es nicht zwei, sondern wahrscheinlich viele Geschlechter gibt, und dass in jeder Person weibliche und männliche Elemente zu unterschiedlichen Teilen vorhanden sind.

Definition

Geschlecht als soziale Konstruktion

▶ 1. Bipolare Geschlechtszugehörigkeit ist für alltägliches Handeln omnirelevant. Die meisten sozialen Interaktionen kommen erst dann in Gang, wenn wir wissen, wen wir vor uns haben. (Verpflichtung, entweder Mann oder Frau zu sein)
2. Gesellschaftlicher Konsens über dichotome Geschlechtlichkeit führt zu Anpassungsleistungen (Transsexuellen-Studie).
3. Wichtiger für die Geschlechtsidentifikation sind im Vergleich zu körperlichen Genitalien »weibliche« und »männliche« Verhaltensweisen (= kulturelle Genitalien).
4. Geschlecht wird im alltäglichen Interaktionsprozess permanent hergestellt (doing gender).
Fazit: Geschlechtlichkeit ist eine soziale Konstruktion und kann nicht simpel auf biologische Unterschiede zurückgeführt werden.

Diese Einsicht führte folgerichtig zu ideologiekritischen Ansätzen, wie sie z.B. von Sandra Harding formuliert wurden: »Aber als nächstes ist es genauso notwendig, von der Konzentration feministischen Denkens und feministischer Politik auf weiße, ökonomisch abgesicherte, heterosexuelle, westliche Feministinnen wegzukommen. Deren Bedürfnisse, Interessen, Wünsche und Visionen sollten nicht länger als Maßstab für feministische Visionen des Menschlichen gesetzt werden und so viel Aufmerksamkeit in der feministischen Literatur genießen. ... Die Geschlechterbeziehungen in einer bestimmten Gruppe sind darüber hinaus nicht nur von den Frauen und Männern in dieser Gruppe geprägt, sondern auch davon, wie Frauen und Männer in benachbarten Rassen, Klassen und Kulturen definiert werden.« (Sandra Harding: Das Geschlecht des Wissens. Frauen denken die Wissenschaft neu. Frankfurt/M. – New York 1994, S. 25 f.)

Nach gut zwanzig Jahren war nun aus der Frauenforschung Geschlechterforschung geworden. In vielfältigen Studien werden z.Zt. multiple Identitäten und Gefühlsnormen untersucht Und dabei ist die Bipolarität Frau – Mann nicht länger der unreflektierte Ausgangspunkt. Forschungsgegenstand sind die verschiedenen Dimensionen der Machtbeziehungen, die Verflechtungen von kulturellen Leitbildern und Diskursen, das jeweilige soziale Geschlecht als Teil gesellschaftlicher Machtpraktiken, die sozial symbolisch und körperlich mit der Existenz der Geschlechter verbunden sind.

Diese Perspektive hat sich als sehr innovativ erwiesen nicht nur für den engen Bereich der Geschlechterforschung, sondern für die soziologische Forschung allgemein. Elisabeth Beck-Gernsheim, die seit Mitte der 1970er Jahre zur Frauen- und dann zur Geschlechterforschung viele Bücher und Aufsätze geschrieben hat, publizierte im Jahr 2000 das Buch »Juden, Deutsche und andere Erinnerungslandschaften«, in dem sie zeigt, wie in globalen, postnationalen Gesellschaften (siehe hierzu auch Kapitel 3.2) die Menschen gezwungen sind, ihre nationalen und kulturellen Identitäten neu zu formulieren. Menschen sind in diesem Ansatz nicht mehr, was sie sind, sondern was der andere nicht ist, und dem anderen geht es ebenso.

Beck-Gernsheim zeigt, wie »normale« Menschen im alltäglichen Leben ständig mit Umdefinitionen, Neukonstruktionen, Erfindungen und Neuerfindungen beschäftigt sind. Nationale, kulturelle und ethnische Identitäten erweisen sich so als gesellschaftlich bedingte Konstruktionen. Das heißt nicht, dass sie unnütz oder unwirksam sind, sondern nur, dass die naive Annahme einer Identität als Deutscher, Jude, Mann oder Frau der Soziologie den Blick verstellt für die Mechanismen politischer, kultureller und sozialer Auseinandersetzungen.

Lernkontrollfragen

Was wird unter doppeltem Sekundärpatriarchalismus verstanden? 1
Wie unterscheiden sich sex und gender? 2
Welche Argumente können gegen die Annahme bipolarer Geschlechtlichkeit vorgebracht werden? 3

Die internationale Entwicklung behandelt Ilona Ostner in ihrem Aufsatz: **Soziale Ungleichheit, Resssentiment und Frauenbewegung. Eine unendliche Geschichte** im Sonderheft 38/1998 der Kölner Zeitschrift für Soziologie und Sozialpsychologie zum Thema: Die Diagnosefähigkeit der Soziologie (herausgegeben von J. Friedrichs et al.) Opladen/Wiesbaden 1998, S. 383-403. Der ersten Phase der Frauen-/ Geschlechterforschung sind noch am ehesten Publikationen zuzu-ordnen. Hier seien drei Bücher genannt:

Beck-Gernsheim, Elisabeth: **Der geschlechtsspezifische Arbeitsmarkt**. Frankfurt/Main 1976.
Beer, Ursula (Hrsg.): **Klasse Geschlecht. Feministische Gesellschaftsanalyse und Wissenschafts-kritik**. Bielefeld 1987.
Mies, Maria: Patriarchat und Kapital. **Frauen in der internationalen Arbeitsteilung**. 2. Auflage Fulda/Basel 1989.

Für die zweite, die mikro- und handlungstheoretische Perspektive sei hingewiesen auf den Ansatz von Regine Gildemeister: **Die soziale Konstruktion von Geschlechtlichkeit**, der in dem Sammelband von Ostner, Ilona, und Lichtblau, Klaus (Hrsg.): **Feministische Vernunftkritik: Ansätze und Tradition**. Frankfurt/Main – New York 1992 erschienen ist.

Zum Übergang von der zweiten zur dritten Phase finden sich eine Reihe interessanter Aufsätze in Klein, Gabriele, und Liebsch, Katharina (Hrsg.): **Zivilisierung des weiblichen Ich**. Frankfurt/ Main 1997.

Einen guten Überblick über die Debatten zur aktuellsten Phase der Frauen-/Geschlechter-forschung findet sich in dem Sammelband Bublitz, Hannelore (Hrsg.): **Das Geschlecht der Moderne. Genealogie der Geschlechterdifferenz**. Frankfurt/Main 1998 sowie bei Paula-Irene Villa: **Sexy Bodies. Eine soziologische Reise durch den Geschlechtskörper**. Opladen 2001. Von derselben Autorin liegt inzwischen auch eine lesenswerte Einführung in das Werk von Judith Butler, einer Kultfigur des aktuellen Feminismus, vor: Judith Butler, Frankfurt/Main 2003.

2.5 | Die Zusammenführung von System- und Handlungstheorie

2.5.1 | Norbert Elias: Soziale Prozesse und Figurationen

1. Adorno-Preis 1977

Als die Stadt Frankfurt am Main 1977 zum ersten Mal den Theodor-W.-Adorno-Preis vergab, hieß der Preisträger Norbert Elias. Das war auf den ersten Blick eine Überraschung, denn der so Geehrte ge-hörte keineswegs zur Frankfurter Schule. Aber schnell stellte sich heraus, dass mit Norbert Elias ein Wissenschaftler ausgezeichnet wurde, der – wie der Kreis um Adorno und Horkheimer seit den 1920er Jahren – an der Frage gearbeitet hat, wie die Entstehung der Moderne zu erklären sei, wie die langfristigen Veränderungen im Hinblick auf zukünftige Entwicklungen einzuschätzen seien und ob und wie man den sozialen und psychischen Zwängen der Moderne in eine bessere Zukunft entkommen könne.

Biographisches

Geboren am 22.6.1897 in Breslau, als einziges Kind jüdischer Eltern, studiert Elias nach dem 1. Weltkrieg zunächst Medizin, wechselt dann zur Philosophie und promoviert bei dem Neukantianer
Hönigswald 1924 mit der Dissertationsschrift »Idee und Individuum. Eine kritische Untersuchung zum Problem der Geschichte«.
Ab 1925 lebt er in Heidelberg, wo er zeitweise gemeinsam mit
Talcott Parsons (siehe Kapitel 2.1) Alfred Webers kultursoziologi-
sche Seminare besucht. Und er arbeitet mit dem etwa gleichaltri-
gen Karl Mannheim zusammen. Als dieser 1930 den Lehrstuhl für **Von der Philosophie**
Soziologie in Frankfurt übernimmt, wird Elias sein Assistent. Das **zur Soziologie**
Institut für Soziologie ist im Haus des »Instituts für Sozialforschung« untergebracht, dessen Direktor Max Horkheimer gerade
geworden war. Elias schreibt bei Mannheim seine Habilitationsschrift »Der höfische Mensch«, die erst 1969 in einer überarbeiteten
Form als »Die höfische Gesellschaft. Untersuchungen zur Sozio- **Untersuchungen**
logie des Königtums und der höfischen Aristokratie« erscheint. Das **zum höfischen Leben**
Verfahren der Habilitation, damals wie heute die wichtigste Qualifikation für deutsche Akademiker, die an der Universität unterrichten wollen, kann Elias nicht zum Abschluss bringen: Nach der
Machtergreifung am 30.1.1933 muss Elias – wie viele seiner
sozialwissenschaftlichen Kollegen – vor den Nazis ins Exil flüchten.
Er geht zunächst nach Paris, dann im Herbst 1935 nach England.

In den folgenden zwei Jahren schreibt er im traditionsreichen
Lesesaal des Britischen Museums sein klassisches Werk »Über den **Ein Klassiker**
Prozess der Zivilisation«. Ein Exilverlag in der Schweiz druckt 1939 **entsteht im Exil**
eine kleine Auflage des Buches, das allerdings lange Zeit sowohl in
der angelsächsischen Welt, da auf deutsch geschrieben, als auch
auf dem europäischen Kontinent, da von einem deutschen Juden
geschrieben, nur wenigen bekannt wird.

Elias erhält dann nach bitteren Jahren des Exils schließlich 1954
– als 57jähriger – eine Dozentenstelle am neugegründeten Department of Sociology der University of Leicester, wo er bis 1962
unterrichtet. Viele der heutigen britischen Soziologieprofessoren
haben in jener Zeit bei ihm studiert, u.a. Martin Albrow, Eric
Dunning und Anthony Giddens. Nach einem zweijährigen Gastauf-
enthalt an der Universität von Ghana kehrt Elias 1965 das erste
Mal seit seiner Flucht nach Deutschland zurück: als Gastprofessor
an die Universität Münster.

Aber auch zu dem damaligen Zeitpunkt ist »Über den Prozess der Zivilisation« weitgehend unbekannt, ein Geheimtipp unter Kennern. Auch eine zweite Auflage 1969 ändert daran nichts. Das liegt nicht nur an dem prohibitiv hohen Preis der Leinenausgabe, sondern vor allem daran, dass der Zeitpunkt sehr ungünstig ist. In Westdeutschland sind die Sozialwissenschaften – und nicht nur sie – zu dieser Zeit mit einer intensiven Marx-Rezeption beschäftigt. Erst als sich die Erklärungskraft der historisch-materialistischen Analysen als weit geringer erweist als in der ersten Euphorie geglaubt, kann »Der Prozess der Zivilisation« ins Blickfeld und in das Bewusstsein der Sozialwissenschaftler rücken. Als 1976 eine Taschenbuchausgabe erscheint, werden binnen weniger Monate über 20.000 Exemplare verkauft. Der Verkaufserfolg des Buches hält bis heute an und hat sich in den mehr als zwanzig Sprachen, in die das Buch mittlerweile übersetzt worden ist, fortgesetzt. In den Sozialwissenschaften ist es der Bestseller überhaupt. Inzwischen liegt seit 1993 als Band 3 der Gesammelten Schriften eine kritisch durchgesehene Ausgabe vor.

Das Œuvre von Elias ist weit gespannt: von wissenssoziologischen Themen zu Fragen der Weltgesellschaft, von Analysen der deutschen Katastrophen zu kunstsoziologischen Schriften, von Untersuchungen der Gesellschaft am Hofe Ludwig XIV. bis zu urban studies. Aber die Kernthesen all dieser Arbeiten hat er in den 1930er Jahren in »Über den Prozess der Zivilisation« entwickelt.

Wichtigste Veröffentlichungen		
1937	Über den Prozess der Zivilisation, 2 Bände (Neuauflage 1997)	
1969	Die höfische Gesellschaft (Neuauflage 2002)	
1983	Engagement und Distanzierung	
1987	Die Gesellschaft der Individuen (Neuauflage 2001)	
1989	Studien über die Deutschen	
1990	Etablierte und Außenseiter (englische Erstausgabe 1963) (Neuauflage 2002)	

2.5.3 | Psychogenese

Der erste Band von »Über den Prozess der Zivilisation« beschäftigt sich im Wesentlichen mit dem empirischen Material von Manieren-Büchern. Es gibt z.B. ein Kapitel über den Gebrauch der Gabel

beim Essen. Elias geht der Frage nach, warum es uns heute un-
zivilisiert, unerzogen, barbarisch und kannibalisch erschiene,
wenn wir am Tisch sitzen und die Spaghetti mit den Fingern aus
dem Topf herausnehmen, aufrollen und dann essen würden.

»Die Gabel«, so schreibt Elias, »ist nichts anderes als die Inkarna-
tion eines bestimmten Affekt- und Peinlichkeitsstandards. Als Hintergrund der Wandlung, die sich in der Esstechnik vom Mittelalter
zur Neuzeit hin vollzieht, taucht immer wieder die gleiche Erschei-
nung auf, die auch in der Analyse anderer Inkarnate dieser Art zu-
tage trat: eine Wandlung des Trieb- und Affekthaushaltes.« (I, 171)

Der langfristige Prozess von der öffentlichen Kontrolle hin zur
Selbstkontrolle ist auch als Prozess der Umwandlung von Fremdzwängen zu Selbstzwängen zu verstehen. Elias fasst zusammen:
»Auf diese Weise vollzieht sich also der geschichtlich-gesellschaft-
liche Prozess von Jahrhunderten, in dessen Verlauf der Standard der
Scham- und Peinlichkeitsgefühle langsam vorrückt, in dem einzelnen Menschen in abgekürzter Form von neuem. Wenn man darauf
aus wäre, wiederkehrende Prozesse als Gesetz auszudrücken, könnte
man in Parallele zu dem biogenetischen von einem soziogenetischen und psychogenetischen Grundgesetz sprechen.« (I, 174)

Aus dem vorstehenden Zitat wird eine der Grundregeln deutlich, nach denen Elias vorgeht. Gesellschaftliche Regelungen und
individuelle Handlungsweisen, ihre Inhalte und Formen sowie
deren Veränderungen lassen sich nur dann adäquat untersuchen
und verstehen, wenn die Langfristigkeit des »geschichtlich-gesell-
schaftlichen Prozesses von Jahrhunderten« zentral wird. Dabei
handelt es sich nicht lediglich um eine methodische Grundregel,
denn das würde die Einsicht in die Notwendigkeit der Untersuchung langfristiger gesellschaftlicher Veränderungen fälschli-
cherweise auf nur einen, sicherlich vorhandenen, Aspekt begren-
zen. Es ist die Feststellung eines empirischen Sachverhaltes und
gleichzeitig auch eine theoretische Aussage.

Die Veränderung des menschlichen Verhaltens der Empfindungen und Affekte wird als ein Teil des Prozesses der Zivilisation verstanden. Zivilisation ist somit zunächst die langfristige Umwandlung der Außenzwängen in Innenzwänge. Das Interessante an dieser Theorie ist, dass Elias diese psychogenetischen Veränderungen
in Beziehung setzt zu den soziogenetischen Veränderungen, insbesondere zu dem Staatenbildungsprozess in Europa.

Von der Fremd-
zur Selbstkontrolle

Im Mittelpunkt:
langfristige Prozesse

Dass man langfristige Entwicklungen in allgemeine Prozessmodelle zusammenfassen kann, ist eine in der Soziologie durchaus nicht immer geteilte Position. Gleiches gilt für die darin enthaltene Feststellung, dass Veränderungen der Gesellschaft das Normale sind und nicht etwa Abweichungen von der gesellschaftlichen Norm darstellen, wie es strukturfunktionale Theorien des sozialen Wandels behaupten. Nicht ohne Ironie und Ärger schreibt Elias in der Einleitung der zweiten Auflage von 1969, dass die Soziologie sich den Irrweg der nordamerikanischen Systemtheorie strukturfunktionaler Ausprägung hätte ersparen können, wenn man seine Ausführungen aus den 1930er Jahren rechtzeitig zur Kenntnis genommen hätte.

Veränderungen in Gesellschaften sind normal

Die Veränderung des menschlichen Verhaltens, der Empfindungen und Affekte wird von Elias als ein Teil des Prozesses der Zivilisation dargestellt. Es ist ein Prozess, der nicht nach einem rationalen Plan zielgerichtet verläuft. Dessen bisherige Struktur und Richtung kann aber erforscht, dargestellt und für die Analyse und Diagnose gegenwärtiger und die Prognose zukünftiger Phasen der gesellschaftlichen Entwicklung genutzt werden.

Definition

Empirisch-theoretische Vorgehensweise

▶ Betrachtung des langfristigen Zivilisationsprozesses als ungeplanter, unendlicher und offener Prozess, in dessen Verlauf FREMDZWÄNGE ZU SELBSTZWÄNGEN werden.
SELBSTZWANG = Standard an SCHAM- UND PEINLICHKEITSGEFÜHLEN
Quellen: Etikettebücher, Manierenschriften, Bilddokumente, literarische Erzeugnisse der feudalen französischen Gesellschaft der frühen Neuzeit und des Absolutismus.

Der Prozess der Zivilisation orientiert sich also nicht an einem festgelegten, statischen Zivilisationsbegriff. Er ist, um an Max Webers Forschungsmethode anzuknüpfen, kein Idealtypus. Elias beschreibt Zivilisation vielmehr mit der prozesshaften Ausbildung individueller Selbstregulierung trieb- und affektbedingter Verhaltensimpulse. Nicht die Zivilisation ist das eigentlich fest Bestehende, sondern der sich verändernde Zwang zum Selbstzwang und das Erlernen individueller Selbstregulierungen im Zusammenleben mit anderen Menschen.

Die Aufdeckung dieses Prozesses und das Modell langfristiger Veränderung der Affekte und Triebe wäre allein schon eine Pioniertat gewesen und müsste als große und innovative Leistung in der Geschichte der Soziologie eingestuft werden. Es wird deutlich, dass bei aller Bedeutung des dargestellten Modells des Zivilisationsprozesses die eigentliche Leistung von Elias darin besteht, dass er mit seiner Prozesstheorie die langfristigen Verhaltensänderungen der einzelnen Menschen in Beziehung zu den langfristigen Veränderungen der Gesellschaft bringt.

Verknüpfung von individuellem und gesellschaftlichem Handeln

Dabei reicht schon der Begriff »Beziehung« nicht aus, um den von Elias dargestellten Tatbestand angemessen zu bezeichnen. Vielmehr müsste man, um genauer zu formulieren, von einer Verflechtung, einer Figuration sprechen. Das Wort Beziehung verleitet nämlich dazu, voreilig einseitige Bezüge zu vermuten, hierarchische oder zeitliche Abfolgen im Sinne von »erstens – zweitens« oder »wichtig – weniger wichtig« zu unterstellen. Es ist jedoch so, dass die Veränderungen der Verhaltensstandards der einzelnen Menschen mit bestimmten Veränderungen im Aufbau der Menschengesellschaft verflochten sind – und umgekehrt. Dies macht den einen Teil des zweiten Bandes von »Über den Prozess der Zivilisation« aus, in dem die Soziogenese von stabilen Zentralorganen in Form von Gewalt- und Steuermonopolen dargestellt und erörtert wird.

Soziogenese

2.5.4

Bei der Entstehung von stabilen Zentralorganen handelt es sich um einen Prozess der sozioökonomischen Funktionsteilung und der Staatenbildung, den man auch mit den Begriffen »Konkurrenz« und »Interdependenz« kennzeichnen könnte. Die Entwicklung der mittelalterlichen Feudalgesellschaft zu den europäischen absolutistischen Staaten ist ein Ausschnitt aus dem langfristig strukturierten, ungeplanten Prozess der Zivilisation. Wenn Elias bei seiner Analyse der abendländischen Staatenbildung bei den mitteleuropäischen Feudalgesellschaften des frühen Mittelalters beginnt, darf man dies nicht so verstehen, als sei dies der Anfang der Entwicklung, gewissermaßen der Nullpunkt. Auch dieser Entwicklungsschritt hat Vorläufer: es fällt deshalb schwer, einen Anfang festzulegen.

Die frühe Phase der Entwicklung ist gegenüber späteren europäischen Entwicklungsphasen durch die Dominanz der Naturalwirtschaft, den geringen Grad des Geldgebrauchs, der Handelsver-

flechtungen, der Arbeitsteilung, einen geringen Grad der Staatsbildung und der Pazifizierung bestimmt, wobei Letztere vor allem
auf den geringen Grad der Monopolisierung von psychischer Gewalt und ein entsprechend hohes Maß an körperlicher Bedrohung
und beständiger Unsicherheit des Einzelnen zurückzuführen ist. In
dieser historischen Situation ist der König oder ein ihm vergleichbarer Zentralherr, entsprechend seiner eingeschränkten militärischen
und ökonomischen Stärke, den Territorialherren nicht überlegen.

Wer ständig bedroht ist, kann nicht langfristig planen; wer ständig kämpfen muss, für den ist eine Zivilisierung der Angriffslust
gefährlich oder sogar tödlich. In dieser Phase der Entwicklung
bestimmen Fremdzwänge das Leben der Menschen. Aber gerade
aus der Verpflichtung zum Kampf, aus der Konkurrenz mit anderen, ergibt sich eine Dynamik der Entwicklung, die von den einzelnen Beteiligten nicht planvoll gesteuert werden kann, sondern in
die sie eingebunden, mit der sie verflochten sind. Die Entwicklungsdynamik, die der Konkurrenzsituation eigen ist, kann nur
deshalb ihre langfristige Wirkung erzielen, weil die beteiligten
Menschen interdependent sind. Sie können nicht ohne die anderen
Menschen denken und handeln.

Der langfristige, ungeplante soziale Prozess der Staatsbildung
in Europa führt zunächst zu einer Verkleinerung der Zahl der
Konkurrenten, dann zur Monopolstellung einzelner Fürsten und
schließlich zur Herausbildung des absolutistischen Staates mit der
Monopolisierung der physischen Gewalt durch die Institutionen
des Königtums. Der Prozess der Staatsbildung ist verflochten mit
den Prozessen der sozioökonomischen Funktionsteilung, dem Übergang von der Natural- zur Geldwirtschaft, der Zunahme der Arbeitsteilung, der Handelsverflechtungen, der Verstädterung und
somit dem sozialen Aufstieg des Bürgertums, des dritten Standes.
Aber er ist auch verflochten mit dem anderen Strang des Zivilisationsprozesses, der Veränderung der psychischen Strukturen der
beteiligten Menschen.

Von nun an muss man planen statt kämpfen. Das Gewaltmonopol des Staates erlaubt Langsicht und entsprechend lange Handlungsketten. Andererseits ermöglicht die Zügelung der Affekte eine
Erweiterung der Denk- und Handlungsmöglichkeiten. Die höfischen Menschen sind die ersten, die ein Verhalten praktizieren, das
auf Langsicht, Kalkül und Selbstbeherrschung basiert. Sie sind, so
gesehen, die ersten »modernen« Menschen einer neuen Zeit.

▶ Differenzierungs- und Integrationsprozesse auf ökonomischer, demographi-
scher, politischer und sozialer Ebene:
Bevölkerungswachstum;
Arbeitsteilung und Konkurrenz;
Konzentration, Ausscheidungskämpfe und Monopolisierung innerhalb der
Aristokratie;
Herausbildung des staatlichen GEWALT- UND STEUERMONOPOLS;
Herausbildung des wachsenden Verwaltungsapparates;
Entstehung neuer FIGURATIONEN und Abhängigkeiten (VERGESELL-
SCHAFTUNG DES HERRSCHAFTSMONOPOLS);
Machtkämpfe zwischen altem Kriegeradel und aufsteigendem Bürgertum um
ökonomische Ressourcen, Prestige und Status;
Angleichung der Machtposition beider Stände und dadurch bedingt: ex-
ponierte Machtchancen/-stellung des absolutistischen Königs (KÖNIGS-
MECHANISMUS);
Der absolutistische Hof wird zum Schauplatz ständiger Machtkämpfe; für die
einzelnen Höflinge erhält die Perfektionierung der eigenen Trieb- und
Affektkontrolle existentielle Bedeutung.

Soziogenese (Staatenbildungsprozess)

Elias' Bedeutung für die Soziologie

2.5.5

Langfristige Veränderungen im Verhalten einzelner Menschen und der gesellschaftlichen Figurationen, die die Menschen miteinander bilden, also das, was Elias den Prozess der Zivilisation nennt, erhalten ihre Antriebe aus der Konkurrenz interdependenter Menschen und Menschengruppen um Macht. Elias schreibt:
»Die Angst vor dem Verlust oder auch nur vor der Minderung des gesellschaftlichen Prestiges ist einer der stärksten Motoren zur Umwandlung von Fremdzwängen in Selbstzwänge.« (II, 366)

Es ist also die Interdependenz der Menschen, die den Zivilisationsprozess bestimmt und ihm, wie Elias feststellt, »eine Ordnung von ganz spezifischer Art« aufzwingt. Es ist »eine Ordnung, die zwingender und stärker ist, als Wille und Vernunft der einzelnen Menschen, die sie bilden. Es ist diese Verflechtungsordnung, die den Gang des geschichtlichen Wandels bestimmt; sie ist es, die dem Prozess der Zivilisation zugrunde liegt« (II, 314) und damit, so muss hinzugefügt werden, allen gesellschaftlichen Veränderungen.

Zentral: die Verflechtungen der Menschen untereinander

Hieraus ergeben sich für die Soziologie Folgerungen, von denen die wichtigste die ist, dass im Mittelpunkt aller Forschung Menschen und die gesellschaftlichen Verflechtungen, die sie miteinander bilden, stehen müssen: »Die ›Umstände‹, die sich ändern, sind nichts, was gleichsam von ›außen‹ an den Menschen herankommt; die ›Umstände‹, die sich ändern, sind die Beziehungen zwischen den Menschen selbst.« (II, 377)

Elias' Bedeutung für die Soziologie im engeren und die Sozialwissenschaften im weiteren Sinne liegt zunächst darin, dass er einen Weg weist zu inhaltsreicheren und objektadäquateren Begriffen und damit die Möglichkeit eröffnet, auf einer höheren Syntheseebene zu einem besseren Verständnis der Menschengesellschaften zu gelangen. Wenn er nicht mehr vom Monopolkapitalismus und den ihm unterstellten Mechanismen, sondern vom Prozess der Monopolisierung spricht, erreicht er ein höheres Syntheseniveau, das frühere Erklärungen einerseits einschließt, sie andererseits aber ausweitet und gleichzeitig überholt.

Weiterhin bricht Elias mit der traditionellen soziologischen Begriffsbildung, die gleichzeitig Ausdruck bestimmter Vorstellungen von den Gesellschaften ist, die Menschen miteinander bilden. Wobei das herausragende Merkmal ist, dass Elias keine begrifflichen Unterschiede zwischen Individuum und Gesellschaft macht. Er bricht mit der lang gehegten Vorstellung, es gebe »die Gesellschaft« und »das selbständige Individuum«. Für seine 1987 erschienenen Untersuchungen über »Die Gesellschaft der Individuen« bedarf es deshalb auch nicht länger des Unterschiedes zwischen einer strukturfunktionalen und einer handlungstheoretischen Ebene.

Es gibt mittlerweile keinen Bereich mehr, in dem nicht versucht wird, mit Hilfe der Zivilisationstheorie soziologische Forschungsfragen zu bearbeiten und zu beantworten. Elias' Theorie gehört weltweit zum festen Repertoire der Soziologie, in den 1990er Jahren mehr als je zuvor. Das hat auch ein wenig damit zu tun, dass nach dem Tod von Elias seine Theorie nun kanonisiert werden kann, ohne dass länger die Gefahr besteht, vom Urheber öffentlich korrigiert zu werden. Ganz allgemein ist es wohl die nachdrückliche Orientierung an gesellschaftlichen Prozessen, die die eigentliche Anziehungskraft dieser Theorie vor allem auf jüngere Sozialwissenschaftler ausübt. »Die Zivilisation, sie ist noch nicht zu Ende« steht auf dem Titelblatt der ersten und zweiten Auflage. Und ebenso lautet der letzte Satz am Ende des zweiten Bandes. Und das heißt:

Es gibt keine Trennung zwischen Individuum und Gesellschaft

Die Zukunft ist offen, die der Individuen und die der Gesellschaften, die sie miteinander bilden. Nichts ist endgültig und festgelegt.

In diesem Punkt unterscheidet sich Elias von Vorgängern und Zeitgenossen. Georg Simmel beklagte die »Tragödie der Kultur«, Max Weber sah sich und die Gesellschaft in einem »stahlharten Gehäuse« gefangen und Max Horkheimer und Theodor W. Adorno hatte der Holocaust die Worte genommen. Die Zivilisationstheorie eröffnet uns eine Chance, und darin liegt – neben wissenschaftlichen Gründen – gewiss auch die Attraktivität der Prozesstheorie begründet: sie lässt die Hoffnung, verändernd in den Lauf der Geschichte einzugreifen.

Die Zukunft ist offen

Zusammenfassung

▶ **Entwicklungsgeschichtliche Synthese der Genese psychischer und sozialer Strukturen;**
Herausstellung der wechselseitigen Abhängigkeit (Interdependenz) einzelner Menschen, sozialer Gruppen und Schichten als grundlegendes Merkmal gesellschaftlicher Entwicklung;
Nachweis von komplexen und langen Interdependenzketten als Ergebnis und gleichsam auch weitere Ursache der Verlagerung von Fremd- zur Selbstkontrolle;
Gesellschaftliche Entwicklung (= Zunahme der Differenzierung und Integration) verläuft ungeplant, weist aber dennoch eine im nachhinein erkennbare Struktur und Richtung auf;
Neubestimmung des Verhältnisses von Mensch und Gesellschaft durch den Figurationsbegriff: Einzelne, handelnde Menschen sind der Gesellschaft nicht gegenübergestellt; sie sind vielmehr in interdependente Verflechtungszusammenhänge (Figurationen) eingebunden.
Soziologische Analyse hat die Bildung und Veränderung von Figurationen als langfristigen Prozess zum Thema.

Soziologische Leistung und Ergebnisse

Die Untersuchungen von Elias haben auch Kritik hervorgerufen. Diese bezieht sich u.a. darauf, dass die Konzentration auf die historischen Phasen vor dem Kapitalismus die Hauptgebiete des soziologischen Interesse seit Beginn des 19. Jahrhunderts vernachlässige. Diese Kritik ist in der Beschreibung des Tatbestandes korrekt, trifft aber nicht den Kern der Absichten des Autors. Wenn Elias die Aristokratie des absolutistischen Staates in den Mittelpunkt rückt, geschieht dies als eine bewusste Dramaturgie der Analyse.

Kritische Einwände

2.5.6 | Analyse gegenwärtiger Gesellschaften

Indem Elias der immanenten Struktur einer zurückliegenden Epoche nachspürt, entfernt er sich ein wenig von den aktuellen politischen Auseinandersetzungen. Wenn er der berufsbürgerlichen Gesellschaft das zivilisatorische und kulturelle Gepräge der höfischen Gesellschaft gegenüberstellt, will er zugleich auch einen Zugang zu einem besseren Verständnis gegenwärtig existierender Kulturen und zivilisatorischer Formen des Zusammenlebens schaffen. Durch den Verzicht auf den direkten Zugriff auf aktuelle Entwicklungen wird der unvorbereitete Leser nicht unmittelbar angesprochen. Das ist ein gewichtiger Unterschied zu manchen Publikationen Gleichaltriger, wie z.B. Herbert Marcuse, der sich ebenfalls mit Problemen von Kultur und Gesellschaft, aber zentral im Kapitalismus, beschäftigte.

Beschäftigung mit heutigen Problemen

Obwohl Elias bis in die 1980er Jahre zeitgenössische Probleme umging, bedeutet dies keineswegs, dass seine empirischen und theoretischen Modelle nicht geeignet wären, diese zu erklären oder Lösungsmöglichkeiten aufzuzeigen. Mit seinen Büchern »Humana conditio« und »Studien über die Deutschen« hat er gezeigt, dass er durchaus in der Lage ist, seine langfristigen Analysen aus vergangenen Epochen in aktuelle Probleme der Weltpolitik zu verlängern. Auch die Untersuchung, die unter dem Titel »Etablierte und Außenseiter« veröffentlicht worden ist, zeigt deutlich, dass die ambivalenten Spannungsverhältnisse zwischen verschiedenen mächtigen Gruppen und Personen sich nicht nur am Hofe Ludwig XIV., sondern auch zwischen mächtigeren, etablierten und machtschwächeren Einwohnergruppen nachweisen lassen.

Der Zivilisationsprozess am Beispiel der Kontrolle des Feuers

Es gibt inzwischen zahlreiche Studien, die langfristige Entwicklungen und aktuelle Situationen mit dem theoretisch-empirischen Werkzeug untersuchen, das Elias vorgeschlagen und vorgeführt hat. Dabei geht es nicht mehr nur um Menschen der Oberschicht. Der niederländische Soziologe Johan Goudsblom z.B. hat die Entwicklung von Fremd- und Selbstkontrolle der Menschen im Umgang mit Feuer untersucht. Da in Agrar- wie auch in Industriegesellschaften Arbeit mit dem Feuer zumeist zu den Aufgaben der unteren sozialen Schichten gehört, widmet sich dieses Buch der Rolle der Bauern und Arbeiter im Prozess der Zivilisation. Da die Entwicklung der Feuerkontrollen sich in allen Teilen der bewohnten Welt vollzogen hat, wird in »Feuer und Zivilisation« nicht nur – wie bei Elias – der westeuropäische Raum betrachtet, sondern eine globale Perspektive gewählt.

Pierre Bourdieu: Habitus und sozialer Raum

Prozess und Figuration sind die Eckpunkte des theoretisch-empirischen Entwurfes von Elias. Mit ihnen lässt sich das Gewordensein
bestimmter gesellschaftlicher Gegebenheiten gut untersuchen und
mit der Kenntnis der bisherigen Entwicklung über mögliche Varianten der Zukunft nachdenken. Auch lassen sich Einsichten über
die Binnenstruktur von Gesellschaften gewinnen, was bei Elias
aber nicht im Vordergrund steht. Dies gelingt besser mit dem Be-
griffspaar Habitus und Sozialer Raum, die der französische Soziologe Pierre Bourdieu entwickelt hat. Er betrachtet gewissermaßen
die andere Seite der Medaille. Die Verbindung zu Elias hat er
mehrfach betont, unter anderem im Vorwort seines ersten großen
Buches »Die feinen Unterschiede«. Dort und in Fernsehinterviews
hat er festgehalten, er habe von keinem zeitgenössischen Autor so
viel gelernt wie von Elias.

Biographisches

Pierre Bourdieu wurde am 1. August 1930 in einer bürgerlichen
Familie in Deguin, einem Dorf in den Pyrenäen, geboren, besuchte
das Gymnasium und bestand nach einem Studium an der Sor-
bonne die Aufnahmeprüfung an der renommierten Ecole Normale
Supérieur. Die Grandes Ecoles bilden nach wie vor die wissen-
schaftliche und geistige Führungsschicht in Frankreich aus. Ob
Konservativer oder Kommunist, die Parteienführer kennen sich aus
gemeinsamen Studienzeiten. Einer der wenigen Spitzenpolitiker
Frankreichs, die nicht diesen Weg genommen haben, ist Jacques
Delors, der langjährige Präsident der Europäischen Union.

Eine französische Biographie

    Von 1955 bis 1957 ist Bourdieu Gymnasiallehrer, eine für ENS-
Absolventen unvermeidliche Position, wenn sie Hochschullehrer
werden wollen. 1958 beginnt er mit Forschungsarbeiten in Alge-
rien, wird 1964 Professor an einer Forschungseinrichtung und
nach einigen weiteren Kommerzschritten Professor auf Lebenszeit
an einer überaus prestigeträchtigen französischer Bildungsein-
richtung, dem Collège de France. Pierre Bourdieu starb am
23.01.2002.

Eine Position mit viel Prestige

An der französischen Politik nimmt er als Intellektueller regen Anteil. Die Rolle der Intellektuellen in Frankreich unterscheidet sich von derjenigen in Deutschland. Paris ist unbestrittenes Zentrum des Landes – und das seit dem absolutistischen König Ludwig XIV. und folgende. So haben Soziologen immer auch an den öffentlichen Debatten einen wichtigen Anteil, das war schon bei Auguste Comte und Emile Durkheim so.

2.5.9 | Ein differenzierter Klassenbegriff

Bourdieu ist ein linker Intellektueller, jedenfalls was seine kritische Position, aber auch seine Anknüpfung an Karl Marx betrifft. Im Rückgriff auf dessen Klassentheorie untersucht Bourdieu Gründe und Strukturen für soziale Ungleichheit.

Von Marx übernimmt er zunächst das Unterscheidungsmerkmal der zwei antagonistischen Klassen, widergespiegelt in den materiellen Eigentumsverhältnissen. Denn Klassen sind definiert durch ihre Stellung im Produktionsprozess. Aber Bourdieu macht auch Gebrauch

Untersuchungen zur sozialen Ungleichheit

von Max Webers Unterscheidung zwischen Klasse und Stand (siehe Kapitel 3.1). Mit Stand bezeichnet er spezifische Formen der Lebensführung, die von der Klassenlage relativ unabhängig sind und auch auf der Wertschätzung sozialer Akteure untereinander beruhen.

Der Kapitalbegriff wird differenziert

Aus diesen beiden Vorgaben entwickelt Bourdieu einen differenzierten Kapitalbegriff, der neben ökonomischem auch soziales und kulturelles Kapital kennt. Ganz grob lassen sich die Kapital-»Sorten«

wie folgt unterscheiden. Das ökonomische Kapital umfasst die materiellen Besitztümer, das kulturelle Kapital die erworbenen Erziehungsleistungen und das soziale Kapital beschreibt die Summe der Beziehungen, die ein Mensch hat.

Die objektiven Vorgaben, die er in Anlehnung an Marx beschreibt, und die subjektiven Wertschätzungen, auf die Max Weber hinwies, nutzt Bourdieu für ein theoretisches Konzept und die empirische Untersuchung sozialer Ungleichheit. Die zentralen Begriffe sind Sozialer Raum und Habitus. Der Soziale Raum wird durch zwei Komponenten bestimmt: durch objektive soziale Positionen und Lebensstile.

Die Bedeutung des objektiven sozialen Raums

Die objektiven sozialen Positionen sind zunächst durch das zur Verfügung stehende, individuell nutzbare Kapitalvolumen bestimmt, also durch den Umfang an ökonomischem, kulturellem und sozialem Kapital, über das eine Klasse und die Menschen, die zu dieser Klasse gehören, verfügen. So hat das Besitzbürgertum z.B. viel ökonomisches und soziales Kapital, das Bildungsbürgertum eher kulturelles und soziales.

Klassenfraktionen	
Besitzbürgertum	ökonomisches Kapital
Bildungsbürgertum	kulturelles Kapital
altes und absteigendes Kleinbürgertum	Erfüllung vorgegebener Normen, abnehmendes soziales Kapital
neues und aufsteigendes Kleinbürgertum	penetrante Nichterfüllung vorgegebener Normen
Facharbeiter	geringes ökonomisches Kapital, gruppenspezifische kulturelle und soziale Kapitalien

Diese Unterschiede im relativen Verhältnis der Kapitalsorten zueinander drücken sich in dem aus, was Bourdieu die Kapitalstruktur nennt. Arbeiter verfügen über relativ wenig ökonomisches Kapital, ihr kulturelles Kapital ist eher gruppenspezifisch, desgleichen das soziale Kapital.

Für die objektive Position ist auch so etwas wie die soziale Karriere einer Klasse mit entscheidend. In der ersten Hälfte des 20. Jahrhunderts entwickelte sich eine Mittelschicht aus Angestellten (siehe auch Kapitel 3.1), deren sozialer Aufstieg inzwischen zu Ende ist, Teile der Mittelschicht erleben seitdem wieder einen sozialen Abstieg.

Diese differenzierte Darstellung objektiver sozialer Positionen ist jener Teil des Ansatzes von Bourdieu, der eher den gesamtgesellschaftlichen Theorien, wie sie Systemtheorien repräsentieren, zugeordnet werden kann. Bei Elias gibt es neben der Entwicklung des Staates und stabiler Gewaltmonopole (Soziogenese) auch individuelle Verhaltensstrukturen (Psychogenese). Bourdieu stellt neben den Raum der objektiven sozialen Positionen den Raum der Lebensstile.

2.5.10 | Subjektive Lebensstile

Mit der Kategorie des Lebensstils greift Bourdieu auf unsere Alltagserfahrung zurück. In der Beobachtung des Lebens anderer Menschen unterscheiden wir nach Kriterien, von denen wir glauben, dass sie allgemein geteilt werden. Wir sprechen von dem Arbeiter, der Karrierefrau, dem Yuppie, und in der Mensa unterscheiden wir zwischen JurastudentInnen und Studierenden des Faches Soziologie. Immer wird dabei eine unterstellte ökonomische Basis mitgedacht. Dabei sind gerade die Unterschiede zwischen Studierenden viel weniger von ökonomischen als von solchen Kriterien wie Kleidung, Auftreten, Körpersprache bestimmt. Diese individuell gelebten Merkmale der Lebensführung nennt Bourdieu Lebensstil.

Der Lebensstil lässt sich nicht auf ökonomische objektive Bedingungen allein zurückführen, sondern ist die individuelle, die »subjektive« Gestaltung des Lebens. Bestimmte Sportarten verbinden sich mit bestimmten Typen kultureller Veranstaltungen. Die einen spielen Monopoly, die anderen Mensch-ärger-dich-nicht. Und wenn wir genauer hinsehen, dann werden solche Kombinationen durch bestimmte Essgewohnheiten, die Vorlieben oder Abneigungen bei Autos oder spezifischen Wohnformen abgerundet.

Die Bedeutung der subjektiven Lebensstile

2.5.11 | Habitus

Jedes Individuum ist durch eine objektive soziale Position und durch einen Lebensstil charakterisierbar. So wie Elias Soziogenese und Psychogenese verknüpft, zeigt Bourdieu, dass zwischen dem Raum der objektiven sozialen Positionen und dem der Lebensstile Wechselbeziehungen bestehen, die zwar nicht streng kausal, aber sehr wahrscheinlich sind. Bourdieu bezeichnet den Ausdruck dieser Verbindung als Habitus.

▶ Der HABITUS eines Menschen ist nicht sein persönlicher, individueller Ausdruck im Handeln, sondern bringt das zum Vorschein, was ihn zum gesellschaftlichen Wesen macht: seine Zugehörigkeit zu einer bestimmten Gruppe oder Klasse und die Prägung, die er durch diese Zugehörigkeit erfahren hat. Im Habitus zeigen sich »DIE FEINEN UNTERSCHIEDE«.

Habitus

In dem Buch »Die feinen Unterschiede« entwickelt er diesen soziologischen Zugang zu Ursachen und Formen sozialer Ungleichheit. Und er zeigt, dass sich der Habitus eines Menschen an seinem Geschmack, an seiner Distinktion gegenüber anderen Menschen ablesen lässt. Dabei ist der Geschmack die individuelle Ausgestaltung eines klassenspezifisch geprägten Lebensstils. Im Alltag haben wir dafür zahlreiche Sprichwörter: von »Adel verpflichtet« – zu einem besonderen Geschmack bis zu »gleich und gleich gesellt sich gern« – im Fanblock des Fußballstadions.

Der Habitus als Unterscheidungsmerkmal

Praxis

2.5.12

Die Verbindung von Lebensstil und tatsächlicher Lebensweise bezeichnet Bourdieu als Praxis. Ihr kommt insofern eine besondere Bedeutung zu, als sich in ihr der Habitus umsetzt und auch bestätigt.

Praxis entfaltet sich im Sozialen Raum, das heißt in bestimmten Kreisen der Gesellschaft (Adel, Mittelschicht, Arbeiterklasse), bestimmten Wohnvierteln (z.B. der Gartenstadt, dem Dichterviertel, der Hafengasse, der Werksiedlung) und bestimmten Vereinen (Polo, Fußball, Brieftauben). So werden »Die feinen Unterschiede« gelebt und gleichzeitig auch bestätigt, soziologisch gesprochen reproduziert.

Die feinen Unterschiede

In der folgenden Grafik sind aus den vielfältigen Beispielen, die Bourdieu in Schaubildern zusammenfasst, einige Beispiele ausgewählt worden, um sie lesbar zu machen. Die vier Pfeile geben dabei nicht absolute Werte, sondern Tendenzen an: höheres oder niedrigeres Kapitalvolumen, zusammengesetzt aus mehr oder weniger ökonomischem und kulturellem Kapital. In den Tätigkeiten (fett gedruckt) drückt sich der Geschmack der sozialen Positionen und des jeweiligen Lebensstils aus.

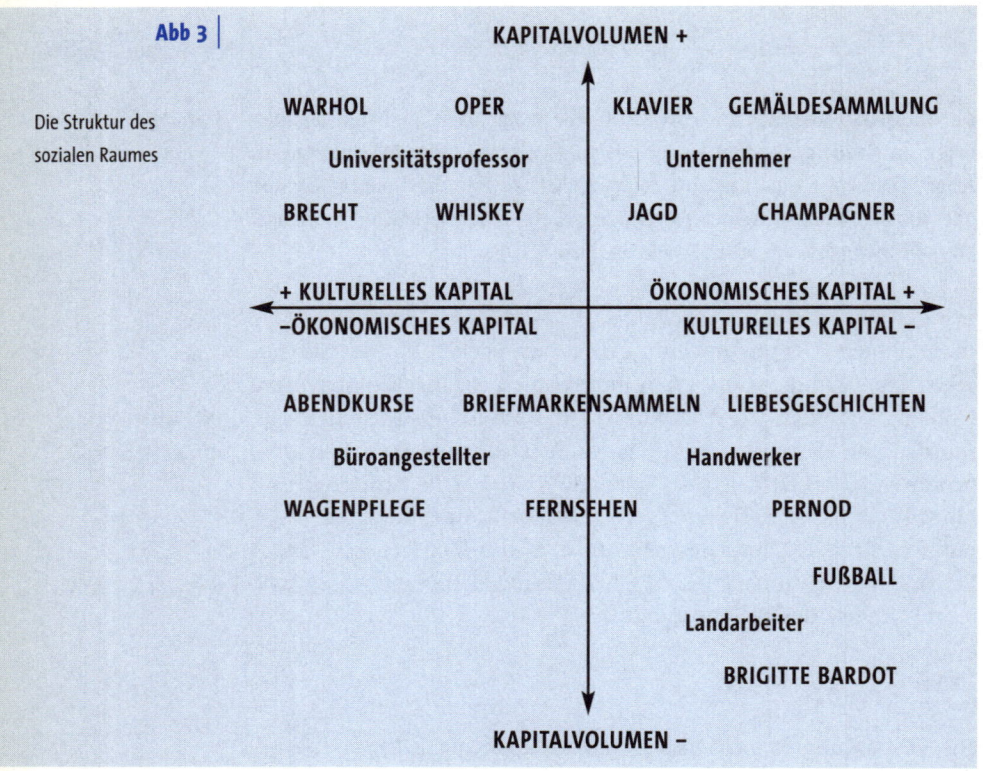

Abb 3

Die Struktur des
sozialen Raumes

KAPITALVOLUMEN +

WARHOL   OPER   KLAVIER   GEMÄLDESAMMLUNG

Universitätsprofessor   Unternehmer

BRECHT   WHISKEY   JAGD   CHAMPAGNER

+ KULTURELLES KAPITAL   ÖKONOMISCHES KAPITAL +
−ÖKONOMISCHES KAPITAL   KULTURELLES KAPITAL −

ABENDKURSE   BRIEFMARKENSAMMELN   LIEBESGESCHICHTEN

Büroangestellter   Handwerker

WAGENPFLEGE   FERNSEHEN   PERNOD

FUßBALL

Landarbeiter

BRIGITTE BARDOT

KAPITALVOLUMEN −

Kritische Einwände

Für die soziologische Betrachtung einer Gesellschaft ist die Verbindung von objektiven Gegebenheiten und ihren individuellen Ausprägungen sehr informativ. Auch kann man lernen, wie soziale Unterschiede sich ausdrücken und bestätigen. Allerdings setzt hier auch die Kritik an Bourdieu ein. Ganz abgesehen davon, dass im vom Zentralismus geprägten Frankreich die Rolle der Führungsgruppen in Paris einen direkten Vergleich mit dem föderalen Deutschland nicht erlaubt, bleiben auch noch Fragen nach den Möglichkeiten der Menschen, die Verbindungen von objektiven sozialen Lagen und kulturellen Selbstdeutungen zu durchbrechen. Wie kann die Welt erkannt und verändert werden?

Kritische Analyse der Gesellschaft

2.5.13

Auf den ersten Blick könnte man meinen, Bourdieu habe sich – um mit Auguste Comte (siehe Kapitel 1.1) zu sprechen – nur der sozialen Statik und nicht der sozialen Dynamik gewidmet. Das ist aber nicht ganz richtig. Erstens war sein vordringliches Ziel, ein theoretisches Konzept und eine empirische Analyse sozialer Ungleichheit zu entwickeln und dabei objektive und subjektive Strukturen miteinander zu verbinden. Darüber hinaus nimmt er als kritischer Intellektueller an den politischen und sozialen Debatten in Frankreich engagiert Anteil. In dem Buch »Das Elend der Welt« hat Bourdieu, gemeinsam mit vielen SoziologInnen, zahlreiche Beschreibungen des Lebens vieler Menschen geliefert, die über ein eher geringes Kapitalvolumen verfügen. Das Buch erschien 1993 in Frankreich (deutsch 1998) und war für Bourdieu der Beleg für die Notwendigkeit einer intellektuelle Gegenposition zu politischen Trends. Er setzt auf die Intellektuellen, die er als Mahner und Kritiker sieht, und auf die Gewerkschaften, die er im Kampf um eine Anhebung des Kapitalvolumens der unteren Schichten unterstützt. Im neoliberalen Denken der 1990er Jahre sieht er eine deutliche Gefahr, denn die Entgrenzung der Nationalstaaten im Prozess der Globalisierung (siehe Kapitel 3.2) unterminiert sowohl die Stellung der Intellektuellen als auch der immer noch national organisierten Gewerkschaften.

Der Intellektuelle Mahner und Vorkämpfer

Mit der Arbeit an einem theoretischen Konzept sozialer Ungleichheit und entsprechenden empirischen Untersuchungen widmet sich Pierre Bourdieu einem Thema, das seit Beginn der Soziologie immer sehr wichtig gewesen ist. Ähnlich prominent ist eigentlich nur die Debatte über das Verhältnis von Individuum und Gesellschaft. Diese beiden zentralen Arbeitsgebiete werden nun in den nächsten beiden Kapiteln in Längsschnittbetrachtungen dargestellt.

Lernkontrollfragen

Was versteht Norbert Elias unter der Monopolisierung von Gewalt? **1**
Erläutern Sie den Zusammenhang zwischen Psychogenese und **2**
Soziogenese an einem selbstgewählten Beispiel.
Wie versteht Bourdieu den Begriff »Kapital«? **3**
Erklären Sie den Begriff »Habitus« und seine Bedeutung für die **4**
soziale Praxis.

Die Arbeiten von Norbert Elias sind mit einer Ausnahme als Taschenbücher erhältlich. Bei dem zweibändigen Werk **Über den Prozess der Zivilisation** ist darauf zu achten, dass es seit 1997 eine neue, kritisch durchgesehene Ausgabe gibt, in der vor allem alle altfranzösischen, englischen und lateinischen Zitate ins Deutsche übertragen wurden.

Als Werkbiographie sei auf Hermann Korte: **Norbert Elias, Das Werden eines Menschenwissenschaftlers**, Opladen 1997 hingewiesen. Dort findet sich auch eine annotierte Bibliographie weiterführender Literatur.

Das zentrale Werk von Pierre Bourdieu **Die feinen Unterschiede** ist ebenfalls als Taschenbuch erhältlich, Frankfurt 1999, mittlerweile in der 10. Auflage. Als Werkeinführung kann das Buch von Markus Schwingel: **Pierre Bourdieu zur Einführung**. 2. Auflage, Hamburg 1998, sowie der von Klaus Eder herausgegebene Sammelband **Klassenlage, Lebensstil und kulturelle Praxis: Beiträge zur Auseinandersetzung mit Pierre Bourdieus Klassentheorie** Frankfurt 1989, empfohlen werden.

Die deutsche Übersetzung von **La misère du monde – Das Elend der Welt** – ist 1998 bei der UVK Verlagsgesellschaft Konstanz erschienen.

Aktuelle soziologische Debatten | 3

Klassen, Schichten, soziale Milieus | 3.1

Die soziologische Untersuchung von sozialer Ungleichheit | 3.1.1

Zu Beginn der Soziologie bei Auguste Comte hatte das Thema soziale Ungleichheit noch keinen prominenten Platz. Ihn interessierte mehr der Zustand der Gesellschaft und die Frage, wie im nachrevolutionären Frankreich Ordnung und Fortschritt miteinander verbunden werden konnten. Soziale Ungleichheit war für ihn eher eine akzeptierte Tatsache. Darin war Comte noch ganz Kind des Absolutismus und der feudalen Gesellschaft des 18. Jahrhunderts. Das ändert sich mit Karl Marx.

Klassen | 3.1.2

Angesichts des Elends der Arbeiterschaft in England, wo Mitte des 19. Jahrhunderts die Industrialisierung schon fast 100 Jahre alt war, nimmt er u.a. Friedrich Engels' Buch »Die Lage der arbeitenden Klasse in England« und sehr viele eigene empirische Arbeiten als Beleg dafür, dass die bürgerlich-kapitalistische Gesellschaft eine Klassengesellschaft ist. In der Klassenformation der kapitalistisch-bürgerlichen Gesellschaft stehen sich zwei antagonistische Klassen gegenüber, nämlich diejenigen, die über die Produktionsmittel ver-

Bei Marx: die Lage der arbeitenden Klasse im 19. Jahrhundert

fügen, die Kapitalisten, und diejenigen, die nur ihre Arbeitskraft verkaufen können, die Proletarier, die arbeitende Klasse. Das entscheidende Differenzierungskriterium der sozialen Ungleichheit ist ein objektiv ökonomisches, nämlich entweder besitzt jemand Produktionsmittel oder er besitzt sie nicht. Es handelt sich um rein materielle Eigentumsverhältnisse, und die Zuordnung erfolgt ausschließlich anhand der objektiven Stellung im Produktionsprozess.

Der Zusammenhang mit den tatsächlichen gesellschaftlichen Verhältnissen und der jeweiligen soziologischen Analyse zu Gründen und Formen sozialer Ungleichheit darf nicht außer Acht gelassen werden. Die soziologischen Vorstellungen über die soziale Gliederung der Gesellschaft hatten sich schon bei Max Weber verändert. Zwar geht Weber auch noch davon aus, dass es in der Gesellschaft Klassen gibt, aber im Preußen des beginnenden 20. Jahrhunderts boomt die Wirtschaft. Es gibt ein durch sozialen Aufstieg reich gewordenes Bürgertum, das, was Max Weber »Besitzklassen« nennt. Und daneben gibt es Erwerbsklassen. Das sind die Menschen, die arbeiten. Aber Weber ergänzt die ökonomische Lage der Klassen noch durch eine Aufgliederung nach sozialen Klassen, also etwa nach der Arbeiterschaft, dem Kleinbürgertum, der Intelligenz und den Besitzenden und durch Bildung Privilegierten. Zu dem Klassenkonzept kommen also noch Stände und Parteien hinzu.

Bei Weber: Klassen und Stände

Mit dem Begriff Stand knüpft er an mittelalterliche Kriterien der sozialen Aufgliederung der Gesellschaft an. Damals bestimmte die Geburt, welchem Stand man angehörte. Die soziale Mobilität war eingeschränkt. Der Aufbau der Stände vom Adel über den Klerus, die Ritter bis hin zu den freien Bauern und schließlich den bäuerlichen und städtischen Handwerkern war klar gegliedert. Aus dieser Zeit übernimmt Weber allerdings nur den Begriff, denn er unterscheidet Stände nach der Lebensführung, nach der Erziehung und nach Beruf und Abstammung. Da es zu Beginn des 20. Jahrhunderts mittlerweile auch in der politischen Vergesellschaftung Unterschiede gab, wurde auch der Begriff Parteien als Kriterium für eine soziologische Position von Weber hinzugenommen.

Definition

Weber: Klassen und Stände

▶ Ökonomische Lage: Besitz – Erwerb – soziale Klassen
Soziale Gemeinschaft: Berufsstände – Geburtsstände – politische Stände
Politische Vergesellschaftung: Politische Vereine, Parteien, Gewerkschaften

Weber entwickelte diese Überlegungen nicht mit der Unterstützung dessen, was wir heute eine empirische Untersuchung nennen würden. Das soll aber nicht darüber hinwegtäuschen, dass er sehr viel empirisches Material zusammenführte. Die Enquête zur Lage der ostelbischen Landarbeiter, seine religionssoziologischen Studien oder seine Untersuchungen zur Bürokratie sind alle sehr faktenreich, wenn auch noch nicht mit einem Konzept der Sozialforschung erarbeitet, wie wir das heute verstehen.

Das geschieht zum ersten Mal durch Theodor Geiger (1891–1952), der Mitte der 1920er Jahre eine große Studie »Die soziale Schichtung des deutschen Volkes« veröffentlichte. Geiger war nach dem 1. Weltkrieg einige Jahre Direktor der Arbeiterhochschule in Berlin und interessierte sich sehr für die soziale Position der Menschen, die er unterrichtete. Er fand, dass weder der Marx`sche Klassenbegriff noch die Weber`schen Kategorien ausreichend geeignet seien, um verschiedene Differenzen zwischen einzelnen sozialen Gruppen, mit denen er zu tun hatte, zu erklären. Die Untersuchung führt im Titel zwar den Begriff Schichtung, aber im Kern geht es Geiger um eine Differenzierung der Klassentheorie.

Und so begann er eine große Studie, die vor allem bemerkenswert ist, weil er die Volkszählung von 1925 auswertet. Er verfügte über die Befragungsbögen und entwickelte daraus große statistische Zahlenwerke. Das erste Ergebnis war tatsächlich eine klassische Unterteilung nach Klassen. Er nennt das die kapitalistische Lage und die proletarische Lage. Das Interessante dabei ist, dass er etwa 25 % der Untersuchten der so genannten mittleren Lage zuordnet, was bei Marx Mittelschicht genannt wurde, von welcher er annahm, dass sie mit den Jahren durch Auf- und Abstieg zwischen Kapitalisten und Proletariern aufgerieben würde.

Bei Geiger: Kapitalistische Lage, Mittelschicht, proletarische Lage

Zusätzlich fand Geiger heraus, dass die jeweilige Klassenlage nicht nur von ökonomischen Verhältnissen bestimmt wird, sondern auch ein Ergebnis subjektiver Einschätzung ist. Dies ist in der zweiten Stufe der Betrachtung, in der so genannten Tiefengliederung – und das ist der eigentliche ökonomisch-soziologische Ansatz – dargestellt. Geiger differenziert hier in mittlere und kleinere Unternehmer, also in den klassischen Mittelstand, in Tagewerker, die für eigene Rechnung arbeiten – er nennt sie Proletaroide oder an anderen Stellen auch den »abgeglittenen Mittelstand« –, und schließlich in Lohn- und Gehaltsbezieher höherer Qualifikation, das, was er den neuen Mittelstand nennt.

Eine Ausdifferenzierung des Klassenschemas

Die Unterscheidung in Lohnabhängige und Gehaltsbezieher einerseits und Nicht-Lohnabhängige, wie sie etwa in der marxistischen Theorie gemacht wurde, entsprach also, und das war das Ergebnis von Geigers Untersuchungen, nicht mehr der realen, der viel differenzierteren Gesellschaftsstruktur. Aus diesen Jahren gibt es auch erste soziologische Arbeiten über die neue Berufsgruppe der Angestellten, etwa von Hans Speyer, der 1928 mit diesem Thema in Heidelberg promovierte.

▶ **Übersicht: Soziale Schichtung nach Erwerbstätigkeit**

Rohgliederung	Tiefengliederung
I. Kapitalistische Lage 0,84 %	I. »Kapitalisten«
	II. Mittlere und kleine Unternehmer (»alter Mittelstand«) 18,33 %
II. Mittlere Lage 24,39 %	III. Tagewerker für eigene Rechung (Proletaroide) (abgeglittener Mittelstand) 13,76 %
	IV. Lohn- und Gehaltsbezieher höherer Qualifikation (neuer Mittelstand) 16,04 %
III. Proletarische Lage 74,77%	V. Lohn- und Gehaltsbezieher minderer Qualifikation (Proletariat) 51,03 %

Der Marx´sche Klassenantagonismus, bei dem sich nur zwei in sich jeweils homogene Gruppen gegenüberstehen, kommt Geiger etwas simpel vor, denn die Wirklichkeit sieht ganz anders aus. Auch wenn Geigers Analyse noch relativ statistisch ist, da er einfach nur die Zahlen aufgliedert, findet er doch zu einer Frage, die von nun an für die Soziologie und insbesondere für die Untersuchung von sozialer Ungleichheit von großer Bedeutung ist. Menschen unterscheiden sich nicht nur hinsichtlich ihrer ökonomischen Klassenlage, sondern auch hinsichtlich ihrer Mentalität. Deshalb reicht für Geiger der Begriff Mittelstand allein nicht aus, um die spezifischen Unterschiede in der Arbeitsbevölkerung deutlich zu machen. Es kommt eben nicht nur auf das Einkommen und auf die soziale Lage an, sondern auch auf die Mentalität, darauf, wie die einzelnen Menschen sich selbst verstehen und sich empfinden.

Man kann deutlich sehen, dass z.B. die Lohn- und Gehaltsbezieher höherer Qualifikation sich mental noch zur mittleren Lage rechnen, dass aber die Tagewerker sich mental zur proletarischen

Ökonomische Lage und Mentalität

Lage bekennen. Die Aufgliederung ist also nicht eindimensional von oben nach unten, und es gibt eine Reihe von vertikalen Veränderungsprozessen, die für die beteiligten Menschen Fragen wie »Gehöre ich schon nach oben?«, »Bin ich schon abgerutscht?«, »Fühle ich mich dieser Gruppe noch zugehörig, obgleich ich die ökonomischen Mittel nicht mehr habe?« aufwerfen. Alle diese Befindlichkeiten werden von Geiger in die Untersuchung von sozialer Ungleichheit eingeführt. Später treten dann auch noch horizontale Verschiebungen hinzu, auf die im Verlauf dieses Kapitels noch zurückgekommen wird.

Theorien sozialer Ungleichheit – 1. Übersicht			
Jahr	Theoretiker	Gliederungs kriterium	Merkmale sozialer Ungleichheit
1848	Karl Marx	Klassen	Stellung im Produktionsprozess
1905 1910	Max Weber	Klassen (Erwerb, Besitz), Stände, Parteien	Einkommen, Vermögen
1925	Theodor Geiger	Soziallagen	Mehrdimensionale Ungleichheiten

Geiger, das sei doch angemerkt, gehörte zu jenen nicht-jüdischen Soziologen, die 1933 ins Exil gingen. Er war Professor in Braunschweig. Braunschweig war damals eigentlich ein Freistaat, der nicht zu Preußen gehörte, aber Regierungspräsident dieses Freistaates war kein Geringerer als der spätere Reichsmarschall Hermann Göring. Geiger wurde im September 1933 die Professur entzogen, weil er sich geweigert hatte, nationalsozialistische Inhalte in seine Soziologie-Vorlesungen aufzunehmen. Er ist daraufhin nach Dänemark ins Exil gegangen und später im Verlauf des Krieges in ein zweites Exil nach Schweden. Nach 1945 ist er nicht nach Deutschland zurückgekehrt. Das hat wahrscheinlich damit zu tun, dass er sich der dänischen Universität Aarhus verpflichtet fühlte, die ihm auch während seines zweiten Exils in Schweden das Gehalt weiter gezahlt hatte. Sein Werk ist erst in den 1970er Jahren posthum wieder entdeckt worden. »Die soziale Schichtung des deutschen Volkes« gehört heute zu den Klassikern der soziologischen Ungleichheitsforschung.

Widerstand gegen Forderungen des Nationalsozialismus und Exil

Mit der Machtübernahme der Nationalsozialisten 1933 ging das Interesse an Analysen der sozialen Ungleichheit zurück, insbesondere auch an Untersuchungen von Klassenlagen. Dieser soziologische Ansatz widersprach der nationalsozialistischen Ideologie von einem Volk und einem Führer. Es gab zwar in der Zeit zwischen 1933 und 1945 weiterhin Soziologie, die aber einerseits einen sehr deutschnationalen Charakter hatte und sich zum anderen bei den empirischen Erhebungen in den Dienst der nationalsozialistischen Ideologie und später der Repression stellte. Auf das Beispiel des Hamburger Soziologen Andreas Walter als ein typisches Beispiel dieser Zeit wird im übernächsten Kapitel eingegangen.

Soziologie im 3. Reich

Mit dem Nationalsozialismus fanden auch die Klassenstudien ihr vorläufiges Ende. Im Mittelpunkt der Untersuchungen stand nun der soziologische Begriff der Schicht oder Schichtung. Diese Debatte begann in den 1950er Jahren mit dem von Helmut Schelsky (1912–1984) geprägten Begriff der »nivellierten Mittelstandsgesellschaft«. Schelsky war der Meinung, dass eine Klassenanalyse keinen Sinn mehr mache, da seit Mitte des 19. Jahrhunderts zahlreiche soziale Prozesse vorangekommen seien, die eben gerade die antagonistische Situation zwischen zwei Klassen aufgehoben und gleichzeitig dafür gesorgt hätten, dass sich neue soziale Strukturen und Gesetzlichkeiten entwickelt hätten, die als die dominanten und entwicklungsleitenden Strukturen herausgearbeitet werden müssten.

Von der Klassenanalyse zur sozialen Schichtung

Schelsky wertete eine Reihe von empirischen Untersuchungen der westdeutschen Gesellschaft der frühen 1950er Jahre aus und entwickelte aus ihnen die These, dass der größte Teil der Gesellschaft mit dem Begriff »Mittelstand« bezeichnet werden könnte. Und um deutlich zu machen, dass es in dieser großen Gruppe in der Gesellschaft keine wirklichen Konflikte gebe, fügte er das Wort »nivelliert« hinzu. In der sozialen Hierarchie gibt es über der nivellierten Mittelstandsgesellschaft eine kleine Gruppe sehr reicher Menschen und unter ihr auf der unteren Stufe eine kleine Gruppe ganz armer Menschen.

Die »nivellierte« Mittelstandsgesellschaft

Schelsky formuliert also eine Großtheorie, die von der These ausgeht, dass alle zum Mittelstand gehören. Es gibt zwar gewisse vertikale und horizontale Bewegungen, aber immer nur innerhalb dieses Mittelstandes. Das war in gewisser Weise die Fortsetzung der Geigerschen Theorie, dass nämlich die mittlere gesellschaftliche Gruppe immer stärker wird, d.h. im Gegensatz zu den Prophezeiungen von Marx verschwindet der Mittelstand nicht nur nicht, sondern wird bei Schelsky im fortgeschrittenen Kapitalismus immer größer, bis er fast alle Mitglieder der Gesellschaft umfasst.

In die Betrachtung dieser These muss man die zeithistorischen Bedingungen mit einbeziehen, will man das Ganze mit einem gewissen Abstand und vor dem Hintergrund dessen, was mittlerweile über die weitere Entwicklung der Soziologie bekannt ist, betrachten. Die gesellschaftlichen Verhältnisse in der Bundesrepublik Deutschland, genauer im Westdeutschland der zweiten Hälfte der 1950er Jahre waren dadurch geprägt, dass es eine aus den Trümmern auferstandene und zu immer mehr Wohlstand gekommene Gesellschaft gab, in der Vollbeschäftigung herrschte und materielle Not weitgehend behoben war.

Die Menschen konnten mit ihrem Leben recht zufrieden sein, wenn da nicht die Korea-Krise gewesen wäre oder der Ungarn-Aufstand 1956 und auf der anderen Seite des »Eisernen Vorhanges« nicht die sozialistischen Länder, in denen eine politische Avantgarde versuchte, die Theorie von Karl Marx und politische Theorien wie die von Lenin mit Gewalt durchzusetzen. Später hieß das etwas harmloser die »staatsbürokratische« Form des Kapitalismus. Mittelstandsgesellschaft dagegen bedeutete politisch: In den westlichen Demokratien gibt es keine Klassengegensätze mehr. Es gibt nur noch eine Mittelschicht, in der jeder Schulbildung, Einkommen und Status im Beruf erwerben kann und in der es nur von der persönlichen Tüchtigkeit des Einzelnen und keineswegs von irgendwelchen Klassenlagen oder etwa von kapitalistischen Ausbeutungssystemen abhängt, was aus ihm wird. Das war die politische Botschaft des soziologischen Begriffes nivellierte Mittelstandsgesellschaft.

Schelsky war ein sehr erfolgreicher und sehr bekannter Soziologe. Er lehrte zunächst in Hamburg, ging dann 1959 an die Universität Münster und wurde gleichzeitig Direktor der angeschlossenen Sozialforschungsstelle Dortmund. Münster gehörte neben Köln zu den wichtigsten Ausbildungsstätten für Soziologen. Man kann sagen, dass etwa die Hälfte der Professorenstellen in den 1970er Jahren mit Soziologen aus Münster oder der Sozialforschungsstelle Dortmund besetzt wurden. Die Sozialforschungsstelle war eine wirkmächtige Einrichtung mit einem auf Sinnstiftung ausgerichteten Chef, nämlich Helmut Schelsky.

Das, was Schelsky vortrug, kann man zwar ähnlich wie bei Weber im weitesten Sinne als Empirie bezeichnen, aber wirklich empirisch waren seine Thesen nicht belegt. Das geschieht dann in den 1960er Jahren vor allem in München unter Karl Martin Bolte.

Westdeutsche Soziologie im »Kalten Krieg«

Jederman ist seines Glückes Schmied?

Ergebnis empirischer
Untersuchungen zur
sozialen Schichtung:
das Zwiebelmodell

In der Literatur taucht immer wieder der Begriff der »Boltesche(n) Zwiebel« auf, die das Ergebnis seiner genaueren Untersuchungen darstellt und eine Ausdifferenzierung dessen bedeutete, was Schelsky großzügig die nivellierte Mittelstandsgesellschaft genannt hatte. An der Graphik wird schnell sichtbar, dass neben den klaren Schichtungen auch andere Strukturen existieren. Auch kann man eine eindeutige Strukturierung von oben nach unten nicht mehr ausmachen, sondern es gibt bereits einzelne, soziale Hierarchiestufen überlappende Teile. Grundsätzlich gibt es bei Bolte die Oberschicht, die obere Mitte und die mittlere Mittelschicht. Wenn er die unterste Kategorie mit »sozial verachtet« beschreibt, dann handelt es sich dabei um eine soziologische Kategorie, die heute so nicht mehr verwendet würde, da diese Kategorie nicht nur beschreibt, sondern auch wertet.

Abb 1

K.M. Boltes »Zwiebel«-
Modell des Prestige-
Statusaufbaus

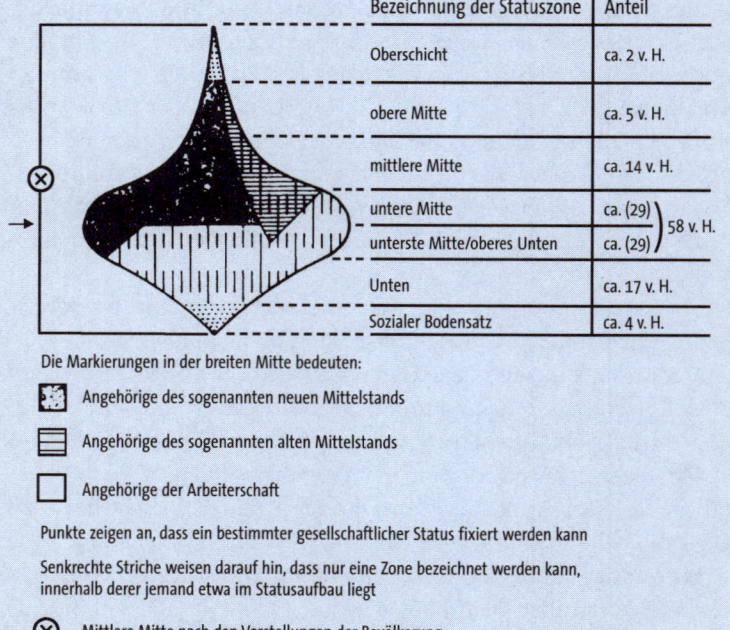

Bezeichnung der Statuszone	Anteil
Oberschicht	ca. 2 v. H.
obere Mitte	ca. 5 v. H.
mittlere Mitte	ca. 14 v. H.
untere Mitte	ca. (29)
unterste Mitte/oberes Unten	ca. (29)
Unten	ca. 17 v. H.
Sozialer Bodensatz	ca. 4 v. H.

58 v. H. (untere Mitte + unterste Mitte/oberes Unten)

Die Markierungen in der breiten Mitte bedeuten:

Angehörige des sogenannten neuen Mittelstands

Angehörige des sogenannten alten Mittelstands

Angehörige der Arbeiterschaft

Punkte zeigen an, dass ein bestimmter gesellschaftlicher Status fixiert werden kann

Senkrechte Striche weisen darauf hin, dass nur eine Zone bezeichnet werden kann, innerhalb derer jemand etwa im Statusaufbau liegt

⊗ Mittlere Mitte nach den Vorstellungen der Bevölkerung

→ Mitte nach der Verteilung der Bevölkerung 50 v. H. liegen oberhalb bzw. unterhalb im Statusaufbau

Quelle: Hradil 1999, S. 352

Die Boltesche Zwiebel ist alles in allem die klassische Darstellung des Statusaufbaus der westdeutschen Bevölkerung in den 1960er Jahren. Status setzt sich in diesem Fall aus Einkommen, Berufsposition und Prestige zusammen. Man war nicht mehr so naiv, sich nur auf objektive Faktoren zu beschränken, sondern es wurde auch nach der Selbsteinschätzung gefragt, und dann wurden Fremdeinschätzung und Selbsteinschätzung miteinander verglichen.

Die Boltesche Zwiebel konkurrierte mit einer anderen Variante, die damals entwickelt wurde und die in der Literatur als das »Dahrendorfsche Haus« sozialer Schichtung bezeichnet wird.

Andere Modelle
sozialer Schichtung

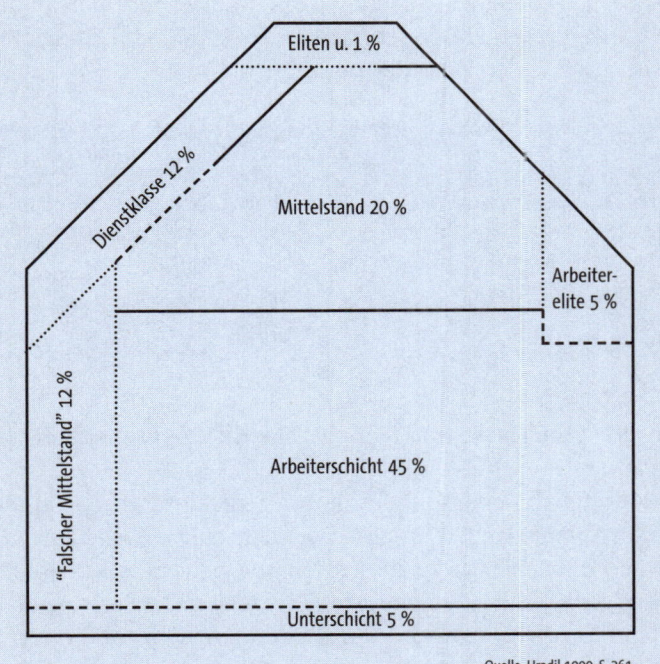

Abb 2

Das Dahrendorfsche
Haus

Eliten u. 1 %

Dienstklasse 12 %

Mittelstand 20 %

Arbeiter-
elite 5 %

"Falscher Mittelstand" 12 %

Arbeiterschicht 45 %

Unterschicht 5 %

Quelle Hradil 1999, S. 361

- Die »Arbeiterelite«: Meister, Spitzenverdiener
- Die »Arbeiterschicht«
- Der »falsche Mittelstand«: sozial weniger gut gestellte Angestellte, die sich gleichwohl zur Mittelschicht rechnen
- Die Unterschicht: Dauererwerbslose, Kriminelle etc.

Hier zeigt sich eine etwas andere Sichtweise. Es gibt nicht mehr nur Unterteilungen auf der vertikalen Ebene, sondern es gibt beispielsweise auch eine Dienstklasse oder einen »falschen Mittelstand«, also Personen, die Nebenkarrieren in der Gesellschaft machen. Eine solche Nebenkarriere kann etwa auf sportlichen Fähigkeiten (Fußball, Tennis) beruhen. Alles in allem ist dies jedoch eine sehr unsichere Kategorie, aus der man sehr schnell auch wieder herausfallen kann. Die »Arbeiterelite« ist ein Ergebnis der Untersuchungen, die Dahrendorf durchgeführt hat. Damit bezeichnet er eine langsam größer werdende Gruppe von mächtigen Gewerkschaftsfunktionären, Vorarbeitern in den Firmen oder freigestellten Betriebsräten. Die Struktur ist bei Dahrendorf alles in allem etwas weniger hierarchisch, aber man kann doch immer noch deutlich Schichten identifizieren.

Eine neue Gruppe im Schichtungsgefüge: die Arbeiterelite

> **Theorien sozialer Ungleichheit – 2. Übersicht**

Jahr	Theoretiker	Gliederungskriterium	Merkmale sozialer Ungleichheit
Ca. 1955	Helmut Schelsky	Nivellierte Mittelstandsgesellschaft	Schulausbildung, Einkommen, Status im Beruf
Ca. 1965	Karl Martin Bolte, Ralf Dahrendorf	Soziale Schichtung	Schulausbildung, Einkommen, Status im Beruf

3.1.3 | Jenseits von Klasse und Schicht: Die Risikogesellschaft

Die Vorstellung einer differenzierten Schichtung der Gesellschaft bekam Anfang der 1970er Jahre zwischenzeitlich noch einmal Konkurrenz durch die wieder entdeckten bzw. neu entdeckten Möglichkeiten des marxistischen Ansatzes. Dies hielt in der Soziologie (siehe Kapitel 2.4) einige Jahre an, wurde dann aber sehr bald wieder von der Erkenntnis abgelöst, dass ökonomische Ursachen allein für Entwicklungen und Zustände in der Gesellschaft nicht verantwortlich gemacht werden können. In den 1970er Jahren arbeitete über die Fragen der objektiven und subjektiven Gründe für soziale Ungleichheit an der Universität München eine größere Forschungsgruppe, ein sogenannter Sonderforschungsbereich der Deutschen Forschungsgemeinschaft (DFG), der von Karl Martin Bolte initiiert und über viele Jahre geleitet wurde. Aus diesem Forschungszusammenhang sind eine Reihe Wissenschaftler hervorgegangen, die inzwischen als Professoren an deutschen und ausländischen Universitäten lehren.

Hier sollen nun im folgenden für den dritten Abschnitt der Beschäftigung der Soziologie mit Gründen und Formen sozialer Ungleichheit zwei dieser Soziologen mit ihren Arbeiten vorgestellt werden, nämlich Ulrich Beck und Stefan Hradil.

Mitte der 1970er Jahre veröffentlichte Ulrich Beck einen Aufsatz mit dem Titel »Jenseits von Klasse und Schicht«. Darin vertritt er die These, dass die Abstände zwischen den sozialen Schichten, ob sie nun mit dem Dahrendorfschen oder mit dem Bolteschen Modell beschrieben werden, sich nicht verändert haben. Wohl habe sich aber das Wohlstandsniveau verändert. Das Ganze sei mit einem sogenannten »Fahrstuhleffekt« in der Wohlstandsleiter insgesamt nach oben gefahren, wobei allerdings die Abstände zwischen den Gruppen weitgehend erhalten geblieben seien. Die »message« dieser These aus »Jenseits von Klasse und Schicht« könnte man so verallgemeinern: Der Wohlstand ergreift alle.

Fahrstuhl zum Wohlstand

Allerdings fand Beck dann noch zu einer zweiten These, die er in dem Buch »Die Risikogesellschaft« vorstellte. Dieses Buch wurde in der Bundesrepublik auch deshalb ein Bestseller, weil es die Möglichkeit bot, nach Tschernobyl bestimmte Bedrohungen der Gesellschaft auf den Punkt zu bringen.

Tschernobyl und die Folgen

Was heißt nun Risikogesellschaft? Es ist die Verlängerung der These von »Jenseits von Klasse und Schicht« und bedeutet nichts anderes, als dass es in fortgeschrittenen Industriegesellschaften – Ulrich Beck nennt dies die »reflexive Moderne« – selbst erzeugte Risiken gibt, die einen jeden betreffen. Beck macht das vor allen Dingen an Umweltproblemen deutlich und verbindet dies dann mit einem anderen Ereignis dieser reflexiven oder, wie er das auch an anderen Stellen genannt hat, »zweiten« Moderne, nämlich der Individualisierung der Menschen in der Gesellschaft.

Individualität in der 2. Moderne

Einerseits sind alle Mitglieder der Gesellschaft von übergreifenden Risiken betroffen und bedroht, andererseits bietet der fortschreitende Wohlstand und die damit verbundene Ausdifferenzierung der Gesellschaft immer mehr Möglichkeiten, sich alten Zwängen und Traditionen zu entziehen. So nimmt beispielsweise das arbeiterspezifische Bewusstsein an Bedeutung ab, was die Gewerkschaften nicht nur am Rückgang ihrer Mitgliederzahlen merken, sondern auch an der veränderten Interessenlage ihrer Mitglieder.

Es kommt auch zu einer Enttraditionalisierung, z.B. tragen Universitätsprofessoren keine Talare mehr. Dies hat Ulrich Beck im Einzelnen nachgezeichnet. Die Zuordnungen zu einer bestimmten sozialen Gruppe nehmen langsam ab. Zusammen mit der Individualisierung von Lebenslagen entsteht nach und nach etwas, das er »Bastelbiographien« nennt. Der Ausbau des Bildungssystems, zunehmendes Wohnen in sozial heterogenen, urbanen Siedlungen und ähnliche Faktoren führen dazu, dass es unterschiedliche Ausdrucksformen des Lebens gibt, die allerdings immer wieder gefährdet sind. Im nächsten Kapitel, in dem es um die langfristigen Prozesse der Individualisierung und der Globalisierung geht, wird dieses Thema noch einmal aufgegriffen.

Bastelbiographien

3.1.4 | Lebenslagen und soziale Milieus

Der zweite Autor, auf den eingegangen werden soll, ist Stefan Hradil. Dessen Buch »Soziale Ungleichheit in Deutschland« ist 1999 in der 7. Auflage neu bearbeitet erschienen. Hradils These ist, dass es durch neue Dimensionen des Lebens und neue Zuweisungsmerkmale sozialer Ungleichheit überhaupt keine klar erkennbaren Strukturen mehr gibt. Man könne nicht länger einzelne Positionen auf einer vertikalen oder horizontalen Achse abtragen.

Die alten Merkmale der Klassen- oder Schichtungstheorie, Ungleichheit des Einkommens, Ungleichheit von Machtteilhabe, Ungleichheit von Bildungsanteilen und Ungleichheit von Berufsprestige werden durch neue Dimensionen abgelöst, wie z.B. Arbeits- und Freizeitbedingungen, Wohn- und Wohnumfeldbedingungen, auch die Formen der sozialen Sicherheit (Arbeitsplatz, Gesundheit) und die Ungleichheit in der Behandlung in der Öffentlichkeit (Vorurteile, Stigmatisierungen, Diskriminierungen) liefern eine ganz andere Darstellung des sozialen Aufbaus und der sozialen Differenzierung einer fortgeschrittenen Industriegesellschaft. Das ist nicht mehr die Gesellschaft der 1950er Jahre, sondern eine weit fortgeschrittene Industriegesellschaft in einer sich globalisierenden Welt, die sich immer stärker ausdifferenziert.

Von der Schichtungsanalyse zur Untersuchung von Lebenslagen und Milieus

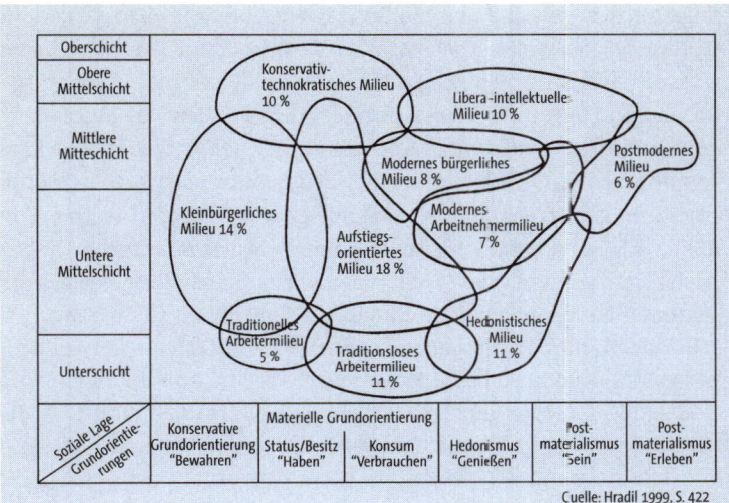

Quelle: Hradil 1999, S. 422

Das, was ab der zweiten Hälfte der 1980er Jahre vor allem die soziale Ungleichheit bestimmt, ist die Frage, ob jemand einen Arbeitsplatz hat und wie sicher dieser ist; ob man vollbeschäftigt ist oder einen Teilzeitarbeitsplatz hat; ob man in einer alten Industrie beschäftigt ist oder in einer Zukunftsbranche. Auch die Freizeitbedingungen, Wohn- und Umweltbedingungen hängen sehr davon ab, ob man in einem Wohnblock mit 300 Wohnungen oder in einem Einfamilienhaus in einer teuren Wohngegend lebt.

Ungleichheit hat viele Formen

Im letzten Jahrhundert war völlig klar: Wer Arbeiter war, der lebte in beengten Wohnverhältnissen, hatte kaum Freizeitmöglichkeiten und wenn, dann solche, die klassenspezifisch begrenzt waren. Diese Einschränkungen gibt es nicht mehr, und so hängt es sehr davon ab, welche Freizeitmöglichkeiten sich eröffnen und welche man sich leisten kann. Auch die soziale Sicherheit ist unterschiedlich ausgeprägt und schließlich stellt sich auch die Frage der Ungleichbehandlung aufgrund von Geschlecht, regionaler Zugehörigkeit, Nationalität, Ethnie. Ob man z.B. als Gemüsehändler zur Mittelschicht gehört, hängt eben auch davon ab, ob man diesen Beruf in der dritten Generation in einer Hamburger oder Münchener Familie oder in der zweiten Generation türkischer Zuwanderer ausübt.

Lebenschancen sind ungleich verteilt

Die neuen Zuweisungsmerkmale wurden in den letzten zehn Jahren sehr genau herausgearbeitet. In Bezug auf regionale Unterschiede vermutete man in den 1980er Jahren der BRD ein Süd-Nord-Gefälle. Mittlerweile hat sich herausgestellt, dass dies so nicht mehr stimmt. Dagegen gibt es jetzt ein Ost-West-Gefälle. Die Region, in der jemand aufwächst, entscheidet mit über seine Zukunftschancen. Ebenso sind bestimmte Lebensformen, insbesondere Alleinerziehende, besonders benachteiligt. Auch Alter und Geburtenzeitraum sind von Bedeutung. Ob jemand in einer Zeit geburtenschwacher oder in einer Zeit geburtenstarker Jahrgänge geboren worden ist, hat Einfluss auf Lebenschancen, denn die geburtenstarken Jahrgänge haben nach zwanzig Jahren größere Probleme, einen Ausbildungsplatz und später einen Arbeitsplatz zu finden, als diejenigen, die in geburtenschwachen Jahrgängen geboren wurden. Schließlich spielt die Frage der Nationalität in unserer Gesellschaft eine große Rolle.

Es gibt also eine ganze Reihe neuer Zuweisungsmerkmale, die bis in die 1970er Jahre nicht diese Rolle gespielt haben und auch bei den umfangreichen empirischen Untersuchungen so nicht aufgefunden wurden. Sie kommen erst Mitte der 1980er Jahre zum Vorschein und haben dazu geführt, dass eben auch die Darstellung der Milieus und Lebensstile sich von den Grafiken, wie sie Theodor Geiger, Karl Martin Bolte oder Ralf Dahrendorf verwendeten, deutlich unterscheidet.

▶ **Theorien sozialer Ungleichheit – 3. Übersicht**

Jahr	Theoretiker	Gliederungskriterium	Merkmale sozialer Ungleichheit
Ca. 1985	Ulrich Beck	Lebenslagen jenseits von Klasse und Schicht	Mix von Schulbildung, Einkommen, Status im Beruf und (individuellen) Milieus, »Bastelbiographie«
Ca. 1998	Stefan Hradil	Soziale Lagen und soziale Milieus	Handlungschancen und Lebensziele, Neue Zuweisungsmerkmale und Dimensionen

Die Globalisierung vermischt nationale Formen sozialer Ungleichheit

Am Ende des 20. Jahrhunderts haben die Industriegesellschaften eine andere Struktur als am Ende des 19. Jahrhunderts. Entsprechend dem Prozess der Veränderung hat sich auch die soziologische Erforschung der Gründe und Formen sozialer Ungleichheit weiterentwickelt. Dabei lassen sich noch immer national spezifische Unterschiede feststellen, wobei es ohne eine Verknüpfung von objektiven Gegebenheiten und subjektiven Bewertungen keine angemessene Konzeption geben kann.

Ob sich die noch existierenden nationalen Unterschiede im Zuge der zu Beginn des 21. Jahrhunderts heftig diskutierten »neuen« Entwicklung, der Globalisierung, ganz auflösen werden, kann noch nicht prognostiziert werden, denn welche Auswirkungen die Globalisierung haben wird, steht noch nicht fest. Neben den Begriff Individualisierung ist der der Globalisierung getreten. Die Öffentlichkeit nutzt diese Wörter, um die gegenwärtige Phase der gesellschaftlichen Entwicklung zu kennzeichnen und gleichzeitig Perspektiven der Zukunft zu formulieren. Mit den beiden Begriffen und ihrer Bedeutung beschäftigt sich das nächste Kapitel.

Lernkontrollfragen

Wie differenziert Theodor Geiger den Klassenbegriff von Marx? **1**
Welche soziologischen und politischen Dimensionen hatte Schelskys **2**
nivellierte Mittelstandsgesellschaft?
Vergleichen Sie »Boltes Zwiebel« mit »Dahrendorfs Haus«. **3**
Diskutieren Sie neue Zuweisungsmerkmale und neue Dimensio- **4**
nen sozialer Ungleichheit.

Infoteil

Als Einführung in das Thema soziale Ungleichheit kann das 1999 in der 7. Auflage und neu bearbeitet erschienene Buch von Stefan Hradil: **Soziale Ungleichheit in Deutschland**, Opladen 1999 dienen. Es informiert über die verschiedenen Phasen der soziologischen Ungleichheitsforschung und begründet die theoretische Konzeption der sozialen Lagen und sozialen Milieus. Die Sozialstruktur in Deutschland ist in zwei weiteren Büchern ausführlich dargestellt. Erstens in Rainer Geißler: **Die Sozialstruktur Deutschlands. Zur gesellschaftlichen Entwicklung mit einer Zwischenbilanz zur Vereinigung**. 2., neubearb. u. erw. Auflage, Opladen 1996. Das zweite Buch ist von Bernhard Schäfers: **Sozialstruktur und sozialer Wandel in Deutschland. Mit einem Anhang: Deutschland im Vergleich europäischer Sozialstrukturen**. 7., verbesserte Auflage, Stuttgart 1998.

Individualisierung und Globalisierung 3.2

Mit den Begriffen Individualisierung und Globalisierung verbinden sich in den öffentlichen Diskussionen, in denen sie häufig benutzt werden, bestimmte Vorstellungen, mal positive Zukunftsvisionen, mal schlimme Befürchtungen. In so ziemlich jeder gesellschaftspolitischen Debatte – vor allem in Talkshows mit PolitikerInnen – tauchen in schöner Regelmäßigkeit Sätze auf wie: »Die Individualisierung hat das Leben der Menschen verändert«, oder: »Wir müssen die Chancen der Globalisierung nutzen«. Die beiden Begriffe gehören auch zum Repertoire der Soziologie, wobei der Begriff »Individualisierung« schon in den Anfängen der Soziologie geprägt wurde, während »Globalisierung« eher ein neues Modewort ist, das auch von der Soziologie aufgegriffen wurde.

Sozialwissenschaftliche Kategorien bzw. soziologische Begriffe, die für bestimmte Phasen der Entwicklung sowie für die Beschreibung von Zuständen gesellschaftlicher Teilgruppen genutzt werden, sind einem dialektischen Prozess unterworfen. Je genauer und je anschaulicher sie sind, um so größer ist die Wahrscheinlichkeit, dass diejenigen, die mit ihnen konfrontiert werden, sie für die Realität halten. Wir haben es hier mit einem Problem zu tun, das in Kapitel 1.3 zu Max Weber bereits einmal erörtert wurde. Mit Webers Worten gesprochen handelt es sich dabei um Begriffe, die eine hohe Kausal- und eine hohe Sinnadäquanz haben. Das führt leicht dazu, dass sie für die Realität gehalten werden, in dem Sinne, dass Max Webers Idealtypen dann für ideale Typen gehalten werden.

Soziologische Begriffe haben die tückische Eigenschaft, die Grenzen zwischen Realität und wissenschaftlicher Analyse aufzuweichen und zu verwischen. Das hat auch damit zu tun, dass Soziologen und Soziologinnen dem Gegenstand ihrer Untersuchung, nämlich der Gesellschaft, selbst angehören. Meistens gelingt es auch nicht, die Formulierung der Begriffe und ihre Anwendung hundertprozentig von persönlichen Vorstellungen, Wünschen und Ängsten freizuhalten. Das ist auch ein Problem im Umgang mit Begriffen wie Individualisierung und Globalisierung.

Die Schwierigkeiten soziologischer Begriffsbildung

3.2.1 | Individualisierung

Dies zeigt sich schon bei der Untersuchung zu entsprechenden gesellschaftlichen Prozessen, die gegen Ende des 19. Jahrhunderts durchgeführt wurden. Eigentlich haben alle Soziologen, die wir in den ersten Kapiteln kennengelernt haben, die gesellschaftlichen Veränderungen vom Mittelalter in die Neuzeit untersucht. Wenn Emile Durkheim die Veränderungen so beschreibt, dass die Menschen nicht länger in mechanischer Solidarität, sondern in organischer Solidarität leben, dann kommt er ebenso wie Ferdinand Tönnies zu der Feststellung, dass sich die alten, festgefügten Strukturen, die dem Einzelnen Halt und Schutz gewährten, aufgelöst haben. Die Menschen der industriellen Zeit müssen sich als vereinzeltes Individuum in gesellschaftlicher Arbeitsteilung zurechtfinden und leben in großen unpersönlichen Städten. Den Verlust gemeinschaftlicher Orientierungen nennt dann Georg Simmel erstmals Individualisierung.

Individuen in gesellschaftlicher Arbeitsteilung

Gerade die Soziologen der frühen Phase gehen meist aber auch davon aus, dass dies eine zu kritisierende oder jedenfalls nicht sehr erfreuliche Entwicklung für die Menschen sei. Distanzierter, wenn auch immer noch besorgt über die Neurosen der modernen Menschen, ist Norbert Elias. In »Über den Prozess der Zivilisation« hat er den Prozess der Entstehung moderner, zentral regierter Staaten beschrieben und erklärt. Im Zusammenhang mit dem Entstehen dieser Staaten, die von Industrialisierung, einem Geflecht von Arbeitsteilung und Marktbeziehungen sowie einer Zunahme von Mobilitätschancen begleitet waren und den Menschen immer mehr Konsumchancen ermöglichten, werden die Menschen nach und nach selbständiger, und das heißt auch, sie werden individueller und können sich der Klassen- und Schichtzugehörigkeit wenigstens zum Teil entziehen.

Eine janusköpfige Entwicklung

Im vorigen Kapitel ist gezeigt worden, wie bedeutsam diese Entwicklungen auch für die theoretischen Konzepte der Soziologie sind. Aber das eigentliche Problem entsteht außerhalb der Soziologie. In der Öffentlichkeit hat sich der soziologische Begriff der Individualisierung, mit dem langfristige Veränderungen gekennzeichnet werden, mittlerweile zu einem sozialpolitischen Programm verändert. Von der Rede über »Individualisierung« bis hin zu der Feststellung »Individualisierte Menschen sind für sich selbst verantwortlich« ist es nur ein kleiner Schritt. Das klingt recht harmlos, ist aber in der Konsequenz mit dem Abbau bzw. mit einer Verringerung der sozialen Sicherungssysteme verbunden und im Übrigen eine Schlussfolgerung zur Individualisierung, die bereits Herbert Spencer um 1880 vertrat.

Individualisierung als Ideologie

Die These von der Bastelbiographie

3.2.2

Im Verlauf seiner Untersuchungen zu Gesellschaften jenseits von Klasse und Schicht hat Ulrich Beck davon gesprochen, dass die Individualisierung heutzutage Bastelbiographien ermögliche. Damit will er auf die Tatsache aufmerksam machen, dass alte Gewissheiten, die »von der Wiege bis zur Bahre« reichten, sich auflösen und sich damit neue Gestaltungsmöglichkeiten, aber – und das wird oft übersehen – auch neue Handlungszwänge ergeben. Leider wird in den öffentlichen Debatten fast nur der erste Teil gesehen, aber es gibt nicht nur Gewinner in diesem Spiel. Es ist sicher richtig, dass immer mehr Menschen mit einer immer besseren Ausbildung größere Möglichkeiten haben, ihre Biographien zu gestalten. Das kann allerdings nicht darüber hinwegtäuschen, dass es nach wie vor bestimmte Lebenslagen und bestimmte Lebensstile gibt, in denen doch eine größere Zahl von Menschen zusammengefasst werden kann.

Wer seine eigene Existenz betrachtet, wird schnell merken, dass es so viel zum Basteln gar nicht gibt. Es gibt kaum noch einen Beruf, den man erlernt und dann 40 Jahre ausübt. Einerseits wird das als Vorteil angesehen, und es wird auch unterstellt, dass die Menschen damit produktiv umgehen können. Meistens hören wir das von denjenigen, die von dem, was mit Individualisierung oder Bastelbiographie beschrieben wird, profitieren. Selbstverständlich ist der Manager, der Global Player der Meinung, dass er sich sein Leben selbst gestaltet. Aber wenn seine Arbeitnehmer auf die Idee kommen, andere Werte einzufordern als die traditionellen der Industriearbeiterschaft wie Fleiß und Unterordnung, ertönt schnell die Kritik, dass die Individualisierung die traditionellen Werte beschädige.

> **Bastelbiographien sind riskant**

Hochkonjunktur hatte der Begriff Individualisierung in der BRD in den 1980er Jahren. In der zweiten Hälfte dieses Jahrzehnts wurde sehr heftig über Individualisierungsprozesse debattiert, vor allem im Zusammenhang mit der Reduzierung sozialer Sicherungssysteme. Nach 1989/90 wurde einige Jahre über die Probleme der Wiedervereinigung diskutiert. Inzwischen ist aus der Individualisierungsdebatte die Globalisierungsdebatte geworden, aber die Strukturen der Debatten sind relativ ähnlich. Auch bei dem Begriff »Globalisierung« muss man zwischen empirischer Realität und sozialem Programm unterscheiden.

> **Unterscheidung von empirischer Realität und sozialem Programm**

3.2.3 | Ökonomische Grundlagen der Globalisierung

Ganz allgemein gesprochen ist Globalisierung eine weitere Internationalisierung der Produktion und der Kapitalströme. Es ist eine Veränderung der internationalen Arbeitsteilung bei flexiblerem Kapitaleinsatz zu beobachten, und dies hat auch für die räumliche Basis von Produktion und Kapitaleinsatz eine Bedeutung.

Das ist eine relativ ökonomische Beschreibung, aber als Folge kann man eine buntere Mischung sehen: die Industrialisierung neuer Räume, die De-Industrialisierung alter Produktionsstandorte, die Re-Industrialisierung ehemaliger Produktionsstandorte. Es gibt keine einheitlichen Entwicklungen, sondern nur unterschiedliche Richtungen eines allgemeinen Prozesses.

De-Industrialisierung

Dieser Prozess hat die industrielle Entwicklung der letzten 150 bis 180 Jahre begleitet. Immer wenn eine technologische Innovation sich durchsetzte, veränderte sich auch die Organisation der Menschen in der Produktion, ihre soziale Hierarchie. Nehmen wir das Beispiel der Dampfmaschine. Mit ihr konnten plötzlich 40 Webstühle gleichzeitig betrieben werden, damit veränderte sich auch die Arbeitsorganisation und die Möglichkeit der sozialen Kontrolle der Arbeiter.

Globalisierung bedeutet, dass die neu entstandenen Technologien international simultan anwendbar und vermarktbar sind und auch Massenproduktionen unter nahezu jeder Voraussetzung, d.h. nahezu an jedem Ort der Welt, möglich geworden sind. Globalisierung ist so gesehen Teil eines langfristigen gesellschaftlichen Prozesses, dessen Vorgeschichte mögliche Zukünfte mitbestimmt.

Massenproduktion an jedem Ort der Welt möglich

Das öffentliche Reden über Globalisierung war und ist für die meisten Beteiligten eine rhetorische Strategie, mit der Mehrheiten gewonnen und Verhältnisse und Verhaltensweisen verändert werden sollen. Die Debatte über Globalisierung kann daher für die Entscheidung der Akteure wichtiger sein als die tatsächlich zugrunde liegenden Fakten, gerade wenn zu jedem Trend auch ein Gegentrend zu existieren scheint. In Deutschland fühlt man sich darüber hinaus eher als Opfer und Verlierer der Globalisierung, obwohl die Zahlen der Außenhandelsüberschüsse oder die Höhe der Direktinvestitionen von Ausländern diese Einschätzung nicht bestätigen. Eine Situation aber, die von Menschen als real verstanden wird, hat auch reale Konsequenzen.

Die Globalisierungsdebatte als rhetorische Strategie

Globalisierung wird in Deutschland als relevantes, aber schwer kontrollierbares Phänomen wahrgenommen. Länder, die größere Anpassungen schon hinter sich gebracht haben wie Großbritannien oder solche, die sich aufgrund ihrer geringen Größe schon immer an internationale Trends anpassen mussten wie z.B. die Niederlande oder die sich in der Rolle der Gestalter der Globalisierung fühlen wie die USA, weisen deutlich andere Formen von Debatten über die Globalisierung auf als westeuropäische Staaten wie Frankreich oder Deutschland. Wie ist diese unterschiedliche Einschätzung zu erklären?

3.2.4 | Entgrenzung und Beschleunigung

Menschen, und die kleinen und großen Gesellschaften, die sie miteinander bilden, definieren sich über Grenzen, durch Unterscheidungen zur jeweiligen Umwelt. Grenzen schaffen Identitäten, sie bestimmen darüber, wer zu etwas gehört und wer ausgegrenzt wird. Das gilt von der kleinen Einheit der Familie über Unternehmen bis hin zu Nationen. Grenzen definieren Wirkungszusammenhänge und Handlungsräume und ermöglichen Zuordnungen von Verantwortlichkeiten für Entscheidungen. Und, auch das ist sehr wichtig, Grenzen ermöglichen das Erkennen und Unterscheiden von Differenzen.

Grenzen schaffen Identitäten

Das zentrale Kennzeichen der Globalisierung ist, dass die bisherigen Grenzen verschwimmen. Das lässt diesen Prozess als etwas ganz Neues erscheinen. Es bleibt zwar vorläufig noch die Systemgrenze unseres Planeten, aber bei allen anderen Grenzen wird durch die gestiegene Zahl und Intensität der Interaktionen der Unterschied zwischen »drinnen und draußen«, zwischen »uns« und den »anderen« zunächst verwischt, und damit auch das, was eine Grenze ausmacht. Dabei können durchaus neue, kleinere Grenzen entstehen, wenn die großen fallen, wie es etwa nach dem Fall der Mauer in Deutschland gewesen ist. Es ist nicht so, dass Europa nun grenzenlos wäre. Veränderungen und Auflösungen von Grenzen sind an sich weder gut noch schlecht, sie müssen aber in ihren jeweiligen Konsequenzen verstanden werden, seien sie nun weitreichend oder marginal.

Die alten Grenzen verschwimmen

Die Veränderung scheint dabei eine eigene Beschleunigung zu entwickeln. Alles geht viel schneller, von der Produktentwicklung bis zum Aufkommen und Verschwinden politischer Ideen oder Managementmethoden. Und auch hier gibt es wieder gegenläufige Tendenzen, nämlich den Versuch, sich an gestern erfolgreichen Methoden zu orientieren. Deshalb sind sich alle Beteiligten – Individuen, Organisationen, Unternehmen, politische Parteien – eben auch gar nicht sicher, wie sie auf die Herausforderungen, die sich mit diesen Entwicklungen verbinden, reagieren sollen. Das sind typische Probleme eines Übergangs, in dem das Alte nicht mehr wirkungsmächtig genug ist, das Neue sich aber noch nicht klar herausgebildet hat. Die Konsequenz daraus ist die Notwendigkeit, mit Ambivalenzen, Unsicherheiten und Überraschungen umgehen zu lernen. In der Wirtschaft wird das gerne Flexibilität genannt,

Alles geht jetzt viel schneller

wenn stabile, prognostizierbare Handlungsmuster fehlen. Dies gilt auch für die Debatte, die in der deutschen Gesellschaft über die Globalisierung geführt wird.

Wie soll sich die Soziologie zu diesen Entwicklungen äußern, bzw. welche Zugänge gibt es? Es sind im wesentlichen gesamtgesellschaftliche Probleme, um die es geht, was nahelegt, sich bei jenen soziologischen Ansätzen umzusehen, die sich mit gesellschaftlichen Entwicklungen befassen und entsprechende Theorien formulieren. Dies soll im Folgenden anhand zweier solcher Ansätze versucht werden, nämlich der Systemtheorie von Niklas Luhmann und der Prozesstheorie von Norbert Elias.

Globalisierung – systemtheoretisch   3.2.5

Niklas Luhmann hat in seinen Betrachtungen der gesellschaftlichen Entwicklung schon seit Anfang der 1980er Jahre nicht mehr davon gesprochen, dass es Nationalstaaten gibt, die mit dem sozialen System Gesellschaft identisch sind. Da Kommunikation die Grundeinheit sozialer Systeme bildet und die Möglichkeiten der Kommunikationstechnologien weit über die Ländergrenzen hinausreichen, war er schon seit längerem der Meinung, dass das soziale System Gesellschaft nicht mehr durch nationalstaatliche, geographische Grenzen bestimmt werden kann.

Luhmann ging im Gegenteil davon aus, dass Menschen prinzipiell weltweit interagieren können. Er stellte eine weltweite öffentliche Meinung fest, beschrieb großräumige, zum Teil weltweite wirtschaftliche Verflechtungen sowie eine allgemeine Befriedung der Welt, die auch über die Grenzen hinweg funktionieren sollte. Dabei ging er nicht davon aus, dass wirklich jeder Mensch auf der Welt mit jedem anderen kommunizieren kann, also etwa ein Bewohner in einem brasilianischen Armenviertel mit einem Frankfurter Banker. Es geht Luhmann um die prinzipielle Möglichkeit, die auch innerhalb von Staaten nicht immer realisiert werden kann.

Kommunikation bestimmt die Grenzen der sozialen Systeme

Insgesamt haben sich die Zugangsvoraussetzungen zur weltweiten Interaktion verändert. Während es früher eher davon abhing, über welche Geldmittel jemand verfügte, wie hoch sein privates Vermögen war, das ihm diverse Zugänge zu anderen Ländern und anderen Menschen ermöglichte, so scheint sich dies mittlerweile einerseits durch die Zugehörigkeit zu weltweiten Organisationen, aber auch durch die Kommunikationstechnologie geändert

Die Bedeutung der Kommunikationstechnologien

zu haben. Das lässt sich an einem einfachen Beispiel erklären. Italienische Auswanderer in die Vereinigten Staaten schrieben zu Beginn des vergangen Jahrhunderts einmal im Jahr einen Brief nach Hause, soweit sie jemanden fanden, der ihnen diesen Brief aufsetzte, und nach zwei Jahren kam dann vielleicht ein Antwortbrief und brachte Nachrichten aus Corleone, aber ansonsten gab es keine Kommunikation. Heute ist das ganz anders. Telefon und Internet machen es möglich, jederzeit mit Mitgliedern der Heimatgemeinde in Kontakt zu treten und Informationen über das Leben jenseits und diesseits des Atlantik auszutauschen. Diese neue Kommunikationssituation ist für Luhmann von großer Bedeutung.

In einfachen, gering differenzierten Gesellschaften dominiert die Interaktion und Kommunikation unter Anwesenden. Interagieren, kommunizieren kann man nur mit jemandem, der sich am selben Ort befindet. Dies kann im Konfliktfall zur Bedrohung für den Fortbestand des Systems, der Gesellschaft führen. In solchen direkten Interaktionen können Konflikte nämlich nur vermieden oder direkt ausgetragen werden; sie können nicht auf einem Nebenschauplatz ausgetragen werden. Da Interaktionssysteme themenzentriert und sequentiell ablaufen, heißt dies automatisch, dass ein Konflikt alle Aufmerksamkeit und alle Ressourcen der Beteiligten auf sich zieht.

Für Luhmann ist ein wesentliches Merkmal der heutigen Weltgesellschaft die Möglichkeit von Kommunikation bei Abwesenheit, oder wie er das ausdrückt: der Differenz von Interaktion und Gesellschaft. Damit kommt es zu einer Normalisierung von Konfliktverhalten. Zwar nehmen die Möglichkeiten zu Konflikten in ausdifferenzierten Gesellschaften zu, da mit zunehmender gesellschaftlicher Komplexität eine Differenzierung der Interessen und Perspektiven einhergeht, gleichzeitig ergibt sich aber auch die Möglichkeit, Konflikte auf Nebenschauplätzen auszutragen. Es können also Hauptinteressen weiterverfolgt werden, ohne dass die gesamte Aufmerksamkeit und alle Ressourcen des Systems in die Konfliktbewältigung eingebunden werden. So ist das Funktionieren der Gesellschaft nicht mehr vom Abbruch einzelner Interaktions- und Kommunikationsstrukturen bedroht.

Das bedeutet auf der anderen Seite, dass in ausdifferenzierten Gesellschaften die Möglichkeit von Konflikten auch deshalb zunimmt, weil es nun relativ ungefährlich geworden ist, Teilkonflikte auszutragen. In dem Moment, in dem es nicht mehr lebensbedroh-

Die Differenz von Inter-aktion und Gesellschaft

Konflikte nehmen zu

lich für eine kleine Gruppe ist, interne Konflikte auszutragen, nimmt deren Zahl zu, da es die Möglichkeit gibt, diese Konflikte neben den Gesellschaften herlaufen zu lassen. Es können partikulare Interessen verfolgt werden, ohne die gesamte Aufmerksamkeit, ohne sämtliche Ressourcen des Systems zu binden. Wenn man das auf die öffentliche Debatte über Globalisierung überträgt, dann sieht man, dass die Unternehmer z.B. die Ziele ihrer Globalisierungsstrategien, wie etwa den Grad der internationalen Verflechtungen zu erhöhen, verfolgen, ohne dass es darüber zu einer intensiven Debatte in der Öffentlichkeit kommt.

Luhmann hat deutlich gemacht, dass dies für ihn ein Prozess ist, der nicht rückgängig gemacht werden kann. Er glaubt zwar nicht, dass sich regionale Besonderheiten ganz auflösen; politische Forderungen werden nach wie vor an den Staat gerichtet, aber die interne Sanktion, auf welcher der Nationenbegriff beruht, löst sich in der Weltgesellschaft auf. Für ihn ist es von elementarer Bedeutung, diesen evolutionären Charakter der Weltgesellschaft zu verstehen.

Weltgesellschaft

Regionale Gesellschaften werden, wie gesagt nicht, verschwinden, aber in der Weltgesellschaft an Bedeutung verlieren. Indem Luhmann die Kommunikation mit Abwesenden zum zentralen Kennzeichen einer ausdifferenzierten Weltgesellschaft erklärt, macht er es gleichzeitig möglich, die internen Abläufe innerhalb der beteiligten Gesellschaften im Globalisierungsprozess besser zu verstehen. Wenn Kommunikation die zentrale Kategorie in der Theorie ist, dann müssen diese unterschiedlichen Kommunikationsformen zur Erklärung gesellschaftlicher Zustände und Veränderungen herangezogen werden.

Kommunikation als zentrale Kategorie

Globalisierung – prozesstheoretisch

3.2.6

Die zweite Möglichkeit, den Globalisierungsprozess soziologisch zu interpretieren, ergibt sich aus der Prozesstheorie von Elias. In seinem Buch »Über den Prozess der Zivilisation« zeigt er, dass die Entwicklung vom frühen Mittelalter bis in die frühe Neuzeit einmal durch den engen Zusammenhang von Psychogenese und Soziogenese in langfristiger Hinsicht bestimmt war und dass man mit kurzfristigen statischen Betrachtungen die eigentliche Dynamik der Figurationen, in welchen die Menschen der jeweiligen Zeit eingebunden waren, nicht erkennen kann. Aus seiner Perspektive kann Globalisierung die jüngste Phase eines Prozesses der fortschreiten-

Globalisierung: jüngste Phase in einem langfristigen Prozess?

den Integration von Menschen sein, in dem die Verhaltensweisen der Menschen sowie die Organisationsformen menschlicher Gruppen, die zudem zahlenmäßig und von ihrer geographischen Ausdehnung her immer größer werden, spezifischen Wandlungen unterliegen. Man kann dazu drei Ebenen analytisch unterscheiden:

1. Die Ausweitung des Handlungsradius, zumeist als Folge technischer Innovationen.
2. Die Zunahme der Interdependenz als Folge gesellschaftlicher Differenzierung.
3. Das Größenwachstum der gesellschaftlichen Einheit.

Elias hat dies für die verschiedenen Phasen der Entwicklung als strukturierten Prozess beschrieben. In diesem können wiederum jeweils die Reaktionen der Menschen untersucht werden. Für die Neuzeit hat er dies in seinem Buch »Die Gesellschaft der Individuen« in Teil drei: »Wandlungen der Wir-Ich-Balance« beschrieben bzw. aufgrund seiner soziologischen Analyse prognostiziert. Es sind im wesentlichen drei Veränderungen, die die einzelnen Integrationsschübe für die Individuen mit sich bringen, nämlich jeweils die Frage,

- ob sie einen individuellen Machtverlust erleiden,
- ob es eine fortschreitende Individualisierung gibt und
- ob es etwa eine Bedrohung der kollektiven Identität gibt.

Wir-Ich-Balancen verschieben sich

Bei der Analyse der Auswirkungen der Globalisierung auf unterschiedliche Gruppen der Gesellschaft ist von Bedeutung, dass alle Mitglieder einer Gesellschaft im gleichen Maße von den Folgen der Globalisierung betroffen sind. Dabei spielen die Ressourcen, über welche die Individuen verfügen, eine Schlüsselrolle. Unter Ressourcen kann unter Anlehnung an Pierre Bourdieu nicht nur das ökonomische Kapital, sondern auch das kulturelle und soziale verstanden werden.

Es geht immer um Ressourcen von Macht

3.2.7 | Globalisierung – soziale Lagen und Milieus

Untersucht man die drei Veränderungsprozesse, dann lassen sich in der deutschen Gesellschaft grob drei Gruppen unterscheiden:

- die politisch-ökonomische Elite,
- die kritisch-intellektuelle Elite und
- die gegen Lohn arbeitende Bevölkerung.

Die politisch-ökonomische Elite entfernt sich immer mehr vom Großteil der Bevölkerung. Zum Leben dieser Menschen gehört, dass sie häufig mit Menschen anderer ethnischer Zugehörigkeit verhandeln müssen. Sie sprechen fremde Sprachen, Arbeitsplatz und Wohnort können im Laufe eines Berufslebens in mehreren Erdteilen liegen. Gewinne entstehen zunehmend auch oder ausschließlich außerhalb des eigenen Geburtslandes, lassen sich ohne grenzüberschreitenden Verkehr kaum noch erwirtschaften. In diesem Sinne sind für sie globale Entwicklungen häufig von größerer Bedeutung als nationale.

Im Alltag bewegen sich diese Menschen zunehmend abgetrennt vom gesellschaftlichen Alltag der Mehrzahl der Bevölkerung. Sie benutzen selten öffentliche Nahverkehrssysteme, wohnen relativ abgesondert, residieren in oberen Etagen von repräsentativen Bürotürmen. Die Sorgen und Nöte der Mehrheit der Bevölkerung wie Wohnungsnot, Kindergartenplatzmangel, Steuerbelastung, Konkurrenz um knappe Güter erfahren sie, wenn überhaupt, aus den Medien, wobei offen bleiben kann, was sie dort tatsächlich erfahren.

Zwischen dieser Gruppe und dem Großteil der Bevölkerung liegt als Puffer die ebenso engagierte wie hilflose kritisch-intellektuelle Elite. Diese Menschen leben in einer nicht ganz so stark segregierten Situation wie die politisch-ökonomische Elite, befinden sich auch nicht in einer direkten Wettbewerbsposition, etwa zu ethnischen Minderheiten. Aus humanitären, ökologischen, religiösen und/oder utopischen Idealen – im Allgemeinen aus einer Verknüpfung mehrerer dieser Motive – fühlen sie sich als Teil der Einen Welt. Ihr Engagement gilt der Sensibilisierung der nationalen Öffentlichkeiten für globale Zusammenhänge sowie der Mobilisierung nationenübergreifender Initiativen und Bewegungen.

Dabei herrscht in dieser Gruppe angesichts der politischen Umstrukturierungen und der Initiativen der politisch-ökonomischen Elite eine gewisse Verunsicherung vor. Alte Überzeugungen werden erneut hinterfragt, statt einheitlicher Positionen sind tiefe Spaltungsprozesse zu beobachten. Zu bemerken ist dies bei Fragen wie Umweltschutz in Dritte-Welt-Nationen oder bei humanitären Aktionen in Bürgerkriegsgebieten, wie z.B. im Kosovo. Die Folge ist das weitgehende Fehlen einer öffentlichen Gegenposition zur nationalen Politik- und Medienwelt sowie eine weitgehende machtpolitische Bedeutungslosigkeit dieser Gruppe.

Die Lebenswelt der politisch-ökonomischen Elite

Die kritisch-intellektuelle Elite

Engagement für die »eine« Welt

Die Gesellschaft ist gespalten

Aber die beiden ersten Gruppen haben doch immer noch die Vorstellung, sich aktiv an der Gestaltung des gemeinsamen Lebens beteiligen zu können. Dies unterscheidet und spaltet sie ab von dem größeren Teil der Bevölkerung – von einem Rest kann dabei kaum gesprochen werden. Das sind im wesentlichen jene Menschen, die gemeint sind, wenn in der Öffentlichkeit von der »Gesellschaft« oder der »Bevölkerung« gesprochen wird.

Diese Gruppe ist allerdings nicht homogen, sondern in sich wiederum gespalten. Sei es in Mittel- und Unterschicht, sei es in diejenigen, die Arbeit haben, und diejenigen, die ohne Beschäftigung sind, sei es in Inländer mit Pass und Ausländer ohne Pass, sei es in solche, die eine Wohnung haben, und solche, die wohnungslos sind oder – wenn man dem französischen Mode-Autor Michel Houllebecq folgen will – in solche, die täglich Sex haben, und solche, die nie welchen haben.

Veränderungen bedeuten für viele Menschen Verschlechterungen

Die Erfahrung hat diese Menschen gelehrt, dass Veränderungen meist Verschlechterungen ihrer Lebensumstände bedeuten. Sie stehen in einem harten Wettbewerb um die knappen Güter des Lebens – in ihrer Wahrnehmung vor allem mit Menschen anderer ethnischer Zugehörigkeit. Sie sind keineswegs global orientiert, sondern ziemlich hilflos dem ausgesetzt, was mit Entgrenzung und Beschleunigung als globale Herausforderung in den Wirtschafts- und Kulturteilen der Medien so gepriesen wird.

Persönlicher Machtverlust und Individualisierungsschub lassen sich auch mit der Erforschung von Lebensstilen vor allem in Großstädten verbinden. Dort, wo sich wirtschaftliche und politische Kontrollfunktionen mit Medien- und Bildungseinrichtungen bündeln und sich demzufolge die ressourcenmächtigeren Menschen konzentrieren, sind seit Jahren neue Konsum- und Freizeiteinrichtungen entstanden. Der Großteil der Bevölkerung kann an diesen neuen Formen der Individualisierung nur beschränkt teilnehmen. Zwischen den Ressourcen einer Person und eines Haushaltes und den Möglichkeiten, den aus der sozialen Globalisierung resultierenden Individualisierungsschub zu nutzen, besteht oft eine große Kluft.

3.2.8 | Globalisierung und Re-Nationalisierung

Aus der prozesstheoretischen und der Milieuforschungsperspektive lassen sich nicht nur für den persönlichen Machtverlust und die Individualisierungsschübe soziologische Einsichten gewinnen, sondern auch für die Bedrohung der kollektiven Wir-Identität. Auch hier können gruppenspezifische Unterschiede festgestellt werden. Und auch hier ist es wieder der Großteil der Bevölkerung, der besonders bedroht ist bzw. sich besonders bedroht fühlt. Problematisch für die nationale Wir-Identität ist das Verschwimmen der Grenzen zwischen deutsch und nicht-deutsch: Menschen mit türkischen Namen als Fußballspieler mit deutschem Pass, manchmal sogar als Parlaments-Abgeordnete, perfekt deutsch sprechende Jugendliche ohne deutsche Staatsbürgerschaft, deutschstämmige AussiedlerInnen mit deutschem Pass, die gebrochen deutsch sprechen. Es ist immer schwieriger geworden, die nationale Wir-Ebene klar zu bestimmen.

Der Gedanke an die eigene Nation ist noch vorhanden

Gleichzeitig scheint das Deutsch-Sein in einem sich integrierenden Europa kaum noch von Bedeutung zu sein. In einer ökonomisch schwierigen Zeit ist eine derartige Verunsicherung besonders schwer zu ertragen. Besonders stark ist die Verunsicherung bei den aus dem Arbeitsmarkt ausgegrenzten oder von der Ausgrenzung und von dem damit verbundenen sozialen Abstieg bedrohten Menschen. Sie erfahren im Alltag immer stärker die Entsolidarisierung ihrer Mitmenschen. In mancherlei Hinsicht – etwa in der Konkurrenz um Sozialwohnungen oder Kindergartenplätze – erhalten sie den Eindruck, mit Menschen fremder Herkunft, die aus ihrer Sicht nicht Teil des eigenen Wir-Bildes sind, gleichgestellt zu sein oder ihnen gegenüber sogar benachteiligt zu werden.

Und so kommt es zu fremdenfeindlichen Einstellungen und Vorfällen. Das erklärt sich als Reaktion auf die Verunsicherung, auf die Bedrohung der kollektiven Identität, die dann zu einer stärkeren Betonung der nationalen Identität führt. Als Reaktion auf die Bedrohung des eigenen Wir-Bildes wird dieses überbetont. Nationale Symbole bekommen Hochkonjunktur.

Verunsicherung und Fremdenfeindlichkeit

Für die beiden kleineren, elitären Gruppen der Gesellschaft, die über mehr Ressourcen verfügen, gilt diese Verunsicherung in viel geringerem Maße. Interessant ist dabei die Rolle, die die kritisch-intellektuelle Elite spielt. Auf der einen Seite ist sie Trägerin des Bewusstseins von der Einen Welt. Menschenrechtsaktivitäten, weltweite Umweltschutzaktivitäten und Friedensinitiativen gehen häufig von dieser Gruppe der Bevölkerung aus. Auf der anderen Seite kann spätestens seit der deutschen Wiedervereinigung hierzulande ebenfalls eine gewisse Verunsicherung über das nationale Wir beobachtet werden, beispielsweise bei SchriftstellerInnen oder wenn es um die Frage geht, ob es noch Utopien gibt. Bei der politisch-ökonomischen Elite kann dagegen schon seit längerem eine emotionale Entnationalisierung beobachtet werden, die in dem Modewort »global player« ihren Ausdruck findet. Eine Bedrohung der kollektiven Identität wird von dieser Gruppe kaum empfunden.

Zusammenfassung

Soziologie als Hilfe zum Verstehen der Globalisierung

▶ Am Schluss dieses Kapitels lässt sich festhalten, dass gesellschaftliche Entwicklungen und ihre aktuellen Ausprägungen sich mit den Möglichkeiten der verschiedenen Ansätze soziologisch-theoretischen Arbeitens durchaus erklären und besser verstehen lassen. Selbstverständlich wäre es auch denkbar, nun in Fortsetzung der Analyse der systemtheoretisch, prozesstheoretisch und aus der Perspektive der Milieu- und Lagenforschung gewonnenen Einsichten weitere Überlegungen zu dem Fortgang von Gesellschaften in einer sich globalisierenden Welt anzustellen. Dies würde den Rahmen dieser Einführung jedoch bei weitem überschreiten.

Wie lässt sich über die Zukunft nachdenken?

Es soll nur darauf hingewiesen werden, dass über die Zukunft durchaus systematisch nachgedacht werden kann, wenn zuvor die Struktur der zurückliegenden Prozesse analysiert und der gegenwärtige Zustand genau untersucht wird. Der größere Teil der soziologischen Forschungsarbeit besteht im wesentlichen immer wieder in genau dieser Aufgabenstellung. Allerdings sind die Auffassungen bei denjenigen, die empirische Sozialforschung betreiben und sich dabei damit befassen, wie solche Untersuchungen durchgeführt werden, sehr unterschiedlich.

Von Anfang an haben die soziologischen Autoren versucht, ihre theoretischen Überlegungen mit empirischen Fakten zu unterlegen. So gesehen hat die empirische Sozialforschung eine lange Tradition. Im letzten Kapitel soll nun diese Tradition und ihre derzeitigen Ausprägungen noch einmal in einer Längsschnittanalyse und einer Querschnittsbetrachtung vorgestellt werden.

Lernkontrollfragen

1 Was verstehen die soziologischen Autoren des späten 19. Jahrhunderts unter Individualisierung und wie bewerten sie diesen Vorgang?

2 Vergleichen Sie die Ansätze von Niklas Luhmann und Norbert Elias bei der Erklärung von Globalisierung.

Setzen Sie sich kritisch mit dem Begriff »Bastelbiographie« aus- **3**
einander.
Wie lässt sich die Parallelität von Globalisierung und der Zunahme **4**
nationaler Symbole erklären?

Eine Einführung zur Individualisierung hat Nicola Ebers geschrieben: ›Individualisierung‹: Georg
Simmel, Norbert Elias, Ulrich Beck, Würzburg 1995.
Eine kritische Auseinandersetzung zum Umgang mit dem Thema Individualisierung hat Albert
Scherr in seinem Aufsatz **Individualisierung und gesellschaftliche Integration. Befindet sich die
Bundesrepublik auf dem Weg in eine desintegrierte Gesellschaft?** vorgelegt, der in Heft 2/1998
S. 141ff der Zeitschrift Gegenwartskunde erschienen ist.
Über den Diskurs zur Globalisierung informiert das Buch der SPIEGEL-Redakteure Hans-Peter
Martin und Harald Schumann: **Die Globalisierungsfalle. Der Angriff auf Demokratie und
Wohlstand**, Reinbek bei Hamburg 1996.
Interdisziplinäre Forschungsergebnisse finden sich bei Ulrich Steeger (Hrsg.) **Facetten der
Globalisierung. Ökonomische, soziale und politische Aspekte**, Berlin/ Heidelberg 1999.
Die gesellschaftspolitische Debatte, die in der BRD zum Thema Globalisierung geführt wird, hat
Rolf G. Heinze in seinem Buch **Die blockierte Gesellschaft. Sozioökonomischer Wandel. Die Krise
der BRD**, Opladen 1999 untersucht.

Empirische Sozialforschung | 3.3

Untersuchungen zum täglichen Leben der Menschen, zu ihren
Vorlieben, ihren Abneigungen, ihren Einstellungen zu politischen
Ereignissen oder Persönlichkeiten in der Politik begegnen uns täglich. Inzwischen gibt es kein Produkt mehr, das nicht im Hinblick
auf seine Akzeptanz vorher auf dem Markt getestet wird. Es gibt
keine Wahl, bei der nicht alle 14 Tage, manchmal wöchentlich, im
Vorhinein die Einstellungen der Wählerinnen und Wähler erfragt
werden. Von Einschlafgewohnheiten über sexuelle Praktiken bis
hin zu Formen der Altersvorsorge – alles wird erfragt, untersucht
und dann berichtet.

Die alltägliche Marktforschung

   Grundlage dieser Berichte sind in den allermeisten Fällen Befragungen einer ausgewählten Gruppe von Menschen innerhalb der
Gesellschaft. Sie werden entweder mit einem Fragebogen konfrontiert oder die notwendigen Fragen werden per Telefoninterview erhoben. Dann gibt es noch die Auswertung von statistischem Mate-

rial, wie es etwa das Statistische Bundesamt monatlich, vierteljähr-
lich und jährlich veröffentlicht. Diese Zahlenwerke sind eine reiche

Instrumente der
Sozialforschung

Fundgrube für die Sozialforschung. Mit diesen drei Quellen: Fragebogen, Telefoninterview, statistische Erhebungen wird der Großteil
der sozialwissenschaftlichen empirischen Forschung bestritten.
Dies ist allerdings eine Sozialforschung, die im wesentlichen außerhalb der universitären Sozialforschung stattfindet.

Die großen kommerziellen Institute arbeiten gründlich, aber sie
wollen auch effizient-ökonomisch sein und konzentrieren sich deshalb auf Verfahren, die in relativ kurzer Zeit zu einem Ergebnis
führen. Die soziologische Forschung, die an den Universitäten betrieben wird, deren Ergebnisse z.B. in dem Kapitel über soziale Ungleichheit vorgestellt wurden, brauchen längere Zeit und eine größere Spannweite von Forschungsmethoden, die auch tatsächlich
existiert.

3.3.1 | Sozialforschung im 19. Jahrhundert

Die neue Wissenschaft Soziologie, das war die These von Auguste
Comte, braucht für ihre Aussagen über die Gesellschaft empirische
Belege. Das war die zusätzliche Anforderung, die er für die Soziologie formulierte. Im modernen, dem positiven Wissenschaftszeit-
alter sollten sich soziologische Arbeiten vor allem auf die Erfassung
und Erklärung beobachtbarer und erfahrbarer Tatsachen konzen-

Beobachtung

trieren. Er selber hat persönliche Beobachtungen und Erfahrungen
aus Quellen Dritter in seinen langfristigen Studien verwendet.

Bei Karl Marx geht es anders als bei Comte nicht länger um die
Einführung einer spezifisch soziologischen Arbeitsmethode, sondern um den Beleg der Generalthese und vieler daraus entwickelter Unterhypothesen, dass die Geschichte eine Geschichte von Klas-

Datensammeln

senkämpfen sei. Marx verwendet sekundärstatistisches Material,
d.h. Wirtschaftsstatistiken, ethnologische Reiseberichte, Informationen über die Lebensbedingungen der Arbeiterklasse in verschiedenen Ländern. Er findet diese Unterlagen alle in der British
Library. Das ist der Grund, warum er und viele nach ihm in dem
berühmten reading room des Britischen Museums, zu dem die
British Library gehört, gearbeitet haben. Diese große Bibliothek hat
bis in die 1950er Jahre jedes gedruckte Werk, das auf der Welt
erschien, in seinen Bestand aufgenommen und war schon deshalb
für die Sozialforschung immer ein wichtiger Ort, insbesondere

aber für die Untersuchung von historischen Entwicklungen zwischen dem 16. und 19. Jahrhundert.

Der nächste der Autoren aus der Geschichte der Soziologie, die wir im ersten Teil dieses Einführungsbuches behandelt haben, ist Emile Durkheim mit seiner Studie über den Selbstmord. Es war die erste soziologisch-empirische Studie zu diesem Thema. Sie ist auch heute noch lesenswert und nicht in jeder Hinsicht überholt. Durkheim hatte festgestellt, dass es in verschiedenen Staaten und in den verschiedenen geschichtlichen Phasen einer Gesellschaft Unterschiede in den Selbstmordraten gab. Er überprüfte alle denkbaren Faktoren – von geographischen über ökonomische bis zu psychologischen – mit dem Ergebnis, dass nur eine soziologische Antwort befriedigen kann. Das war auch als Abgrenzung zu den anderen Wissenschaften gedacht. Indem deren Unfähigkeit aufgezeigt wurde, soziale Tatbestände zu erklären, konnte die Soziologie leichter als eigenes Fach erfolgreich etabliert werden.

Studie zum Selbstmord

Durkheim findet drei verschiedene Formen von Selbstmord heraus. Der egoistische Selbstmord erklärt sich dadurch, dass Menschen im Leben keinen Sinn mehr sehen, der altruistische Selbstmord, dass den Menschen, die sich umbringen, dieser Sinn nur außerhalb des eigenen Lebens möglich zu sein scheint. Die dritte Form von Selbstmord, die er ganz besonders für die Neuzeit belegt sah, wird von Menschen vollzogen, denen ihr Handeln regellos erscheint und die darunter leiden. Den Ursprung dieses Selbstmordes nennt er anomisch. Wie auch bei seinen anderen zentralen Arbeiten über die Gesellschaft kommt er hier auf die anomischen Zustände zurück, die dann zu einem anomischen Verhalten führen.

Der anomische Selbstmord

In Kapitel 1.3 dieses Buches, das sich der Soziologie Max Webers widmet, ist auch die Landarbeiterstudie erwähnt worden, die im vollen Titel »Die Verhältnisse der Landarbeiter im ostelbischen Deutschland« heißt. Weber wertete eine große Fragebogenaktion des »Vereins für Socialpolitik« aus. Insgesamt waren in einer ersten Welle 3.180 landwirtschaftliche Arbeitgeber befragt worden. Die Fragebögen waren sehr ausführlich und erfassten alle Fragen von der Größe des Betriebes über Arten und Verfahren des Anbaus bis hin zu der Entlohnung der Knechte und Mägde und der Verwendung des Gewinns. Weber wertete diejenigen Fragebögen aus, die das ostelbische Deutschland betrafen. Bei der Auswertung dieser ersten Befragungsaktion wurde ihm bald klar, dass die Antworten der landwirtschaftlichen Arbeitgeber durch deren Sicht geprägt

Befragung der Landarbeiter in Preußen

waren. Er hat deshalb parallel eine Befragung aller evangelischen Pfarrer in Deutschland durchgeführt, an die etwa 15.000 Fragebögen gesandt wurden. Davon kamen etwa 1.000 zurück. Bei diesen Fragebögen übernahm Weber dann wieder die Auswertung der Fragebögen, die Ostelbien betrafen.

Mögliche Fehlerquellen

An dieser Stelle kann bereits über mögliche Fehlerquoten bei sozialwissenschaftlichen Untersuchungen gesprochen werden. Schon bei der Erhebung von Emile Durkheim muss unterstellt werden, dass die Daten, die in den einzelnen Ländern und in den verschiedenen Phasen der Entwicklung einer einzelnen Gesellschaft erhoben wurden, nach den gleichen Kriterien erhoben worden sind. Die Definition von Selbstmord muss immer gleich sein. Das konnte Durkheim so gar nicht überprüfen. Er hat durch die Fülle des Materials wahrscheinlich das Glück gehabt, doch eine halbwegs richtige Antwort zu finden. Aber gerade aus der Untersuchung von Geburt und Tod sind in der Literatur die wunderlichsten Ergebnisse berichtet worden.

So hat ein Bevölkerungswissenschaftler durch die Auswertung von Kirchenbüchern die interessante Feststellung gemacht, dass über viele Jahrzehnte des 18. Jahrhunderts in England die Kinder immer in der ersten Woche des Monates geboren wurden und daraus dann eine sozialwissenschaftliche These zu Arbeitsorganisation und Geburtenhäufigkeit entwickelt. Später musste er dann zu seiner Überraschung feststellen, dass die Ergebnisse dadurch zustande kamen, dass es in den Kirchengemeinden üblich war, immer am ersten Sonntag im Monat die Geburten der letzten vier Wochen ins Kirchenbuch einzutragen.

Quellen von Fehlinterpretationen ergaben sich bei der Landarbeiterstudie dadurch, dass überhaupt nicht kontrolliert werden konnte, ob die Angaben, die die ländlichen Arbeitgeber über ihr Personal machten und auch über alle anderen Umstände ihres ökonomischen Handelns, den Tatsachen entsprachen oder etwa eine spezifische Schlagseite hatten, d.h. das, was heute in der Sozialforschung als bias bezeichnet wird.

3.3.2 | Sozialforschung in den 1920er Jahren

In Deutschland ist aus dieser Zeit zunächst auf die Untersuchungen von Theodor Geiger zur sozialen Schichtung des deutschen Volkes hinzuweisen. Es war in Kapitel 3.1 bereits berichtet worden, dass er Volkszählungsbögen interpretiert hat und auf der Basis von Beobachtung und Erfahrung zu der Überlegung kam, dass es neben einer sozialen Einteilung in drei Klassen noch fünf Schichten gibt, die sich vor allen Dingen durch ihre Mentalität bestimmen lassen. Geiger griff zu der Zeit schon auf erste Arbeiten zurück, die in den USA entstanden waren.

Untersuchungen zu Klassen und Schichten

Arbeiten zur soziologischen Theorie waren im frühen 20. Jahrhundert in den USA eher selten. Soziologie bestand eher aus einer Mischung aus christlicher Gesinnung, Wissenschaft und Weltverbesserung, die in der Literatur als »social gospel« bezeichnet wird. Im Vordergrund stand die Auswertung und Anwendung wissenschaftlicher Erkenntnisse zur Lösung sozialer Probleme. Die Masseneinwanderungen aus allen Teilen der Welt, vor allem aus Europa, das rasche Wachstum der großen Städte und die Rassengegensätze waren hierzu Anlass genug. Hinzu kam, dass es in den USA schon damals kaum sozialpolitische Absicherungen und Regelungen gab. Und auch Sozial- und Krankenversicherung sowie Einrichtungen der Krankenversorgung und der Wohlfahrtspflege fehlten.

Dabei wurde vor allem auf europäische Soziologen zurückgegriffen. Wir haben auf den Einfluss von Herbert Spencer hingewiesen. Auch wurden Ferdinand Tönnies und Max Weber angehört, wenn sie die USA besuchten. Großen Einfluss hatte Georg Simmel. Von ihm gibt es eine direkte Verbindung zur Chicagoer Schule, der ersten bedeutenden und einer bis heute bekannten Richtung der amerikanischen Soziologie mit einem Schwerpunkt in der empirischen Sozialforschung. Sie entstand am Department of Sociology der University of Chicago. Dort orientierte man sich an deutschen Beispielen. Grundlagenforschung stand im Vordergrund. Einer der wichtigsten Professoren, Robert E. Park, hatte bei Georg Simmel studiert und sich vor allem für die Einwanderung und die Entwicklung der großen Städte interessiert. Das Buch »The City« von Robert E. Park und seinen Kollegen Ernest W. Burgess und William McKenzie ist bis heute ein Klassiker in der Soziologie und einer speziellen Richtung, der Sozialökologie.

Die Chicago School

Die Chicagoer Schule entwickelte nicht nur Verfahren zur besseren Untersuchung von Städten, sondern tat dies im Rahmen einer sozialökologischen Theorie, die davon ausging, dass das wesentliche Organisationsmerkmal innerhalb menschlicher Gesellschaften die Konkurrenz ist. Hier erfolgt eine Übernahme der Thesen von Charles Darwin und Herbert Spencer. Konkurrenz ist auch in pflanz-

lichen und tierischen Populationen beobachtbar, aber Park zeigt,
dass es für menschliche Gesellschaften eine besondere Ebene gibt,
die er mit den Begriffen Kommunikation und Kultur beschreibt
und dann für die sozialwissenschaftlichen Untersuchungen zu dem
Begriff »competitive cooperation« verknüpft. Seine These ist, dass
die Entstehung bestimmter räumlicher Strukturen ein Reflex auf
diese, wie er es nennt, biotischen Strukturen ist. Das Ergebnis bestimmter, auf den Wettbewerb zurückzuführender Prozesse sind in
der Stadt einzelne Quartiere, Ghettos oder andere Siedlungsformen.

Parks ursprüngliches Ziel war es gewesen, eine stärkere Orientierung der Sozialwissenschaften an empirischen Methoden zu erreichen. Am Beispiel des Stadtentwicklungsmodells seines Kollegen
Burgess kann man sehen, wie die von ihnen gemeinsam entwickelte Sozialraumanalyse ausschließlich zu bestimmten einzelnen Kriterien wie Beschäftigung, Ausbildung, Miete, Fruchtbarkeit, Frau-
enerwerbsquote, Einfamilien- und Ausländeranteil kommt, die
dann wiederum noch zu drei Indikatoren, nämlich sozialer Rang,
Urbanisation und Segregation städtischer Differenzierung zusammengefasst werden. So konnten Park und seine Kollegen auf em-
pirisch-methodologischem Gebiet erreichen, dass die Effektivität
statistischer Erhebungen und vor allem die Auswertung sekundär-
statistischen Materials verbessert und verfeinert werden konnte.

Die Arbeiten der Chicagoer Schule sind insbesondere in der
soziologischen Stadtforschung bis heute ein wichtiges Datum und
ein Ausgangspunkt für Forschungsüberlegungen, insbesondere zur
Veränderung von Stadtteilen, wie sie etwa durch die Veränderung
der Bevölkerung oder aber auch bestimmter Industriestrukturen
zu beobachten sind. Dabei hat sich z.B. bei einer Untersuchung in
Bern durch Bernd Hamm in den 1970er Jahren gezeigt, dass die
von der nordamerikanischen Sozialökologie gefundenen drei
Hauptindikatoren sozialer Rang, Urbanisation und Segregation
nicht in dieser Breite Verwendung finden müssen. Sozialer Rang
und Urbanisation können ohne Informationsverlust durch die
Variablen Bodenpreis und Miete ersetzt werden.

3.3.3 | Sozialforschung in den 1930er Jahren

Um 1930 waren die meisten Methoden und Verfahren sozialwis-
senschaftlicher Forschung bekannt und in verschiedener Hinsicht
angewendet worden. Allerdings zeigte sich bald, dass mit den Me-

thoden noch keine Entscheidung über den Inhalt der jeweiligen Forschungsfrage getroffen war. Das hing wie eh und je von der Fragestellung ab, die der einzelne Sozialforscher bzw. eine Gruppe von
Forscherinnen und Forschern entwickelte. Dies kann an zwei sehr
gegensätzlichen Beispielen aus den 1930er Jahren gezeigt werden.

Das erste Beispiel ist die Studie »Die Arbeitslosen von Marienthal«, die Marie Jahoda, Paul Lazarsfeld und Hans Zeisel Anfang der
1930er Jahre in einem kleinen Ort an der Donau, eine halbe Bahn-
stunde von Wien entfernt gelegen, durchführten. Das besondere
an diesem Ort war, dass die Menschen dort seit etwa 1830 in einer
Flachsspinnerei arbeiteten, die bis 1926 ständig wuchs, nach einer
ersten Krise 1926, in der die Belegschaft zunächst halbiert wurde,
dann nach einem neuerlichen Aufschwung 1930 schließlich doch
geschlossen werden musste. Diese Situation, dass ein größerer Teil
der Menschen in einem Dorf die Arbeit verliert, ist etwas, was auch
heutzutage immer wieder beobachtet und berichtet wird. Die Untersuchung, die damals in dem Ort Marienthal durchgeführt wurde, ist auch heute noch lesenswert, und nur wenige Untersuchungen, die heutzutage durchgeführt werden, haben einen so intensiven Eindruck von dem materiellen und ideellen Elend von Arbeitslosigkeit widerspiegeln können.

Die Methoden und Verfahren, die die Mitglieder der Forschungsgruppe anwandten, waren einmal eher als das zu charakterisieren,
was heutzutage quantitative Methoden heißt. Es wurden Kataster-
blätter ausgewertet, an die Familien wurden Zeitverwendungs-
bögen ausgeteilt, die dort ausgefüllt wurden, Anzeigen und
Beschwerden wurden geprüft, die Bestandteile der Mahlzeiten
wurden notiert, Protokolle geschrieben, statistische Daten wurden
erhoben und die Bevölkerungsstatistik ausgewertet.

*Ein Kleinod soziolo-
gischer Forschung*

*Quantitative und
qualitative Forschung*

▶ Erhebungsmerkmale in Marienthal	
Quantitativ	**Qualitativ**
Katasterblätter	Tagebücher
Bevölkerungsstatistik	Schulaufsätze
Statistische Daten	Geschichte der Familie
Zeitverwendungsbögen	Preisausschreiben
Zahl der Rechtsfälle	

Unter qualitativen Forschungsmethoden würden heute das Aufschreiben von Lebensgeschichten und die Nutzung der Möglichkeit verstanden werden, in der Schule von den Kindern Aufsätze über ihre Situation schreiben zu lassen. Es wurde ein Preisausschreiben veranstaltet, in dem die besten Berichte prämiert wurden, historische Angaben wurden überprüft, und die Forscher führten ein eigenes Tagebuch.

Eine »ermüdete« Gesellschaft

Die Arbeitslosen von Marienthal werden von der Forschungsgruppe als eine »ermüdete Gemeinschaft« gekennzeichnet. Dies kann an zwei kleinen zusammenfassenden Grafiken belegt werden. Einmal die Unterschiede, die in dem täglichen Ablauf in den Aktivitäten entstehen, wenn nur noch Arbeitslosengeld und dann nach einigen Monaten vielleicht nur noch eine geringe Arbeitslosenhilfe zur Verfügung steht.

Bei Lohnarbeit	Bei Arbeitslosigkeit
Regelmäßige Einkaufsfahrten nach Wien	Zugfahrt nicht länger erschwinglich
Teilnahme an Festen und Feiern	Keine größeren Veranstaltungen mehr
Gepflegter Stadtpark	Stadtpark vernachlässigt und abgeholzt
Kindergarten für alle Kinder	Kindergartenpersonal nicht länger finanzierbar
Vereinszugehörigkeit	Starker Mitgliederrückgang

Arbeitslose gehen langsamer

Dann gibt es noch eine zweite, sehr interessante Interpretation des alltäglichen Lebens. Es wurde nämlich die Geschwindigkeit von Passanten auf der Straße gemessen. Man stellte deutliche Unterschiede fest, insbesondere bei denjenigen, die resigniert und verzweifelt waren. Diese Menschen haben einen viel langsameren Schritt, und die Sozialforschungsgruppe dokumentierte, dass mehr als die Hälfte der Männer relativ langsam die Dorfstraße entlang gingen, während die Frauen, die den Haushalt führen mussten, noch zügig unterwegs waren.

Gehgeschwindigkeit	Männer	Frauen
5 Km/h	21 %	59 %
4 Km/h	24 %	18 %
3 Km/h	55 %	23 %

Vor allem die Verwendung der durch den Wegfall der Arbeit frei werdenden Zeit hatte die Gruppe um Marie Jahoda besonders interessiert und in diesem Zusammenhang eben auch, wie nach und nach die Widerstandskraft der Menschen nachlässt. Zu Beginn der Arbeitslosigkeit gab es noch Hoffnung und eine Zeit lang auch finanzielle Widerstandskraft durch kleinere Ersparnisse. Aber je länger die Arbeitslosigkeit dauerte, umso mehr nutzten sich Kleidung und Haushaltsgegenstände ab. Außerdem beobachtete die Wiener Gruppe, dass die Arbeitslosigkeit die positiven und negativen Qualitäten einer Ehebeziehung verstärkte, dass, weil die Eltern mehr Zeit hatten, die Kinder in der Regel besser versorgt wurden, dass es unterschiedliche individuelle Ausprägungen des Umgangs mit Arbeitslosigkeit gibt und dass als letzte Widerstandsmöglichkeit die Leugnung des tatsächlichen Zustandes auftritt.

Psycho-soziale Folgen von Langzeitarbeitslosigkeit

Während die Studie über die »Arbeitslosen von Marienthal« seitdem als ein Klassiker der Gemeindeforschung und der Untersuchung der Folgen von Arbeitslosigkeit gilt und auf keiner Literaturliste fehlt, ist es bei dem zweiten Beispiel aus den 1930er Jahren ganz anders. 1927 wurde an der Hamburger Universität ein Lehrstuhl für Soziologie eingerichtet und mit dem Soziologen Andreas Walther besetzt. Andreas Walther setzte sich für eine stark empirische Ausrichtung der Soziologie ein, u.a. ausgelöst durch eine Forschungsreise in die USA, wo er 1926 in intensiven Kontakt mit den Mitgliedern der Chicagoer Schule kam. Er führte erste großstadtsoziologische Untersuchungen nach dem Muster durch, das Park, Burgess und McKenzie entwickelt hatten.

Andreas Walther gehörte aber auch zu einer Gruppe von Soziologen, die sich während der Zeit der Weimarer Republik für eine so genannte »deutsche« Soziologie stark machten, in der es vor allen Dingen um die Untersuchung der Verhältnisse in Deutschland, aber auch die Nutzbarmachung der Soziologie für deutsche Politik ging. So war es nicht verwunderlich, dass er einerseits 1933 in die

Soziologie im
Nationalsozialismus

NSDAP eintrat und auf der anderen Seite die Soziologie in Hamburg von den Nationalsozialisten stark gefördert wurde. Andreas Walter gehörte zu jenen Sozialwissenschaftlern, die mit ihren Ergebnissen der Partei und dem Staat dienen wollten und die Soziologie als eine empirische Volks- und Gemeinschaftslehre verstanden. Dazu gehörten auch die Arbeiten, die er unter dem Titel »Neue Wege zur Großstadtsanierung« 1936 veröffentlichte.

Allerdings ist der Titel mit unserem heutigen Verständnis von Sanierung nicht in Einklang zu bringen, denn bei Walter ging es nicht nur allein um Wohngegenden, die sich in einem schlechten baulichen und hygienischen Zustand befanden, sondern vor allen Dingen um solche Teile der Stadt, in denen »gemeinschädigende«

Auf der Suche nach
»Volksschädlingen«

bzw. »volksschädliche Elemente« wohnten. Solche Wohnviertel, in denen überdurchschnittlich viele Kommunisten, Homosexuelle, Fürsorgezöglinge, Langzeitarbeitslose, Alkoholiker, Drogenabhängige, Prostituierte oder Zuhälter lebten, wurden als »gemeinschädigende« Gegenden lokalisiert.

Vor allem sollten so genannte »Schädlingsnester« lokalisiert werden und dann die eigentliche soziale Stadtsanierung beginnen. Walther wollte zuerst die gesund Gebliebenen aus den gemeinschädigenden Häusern herausnehmen. Die »nur Angesteckten« sollten in gesunde Lebenskreise, vorwiegend in ländliche Siedlungen verpflanzt werden. Die »nicht Besserungsfähigen« blieben zurück und konnten so gezielt unter Kontrolle gestellt werden. Für Walter war für diese Personen entweder Sicherungsverwahrung (Konzentrationslager) oder für diejenigen mit biologischen Defekten »Unfruchtbarmachung« (Zwangssterilisation) angezeigt. Schließlich sollten die volksschädigenden Häuser abgerissen werden.

In der Breite der zur Anwendung kommenden Forschungsmethoden und in dem Phantasiereichtum der Erhebungsverfahren sind beide Studien, »Die Arbeitslosen von Marienthal« und die Großstadtsanierungsstudie von Walter, durchaus vergleichbar. Nicht jedoch in der Anlage der Untersuchung und ihrer Zielsetzung. Hier zeigt sich ganz deutlich, dass die sozialwissenschaftlichen Methoden und Erhebungsverfahren gegenüber dem Inhalt der Forschung

Es kommt auf die Fragestellung, nicht auf Methoden der Forschung an

unspezifisch sind. Es kommt also sehr darauf an, mit welchem Grad an Verantwortung der einzelne Sozialforscher oder die Sozialforscherin an die Forschungsaufgabe herangeht.

Die Einführung der Stichprobe als Auswahlverfahren | 3.3.4

Die Methoden der empirischen Sozialforschung waren in den frühen 1930er Jahren weitgehend entwickelt. Allerdings fehlte noch ein Verfahren, das heute viele Untersuchungen mit strukturiert. Bis dahin hatten die Forscher entweder eine umfangreiche Erhebung aller ihnen zugänglichen Quellen vorgenommen wie etwa Karl Marx, Vollerhebungen durchgeführt wie der »Verein für Socialpolitik« bei der Enquête zur Lage der Landarbeiter oder kleinere Untersuchungseinheiten gewählt wie z.B. Marienthal oder Hamburger Stadtteile.

Im Zusammenhang mit der Entstehung und der Verfeinerung der Umfrageforschung in den USA gegen Ende der 1930er und in den frühen 1940er Jahren wurde ein Verfahren entwickelt, das sich auf die Befragung eines ausgewählten Teiles der Bevölkerung beschränkt und dabei auf eine hohe Wahrscheinlichkeit bei der Richtigkeit der Ergebnisse setzt. Die Berechnung der Wahrscheinlichkeit der Ergebnisse von Befragungen einer ausgewählten Gruppe nimmt heute einen großen Teil des Unterrichts in Statistik und Methoden ein, den allen Studierende der sozial- und wirtschaftswissenschaftlichen Fächer erfolgreich absolvieren müssen.

Ein weiterer Meilenstein: die Einführung der Stichprobe

Dabei ist die Grundidee relativ simpel. Es ist forschungsökonomisch sinnvoll, nur einen Ausschnitt der Bevölkerung, der Einwohner einer Stadt oder der Benutzer von feuchtem Toilettenpapier zu befragen, wenn angenommen werden kann, dass die erhaltenen Antworten mit hoher Wahrscheinlichkeit die Meinung der jeweiligen Gesamtheit wiedergeben, d.h. repräsentativ sind. Oft wird auch die mögliche Abweichung der Ergebnisse mit genannt. Das ist besonders entscheidend bei der Wahlforschung und den Prognosen über Stimmanteile. Wenn angegeben wird, dass die Richtigkeit der Prognose um zwei Prozent nach oben oder unten abweichen kann, dann bedeutet das für kleinere Parteien wenig Sicherheit über den Einzug ins Parlament (drei Prozent, fünf Prozent, sieben Prozent) oder bei großen Parteien über die Gewinnung der Mehrheit (36 Prozent, 38 Prozent, 40 Prozent).

Die Risiken der Wahlforschung

Die Sozialforschung, die z.B. die Ergebnisse der heutigen Ungleichheitsforschung erarbeitet, wendet nach wie vor ein breites Spektrum von Methoden an, darunter sicher auch die Befragung oder Beobachtung von speziell oder repräsentativ ausgewählten Teilgruppen. Das ist der normale Standard, der sowohl in einbändigen

Lehrbüchern als auch in umfangreichen Darstellungen, die bis zu acht Bände umfassen, nachgelesen werden kann. Diskussionen gibt es einmal über Fragen der Qualitätssicherung und zweitens darüber, welche Vorteile quantitative bzw. qualitative Forschungsmethoden haben.

3.3.5 | Kriterien der Qualitätssicherung

Die drei wichtigsten Kriterien für die Qualität empirischer Sozialforschung sind Objektivität, Zuverlässigkeit und Genauigkeit. Unter Objektivität wird vor allem verstanden, in welchem Ausmaß die Ergebnisse einer Untersuchung unabhängig sind von der Person, die diese Untersuchung durchgeführt hat. Dazu gibt es eine Reihe von Tests, wobei eine hohe Objektivität dann vorliegt, wenn zwei unterschiedliche Personen die gewählten Untersuchungsmethoden an dem gleichen Forschungsobjekt anwenden und zu übereinstimmenden Resultaten kommen. Dies wird in so genannten Korrelationskoeffizienten gemessen, wobei die Skala von der vollständigen Übereinstimmung der ersten und der zweiten Messung bis zur vollständigen Nichtübereinstimmung der beiden Messungen reicht.

Objektivität

Die Verwendung des Wortes »Messung« bzw. »Messinstrument« deutet schon an, dass es sich hierbei um die Übernahme eines Qualitätsmerkmales handelt, das aus den Naturwissenschaften stammt. Bei der Anlage von naturwissenschaftlichen Experimenten ist die Objektivität wesentlich einfacher zu messen als bei einer Befragung unter Obdachlosen in verschiedenen Städten Deutschlands.

Zuverlässigkeit

Das Gleiche gilt für die Frage der Zuverlässigkeit. Als zuverlässig gelten Methoden, die bei wiederholter Anwendung auch durch verschiedene Forschungsinstitutionen oder auch einzelne Forschungspersönlichkeiten gleiche Ergebnisse erbringen. Während sich das Kriterium Objektivität auf das Verfahren bezieht, ist die Frage der Zuverlässigkeit mit den Ergebnissen verbunden. Dies lässt sich auch wieder mit einem Beispiel aus naturwissenschaftlichen Experimenten erklären. Die Messung einer Entfernung kann durch ein Maßband, durch Radarstrahlen oder auch durch Laserstrahlen erfolgen, und zuverlässig sind die Ergebnisse dann, wenn sie übereinstimmen. Auch dieses ist ein Kriterium, das im Wesentlichen aus der naturwissenschaftlich-experimentellen Forschung in die Sozialwissenschaften übernommen worden ist. Wobei für die beiden Qualitätsmerkmale Objektivität und Zuverlässigkeit bei strenger

Anwendung das Ergebnis sein kann, dass sozialwissenschaftliche Ergebnisse lediglich in der Bestätigung von Sprichwörtern wie »gleich und gleich gesellt sich gern« oder anderer Lebensweisheiten bestehen.

Das dritte Qualitätsmerkmal ist die Gültigkeit eines Ergebnisses. Dies lässt sich ebenfalls wieder an einem einfachen Beispiel erklären. Mit den beiden ersten Verfahren lassen sich sehr gut Intelligenztests erstellen, die in beiden Fällen hohe Werte der Übereinstimmung erzielen. Dabei ist aber immer noch nicht geklärt, ob es sich bei dem, was gemessen wurde, um Intelligenz handelt. Erstens könnte es bei den Sozialforschern ein Missverständnis darüber geben, was Intelligenz ist, oder aber diejenigen Personen, die Intelligenztests besonders gut handhaben können, produzieren besonders gute Ergebnisse, was das Ergebnis ebenfalls verfälschen würde. Gültigkeit

An dieser Stelle hat sich die Debatte entzündet, ob eher quantitative oder eher qualitative Methoden zur Anwendung kommen sollen. Nicht zuletzt durch die Entwicklung der Frauen-/Geschlechterforschung hat sich gezeigt, dass die von Männern entwickelten Forschungsmethoden unter Umständen gerade eben nicht jene Gültigkeit der Ergebnisse produzieren, die der Lage der Frauen in der Gesellschaft gerecht werden. Gerade in diesem Forschungsfeld hat sich das Argument ausgebildet, dass es darauf ankommt, die befragten Personen nicht einfach nur als Objekte der Sozialforschung zu betrachten, sondern sie in ihrer Subjektivität in die Untersuchungen mit einzubeziehen und so zu einem Forschungsprozess zu kommen, in dem die ursprünglichen Forschungsfragen durch die Mitarbeit der Untersuchten relativiert und neu operationalisiert werden. Der Streit über quantitative und qualitative Methoden

Eine solche Vorgehensweise halten die strengen Verfechter der quantitativen Sozialforschung für völlig verfehlt. Sie bezweifeln, dass auf diese Art und Weise noch objektive und zuverlässige Aussagen möglich sind, und sind der Meinung, dass das Ganze in einer Art Spekulation endet, die dem Fach eher schadet als nützt. Dieser Konflikt hat unter anderem dazu geführt, dass sich in der Gesellschaft für Soziologie von der Sektion »Empirische Methoden«, die lange Zeit von den Päpsten der quantitativen Forschung beherrscht wurde, seit 1996 eine neue Sektion »Qualitative Sozialforschung« abgespalten hat, in deren Vorstand – das überrascht sicher nicht – sich im wesentlichen Frauen befinden.

Inzwischen ist die Frage der Einbeziehung der Beforschten aber zu einem Standardthema in der soziologischen Forschung im engeren, aber auch der Sozialforschung im weiteren Sinne geworden. Es hat sich bei vielen Untersuchungen gezeigt, dass eine Metapher, die Theodor W. Adorno zugeschrieben wird, sich allzu häufig in der Praxis der Forschung bewahrheitet. Adorno soll gesagt haben, es sei unsinnig zu glauben, dass man bei der Sozialforschung durch die Linse eines Fotoapparates schaut und dann mit einer kurzen Belichtung ein »objektives« Bild aufnimmt. Vielmehr sei es so, dass sich erstens trotz der kurzen Belichtungszeit die Personen auf dem Bild bewegen, und zweitens man unter Umständen feststelle, dass man sich als Fotograf selber auf dem Bild wiederfinde. Von daher ist der Gegensatz zwischen quantitativer und qualitativer Sozialforschung eher ein abstrakter Schulenstreit.

Der Fotograf ist mit auf dem Bild

In der Realität der Sozialforschung wird überdies fast immer ein Mix verschiedener Methoden zur Anwendung kommen, je nachdem, welche Forschungsfrage untersucht werden soll. Im Übrigen ist die Frage, ob zuerst die empirische Forschung und dann die theoretische Reflexion oder erst die theoretische Arbeit und dann die empirische Anwendung kommt, eine so genannte Henne-Ei-Frage. Soziologische Forschung ist ohne Theoriearbeit und entsprechende soziale Phantasie ebenso wenig denkbar wie ohne gründliche Untersuchungen gesellschaftlicher Prozesse und Situationen.

Die Forschungsfrage bestimmt den Methodenmix

In jedem Fall sollte aber bedacht werden, was einer der Hauptvertreter der so genannten quantitativen Schule, Jürgen Friedrichs, festgehalten hat: »Die Methoden der empirischen Sozialforschung mögen weitgehend wertfrei sein; ohne die soziale Reflexion und politischen Intentionen des Forschers bleiben sie jedoch abstrakt.«. So war es, seit es das Fach Soziologie gibt, und so wird es auch in Zukunft sein.

Lernkontrollfragen

1 Was unterscheidet die empirische Sozialforschung der 1920er Jahre von jener in der zweiten Hälfte des 19. Jahrhunderts?
2 Überprüfen Sie, was Sie über die Lage der heutigen Arbeitslosen wissen und entwickeln Sie ein entsprechendes Forschungsprogramm.
3 Welche grundsätzlichen Unterschiede lassen sich zwischen quantitativen und qualitativen Methoden feststellen?

Die Studie **Die Arbeitslosen von Marienthal** von Marie Jahoda et al. ist als Taschenbuch erhältlich. Die quantitativen Methoden sind zu finden bei Jürgen Friedrichs: **Methoden der empirischen Sozialforschung**. Opladen 1990 (14. Aufl.); sowie bei Rainer Schnell, Paul B. Hill und Elke Esser: **Methoden der empirischen Sozialforschung**, München 1995 (5. überarb. Aufl.).
Zu den qualitativen Methoden sei auf Uwe Flick: **Qualitative Forschung**, Reinbek bei Hamburg 1999 (4. Aufl.), verwiesen.
Die Methoden und die Probleme soziologischer Forschungsprozesse sind zur Einführung gut zu studieren mit dem Buch von Helmut Kromrey: **Empirische Sozialforschung**, Opladen 1998 (8. Aufl.).

Gesamtliteraturverzeichnis

Beck, Ulrich: **Jenseits von Stand und Klasse? Soziale Ungleichheit, gesellschaftliche Individualisierungsprozesse und die Entstehung neuer sozialer Formationen und Identitäten**, in: Kreckel, Reinhard (Hrsg.): Soziale Ungleichheiten (Soziale Welt, Sonderband 2), Göttingen 1983, S. 35–74.

Beck, Ulrich: **Risikogesellschaft. Auf dem Weg in eine andere Moderne**. Frankfurt/Main 1996.

Beck-Gernsheim, Elisabeth: **Juden, Deutsche und andere Erinnerungslandschaften. Im Dschungel der ethnischen Kategorien**. Frankfurt/Main 1999.

Beck-Gernsheim, Elisabeth: **Der geschlechtsspezifische Arbeitsmarkt**. Frankfurt/Main 1976.

Beer, Ursula (Hrsg.): **Klasse Geschlecht. Feministische Gesellschaftsanalyse und Wissenschaftskritik**. Bielefeld 1989 (2., durchg. Aufl.).

Berger, Peter L./Luckmann, Thomas: **Die gesellschaftliche Konstruktion der Wirklichkeit**. Frankfurt/Main 1999 (16. Aufl.).

Berghaus, Margot: **Luhmann leicht gemacht**. Stuttgart 2003.

Bickel, Cornelius: **Ferdinand Tönnies. Soziologie als skeptische Aufklärung zwischen Historismus und Rationalismus**. Opladen 1991.

Bourdieu, Pierre: **Das Elend der Welt. Zeugnisse und Diagnosen alltäglichen Leidens an der Gesellschaft**. Konstanz 1998 (2. Aufl.).

Bourdieu, Pierre: **Die feinen Unterschiede: Kritik der gesellschaftlichen Urteilskraft**. Frankfurt/Main 1999 (11. Aufl.).

Bourdieu, Pierre: **Die verborgenen Mechanismen der Macht**. Hamburg 1992.

Bourdieu, Pierre: **Entwurf einer Theorie der Praxis auf der ethnischen Grundlage der kabylischen Gesellschaft**. Frankfurt/Main 1979.

Bourdieu, Pierre: **Satz und Gegensatz. Über die Verantwortung des Intellektuellen**. Frankfurt/Main 1993.

Bourdieu, Pierre: **Sozialer Sinn. Kritik der theoretischen Vernunft**. Frankfurt/Main 1997 (2. Aufl.).

Bourdieu, Pierre: **Zur Soziologie der symbolischen Formen**. Frankfurt/Main 1997 (6. Aufl.).

Bublitz, Hannelore (Hrsg.): **Das Geschlecht der Moderne. Genealogie und Archäologie der Geschlechterdifferenz**. Frankfurt/Main 1998.

Burgess, Ernest W.; Janowitz M.; Park Robert E.: **The City**. Chicago 1984.

Comte, Auguste: **Rede über den Geist des Positivismus**. Hamburg, 1994.

Darwin, Charles: **The Origin of the Species**. New York 1998.

Dubiel, Helmut: **Kritische Theorie der Gesellschaft. Eine einführende Rekonstruktion von den Anfängen im Horkheimer-Kreis bis Habermas**. Weinheim/München 1992 (2., erw. Aufl.).

Durkheim, Emile: **Der Selbstmord**. Frankfurt/Main 1999 (7. Aufl.).

Durkheim, Emile: **Über soziale Arbeitsteilung**. Frankfurt/Main 1996 (2. Aufl.).

Ebers, Nicola: **»Individualisierung«: Georg Simmel – Norbert Elias – Ulrich Beck**. Würzburg 1995.

Eco, Umberto: **Der Name der Rose**. München (22. Aufl.).

Gesamtliteraturverzeichnis

Eco, Umberto: **Nachschrift zum Namen der Rose**. Frankfurt/ Main 1987.

Eder, Klaus: **Klassenlage, Lebensstil und kulturelle Praxis: Beiträge zur Auseinandersetzung mit Pierre Bourdieus Klassentheorie**. Frankfurt/Main 1989.

Elias, Norbert: **Humana conditio**. Frankfurt/Main 1985.

Elias, Norbert: **Die Gesellschaft der Individuen**. Frankfurt/Main 2001 (Neuaufl.).

Elias, Norbert: **Die höfische Gesellschaft**. Frankfurt/Main 2002 (Neuaufl.).

Elias, Norbert: **Engagement und Distanzierung**. Frankfurt/Main 1990 (2. Aufl.).

Elias, Norbert: **Etablierte und Außenseiter**. Frankfurt/Main 2002 (Neuaufl.).

Elias, Norbert: **Über den Prozess der Zivilisation**. Frankfurt/Main 1997 (Neuaufl.).

Engels, Friedrich: **Die Lage der arbeitenden Klasse in England**. München 1973.

Engels, Friedrich/Marx, Karl (Hrsg. von Iring Fetscher): **Studienausgabe in vier Bänden**. Frankfurt/Main 1966.

Flick, Uwe: **Qualitative Forschung**. Reinbek bei Hamburg 1999 (4. Aufl.).

Friedrichs, Jürgen: **Methoden der empirischen Sozialforschung**. Opladen 1990 (14. Aufl.).

Fuchs-Heinritz, Werner: **Auguste Comte. Einführung in Leben und Werk**. Opladen 1998.

Fuchs-Heinritz, Werner, et al. (Hrsg.): **Lexikon zur Soziologie**, Opladen 1994 (3., völlig neu bearb. u. erw. Aufl., durchges. Nachdruck 1995).

Geiger, Theodor: **Die soziale Schichtung des deutschen Volkes. Soziographischer Versuch auf statistischer Grundlage**. Stuttgart 1987.

Geißler, Rainer: **Die Sozialstruktur Deutschlands. Zur gesellschaftlichen Entwicklung mit einer Zwischenbilanz zur Vereinigung**. Opladen 1996 (2., erw. Aufl.).

Gildemeister, Regine: **Die soziale Konstruktion von Geschlechtlichkeit**. In: Ostner, Ilona und Lichtblau, Klaus (Hrsg.): Feministische Vernunftkritik: Ansätze und Tradition. Frankfurt/Main /New York 1992.

Goffman, Erving: **Wir alle spielen Theater: Die Selbstdarstellung im Alltag**. München 2000 (8. Aufl.).

Habermas, Jürgen: **Strukturwandel der Öffentlichkeit. Untersuchungen zu einer Kategorie der bürgerlichen Gesellschaft**. Frankfurt/Main 1999 (6. Aufl.).

Habermas, Jürgen: **Theorie des kommunikativen Handelns**. Frankfurt/Main 1995.

Harding, Sandra: **Das Geschlecht des Wissens. Frauen denken die Wissenschaft neu**. Frankfurt/New York 1994.

Heinze, Rolf G.: **Die blockierte Gesellschaft. Sozioökonomischer Wandel. Die Krise der BRD**. Opladen 1999.

Hettlage, Robert/Lenz, Karl (Hrsg.): **Erving Goffman – ein soziologischer Klassiker der zweiten Generation**. Bern 1991.

Hillmann, Karl-Heinz: **Wörterbuch der Soziologie**, Stuttgart 1994 (4. Aufl.).

Horkheimer, Max: **Von der traditionellen zur kritischen Theorie**, in: Zeitschrift für Sozialforschung, Paris: Alcan, 1937, wieder abgedruckt im Band 4 der Gesammelten Schriften, Frankfurt/Main 1988.

Gesamtliteraturverzeichnis

Horkheimer, Max: **Studien über Autorität und Familie.** Lüneburg 1987 (2. Aufl.).

Hradil, Stefan: **Soziale Ungleichheit in Deutschland.** Opladen 1999 (7., überarb. u. erw. Aufl.).

Jahoda, Marie, et al.: **Die Arbeitslosen von Marienthal.** Frankfurt/Main 1982 (4. Aufl.).

Jay, Martin: **Dialektische Phantasie. Die Geschichte der Frankfurter Schule und des Instituts für Sozialforschung 1923 – 1950.** Frankfurt/Main 1991.

Kaesler, Dirk (Hg.): **Klassiker der Soziologie,** Bd. 1: Von Auguste Comte bis Norbert Elias, Bd. 2: Von Talcott Parsons bis Pierre Bourdieu. München 1999.

Kaesler, Dirk, Vogt, Ludgera (Hg.): **Hauptwerke der Soziologie.** Stuttgart 2000.

Kaesler, Dirk: Max Weber. **Eine Einführung in Leben, Werk und Wirkung.** Frankfurt/Main 1998.

Klein, Gabriele, und Liebsch, Katharina (Hrsg.): **Zivilisierung des weiblichen Ich.** Frankfurt/Main 1997.

Kneer, Georg/Nassehi, Armin: **Niklas Luhmanns Theorie sozialer Systeme: Eine Einführung.** München 1997 (3. Aufl.).

Korte, Hermann: **Eine Gesellschaft im Aufbruch.** Die Bundesrepublik in den 60er Jahren. Frankfurt/Main 1982.

Korte, Hermann: **Einführung in die Geschichte der Soziologie.** Opladen 2003 (7. Aufl.).

Korte, Hermann: **Norbert Elias, das Werden eines Menschenwissenschaftlers.** Opladen 1997.

Kunz, Volker: **Theorie des rationalen Handelns. Konzepte und Anwendungsprobleme.** Opladen 1997.

Kromrey, Helmut: **Empirische Sozialforschung.** Opladen 1998 (8. Aufl.).

Lichtblau, Klaus: **Georg Simmel.** Frankfurt/Main 1997.

Luhmann, Niklas: **Funktionen und Folgen formaler Organisation.** Berlin 1999 (5. Aufl.).

Marcuse, Herbert: **Der eindimensionale Mensch.** München 1998.

Marcuse, Herbert: **Triebstruktur und Gesellschaft. Ein philosophischer Beitrag zu Sigmund Freud.** Frankfurt/Main 1995 (17. Aufl.).

Martin, Hans-Peter/Schumann, Harald: **Die Globalisierungsfalle. Der Angriff auf Demokratie und Wohlstand.** Reinbek bei Hamburg 1996.

Marx, Karl/Engels, Friedrich: **MEGA.** Berlin 1975.

Miebach, Bernhard: **Soziologische Handlungstheorie.** Opladen 1991.

Mies, Maria: **Patriarchat und Kapital. Frauen in der internationalen Arbeitsteilung.** Zürich 1992.

Miller, Max: **Ellbogenmentalität und ihre theoretische Apotheose. Einige kritische Anmerkungen zur Rational Choice Theorie,** in: Soziale Welt, Heft 1/1994, S. 5–15.

Montesquieu, Charles de: **De L'ésprit des lois.** Oxford: **Voltaire Foundation** (u.a.), 1998. (Dt. Ausg.: Vom Geist der Gesetze, 2 Bde. Hrsg. v. Ernst Forsthoff. Tübingen 1951).

Münch, Richard: **Theorie sozialer Systeme. Eine Einführung in Grundbegriffe, Grundannahmen und logische Strukturen.** Opladen 1976.

Gesamtliteraturverzeichnis

Ostner, Ilona: **Soziale Ungleichheit, Ressenti-
ment und Frauenbewegung. Eine unendliche
Geschichte**, in: Sonderheft 38/1998 der Kölner
Zeitschrift für Soziologie und Sozialpsycho-
logie zum Thema: Die Diagnosefähigkeit der
Soziologie. Hrsg. Von J. Friedrichs et al.,
Opladen/Wiesbaden 1998, S. 383-403.

Parsons, Talcott (Hrsg., übersetzt und eingeleitet von Stefan Jensen): **Zur Theorie
sozialer Systeme**. Opladen 1976.

Raddatz, Fritz J.: Karl Marx. **Eine politische
Biographie**. Hamburg 1975.

Reinhold, Gerd (Hg.): **Soziologie-Lexikon**.
München 2000 (4. Aufl.).

Schäfers, Bernhard (Hg.): **Grundbegriffe der
Soziologie**. Stuttgart 2000 (6. Aufl.).

Schäfers, Bernhard: **Sozialstruktur und sozialer
Wandel in Deutschland**. Stuttgart 1998.

Scherr, Alfred: »**Individualisierung und gesellschaftliche Integration. Befindet sich die Bundesrepublik auf dem in eine desintegrierte
Gesellschaft?**« in: Gegenwartskunde, Heft
2/1998 S. 141ff.

Schnell, Rainer; Hill, Paul B.; Esser, Elke:
Methoden der empirischen Sozialforschung.
München 1999 (6., überarb. Aufl.).

Schwingel, Markus: **Pierre Bourdieu zur
Einführung**. Hamburg 1998 (2. Aufl.).

Simmel, Georg: **Soziologie: Untersuchungen
über die Formen der Vergesellschaftung**.
Frankfurt/Main 1999, herausgegeben von
Otthein Rammstedt, Bd. 11 der Gesamtausgabe.

Spencer, Herbert: **Social Statistics**. London 1996.

Steeger, Ulrich (Hrsg.): **Facetten der Globalisierung. Ökonomische, soziale und politische
Aspekte**. Berlin/Heidelberg 1999.

Tönnies, Ferdinand: **Gemeinschaft und
Gesellschaft**. Darmstadt 1988 (8. Aufl.).

Treibel, Annette: **Einführung in soziologische
Theorien der Gegenwart**. Opladen 2000
(5. akt. u. verb. Aufl.).

Villa, Paula-Irene: **Sexy Bodies. Eine soziologische Zeitreise durch den Geschlechtskörper**.
Opladen 2001

Villa, Paula-Irene: **Judith Butler**. Frankfurt/
New York 2003.

Weber, Max: **Die protestantische Ethik und
der Geist des Kapitalismus**. Bodenheim 1996
(2. Aufl.).

Weber, Max: **Die Verhältnisse der Landarbeiter im ostelbischen Deutschland**. Vaduz,
Liechtenstein 1989.

Weber, Max: **Politik als Beruf**. Stuttgart 1995.

Weber; Max: **Schriften zur Sozialgeschichte**.
Stuttgart 1997.

Weber, Max: **Schriften zur Soziologie**.
Stuttgart 1995.

Weber, Max: **Schriften zur Wissenschaftslehre**.
Stuttgart, 1991.

Weber, Max: **Wirtschaft und Gesellschaft**.
Tübingen 1990 (5. Aufl.).

Weber, Max: **Schriften 1894-1922**.
Ausgewählt und eingeleitet von Dirk Kaesler.
Stuttgart 2002.

Wiggershaus, Rolf: **Die Frankfurter Schule:
Geschichte. Theoretische Entwicklung. Politische Bedeutung**, München 1997 (5. Aufl.).

Stichwortverzeichnis

Stichwortverzeichnis

Stichwortverzeichnis

Zum Schluss: Vielerlei Dank

Dieses Buch ist nach Vorlesungen zur Einführung in die Soziologie entstanden, die ich seit 1994 in Hamburg gehalten habe. An erster Stelle habe ich den vielen Studentinnen und Studenten zu danken, die mich durch Rückfragen und Einwände gezwungen haben, Unklarheiten zu beseitigen und Unverständliches zu vermeiden.

Für die Vorlesungen entstandenen nach und nach ca. 150 Folien, die Klaudia Meyer gestaltet hat. Sie sind zum Teil in den Text eingearbeitet. Erste Mitschriften haben Nina Baur und Susanne Zemene bearbeitet. Die Endfassung haben Nina Alfers, Corinna Wilfling und Elke Willaredt geschrieben und mir mit vielen kritischen Anregungen geholfen. Ihnen allen sei herzlich gedankt, ebenso wie Manfred Müller, der den Text äußerst sachkundig und gründlich durchgesehen hat und last but not least muss ich meinem Lektor Roman Moser für seine Ermutigungen, seine Geduld und vielen fachlichen Ratschläge danken.

Hamburg, im Dezember 2003